安顺学院教育学学科建设资金资助出版

残疾人社会工作的理论与实践

勾柏频◎著

吉林出版集团股份有限公司
全国百佳图书出版单位

图书在版编目（CIP）数据

残疾人社会工作的理论与实践 / 勾柏频著. -- 长春:
吉林出版集团股份有限公司，2024.8
ISBN 978-7-5731-5066-0

Ⅰ.①残… Ⅱ.①勾… Ⅲ.①残疾人－社会工作－研
究－中国 Ⅳ.①D669.69

中国国家版本馆CIP数据核字（2024）第109638号

CANJIREN SHEHUI GONGZUO DE LILUN YU SHIJIAN
残疾人社会工作的理论与实践

著　　者	勾柏频
责任编辑	于　欢　金　昊
装帧设计	清　风

出　　版	吉林出版集团股份有限公司
发　　行	吉林出版集团社科图书有限公司
地　　址	吉林省长春市南关区福祉大路5788号　邮编：130118
印　　刷	唐山富达印务有限公司
电　　话	0431-81629711（总编办）
抖 音 号	吉林出版集团社科图书有限公司 37009026326

开　　本	710 mm×1000 mm　1 / 16
印　　张	22.25
字　　数	350 千字
版　　次	2024 年 8 月第 1 版
印　　次	2024 年 8 月第 1 次印刷

书　　号	ISBN 978-7-5731-5066-0
定　　价	88.00 元

如有印装质量问题，请与市场营销中心联系调换。0431-81629729

前　言

　　残疾人是社会人群中困境比较突出的一个群体。他们除了有一般受助群体（如老年人、妇女、儿童、青少年、中年人等）所面临的困境外，还会因残疾类别、残疾程度的不同，而出现涉及多个专业领域的困难与特殊需要。这些特殊需要给残疾人本人及其家庭、社区等都带来很多困扰。

　　该怎样帮他们、帮他们什么，如何寻求专业支持，是社会工作者需要首先解决的问题。很多社会工作者对残疾及其导致的障碍了解甚少，对残疾人相关政策法规缺乏了解，更缺乏帮助残疾人所需要的专业知识，"助人"策略的针对性往往不足。

　　本书从社会工作角度，梳理残疾人社会工作可能遇到的问题，介绍做好残疾人社会工作所需要的相关知识。

　　本书理论联系实际。作者结合近30年从事残疾人教育、康复训练工作所积累的经验，介绍残疾人特点与社会工作内容，力求与残疾人社会工作零距离。残疾人家庭、婚姻、住房、教育、就业、社会保障、医疗康复等资料来源可靠，社会支持需求真实，本书有利于拓展读者对残疾人社会工作的了解，有利于提高"介入方案"的针对性和可操作性。

　　本书具有一定的实用性。作者力求引领读者全面了解残疾人，了解残疾人工作机构与部门职责，熟悉残疾人事业相关政策，熟悉各类残疾人概念、类别、特点，指导社会工作者作为组织者、引导者、促进者、合作者，协同医生、教师、康复师、心理咨询师、律师、职业培训师、志愿者等专业人才、热心人士，协助相关部门与组织开展残疾人康复、托养、文化体育活动、社会福利、维权服务、家庭无障碍改造，所列举项目与活动实用价值较大。

　　本书内容本土化。多年来，作者本人不仅不断走进社区、走近残疾人、走进残疾人家庭，而且带领社会工作专业学生开展了现场访谈、社会调查，收集了很多残疾人的第一手资料，也积累了丰富的残联、医院、社区等工作人员的反馈。作者还通过残疾人事业相关部门与管理机构的协助，随机选取956名残疾人，对残疾人婚姻、家庭、住房、教育程度、就业、社会保障、基本医疗与康复、无障碍环境、文化体育等现状及其需求进行调查。上述内容真实可信，能够较为客观地反映残疾人的实际生活面貌。

全书共12章，分理论基础和个性实务两部分。第一部分主要介绍残疾人社会工作基础知识，是残疾人社会工作的共性部分，包括残疾人社会工作概述、残疾人人生各阶段困境与社会工作者的帮助、残疾人社会工作内容、残疾人社会工作价值观与伦理准则、残疾人社会工作理论基础、残疾人社会工作操作流程、残疾人社会工作法律法规、残疾人无障碍与辅助器具以及残疾人工作组织等。第二部分主要介绍各类残疾人社会工作实务，包括智力残疾、视力残疾、听力残疾与言语残疾、肢体残疾以及孤独症等残疾人的社会工作具体内容与方法、途径。

作者力求引领读者对残疾人困境进行深入了解，力求理论与实践并重，语言通俗、容易操作，以帮助相关人员熟悉残疾人社会工作。本书可以为特殊教育工作者、社会工作者开展残疾人工作提供参考，也可以作为高校社会工作专业、特殊教育专业的教学参考资料，可以作为社会工作培训阅读资料，还可以为志愿者及其他与残疾人事务联系较为密切的工作人员提供助人思路。

该书是2022年贵州省金课《残疾人社会工作》课程线上线下混合式教学的成果之一，获得了学校专项经费的资助，虽然历经修改，但仍有许多不足。在此非常感谢安顺学院科研处的领导和老师们辛苦的组织和付出。感谢我的爱人李镇译老师，他从事残疾人相关工作30余载，对本书写作提出了很多宝贵的建议。感谢安顺市残联、安顺市阳光康复医院，以及安顺市各区残联提出的宝贵意见与建议，尽管写作时竭尽心力，引用他人成果时尽量注明来源，但错漏之处仍在所难免，不当之处向相关人士表达诚挚的歉意，并恳请读者批评指正，便于进一步修改与完善。

安顺学院　勾柏频
2023年12月

目录
CONTENTS

第二部分　残疾人社会工作实务篇

第一部分
残疾人社会工作基础知识篇

根据我国人口普查和残疾人抽样调查结果推算，我国现有残疾人约8500万。这是一个非常庞大的特殊群体，他们需要不断克服残疾及其造成的各种障碍，不仅需要本人的不断努力，更需要来自家庭、社会的帮助，实现其正常生活和工作，甚至能够不断提升生活质量。

社会工作就是这样一种能够帮助他人解决社会问题的工作，社会工作者通过各种途径向经济收入不高、年老体弱、身体残疾的人群，或者有其他特殊困难的人群提供帮助，帮助预防和解决个人与社会的现实问题，完善社区功能、弥补政府部门工作的不足，提高特殊困难人群能够享受到的社会福利水平和社会生活水平，促进社会稳定与发展。

残疾人社会工作是目标针对残疾人的社会工作，是社会工作者运用社会工作理论、原则和方法，帮助残疾人补偿自身缺陷，克服环境障碍，平等参与社会生活，分享社会发展成果的专业活动[1]。与一般意义的残疾人服务既有联系又有区别。

---

[1] 杨张乔. 中国社区工作手册[M]. 北京：华夏出版社，2004.

第一章 残疾人社会工作概述

第一节 残疾与残疾人

残疾是人类繁衍与社会发展不得不付出的一种代价。在与自然界的斗争中，在生产劳动中，人类的身体因为狩猎、战争、自然灾害等，可能会遭受到各种伤害，出现伤残。同时，人类作为生物体，遗传信息在自然进化中可能会因为外界刺激、基因突变等发生改变，导致身体出现生理或功能缺陷。这些都是人类不可能完全消除残疾的重要原因。

我国历史文化悠久，对残疾的认识也经历了漫长的过程。虽然我国古代有关残疾人生活、成长的研究较少，通过《论语》《左传》《礼记》等典籍的记述，可以看出早在春秋时期，国家、社会对残疾人的复杂态度，在某些方面得到社会认可和尊重，可以担任太师、太傅、乐师等，人们对残疾人有同情、保护和关怀，国家甚至有福利政策。但残疾人的生活条件总体上相对比较艰苦，也受到歧视和排斥。

有记载显示，早在春秋时期，残疾人就得到一定程度的关注和同情。《论语·卫灵公》记录了孔子接待师冕的情景，孔子及时提醒盲人师冕"阶也""席也"[1]，并在大家都入座之后向师冕介绍"某在斯，某在斯"。这一记录所展现的孔子与师冕交往情景，与今天的导盲技术基本一致。同时也生动记载了我国早在春秋时代就已经有盲人成为诸侯国乐师。《左传》也记载了楚国人叔向的故事[2]，他双脚残疾，不能站立，只能用膝

---

[1] 杨伯峻. 论语译注[M]. 北京：中华书局，2013.
[2] 邓朴方. 共圆心中的同一个梦想：弘扬人道主义思想 办好北京残奥会[J]. 求是，2008（17）：5—9.

盖和手爬行，后来得到孔子赞赏和帮助，并成为孔子的学生。

西汉礼学家戴圣所编《礼记》是中国古代重要的典章制度选集，书中有"人不独亲其亲，不独子其子。使老有所终，壮有所用，幼有所长，矜寡孤独废疾者，皆有所养"①，这一记载不仅表明当时我国社会已经对"废""疾"有了一定认识，而且还将这些人与矜寡孤独者一同作为社会的弱势群体，得到了"所养"。

一、残疾与残疾人概念

残疾称谓、定义和类别的发展变化在一定程度上体现了人类社会对残疾这一客观存在的认识过程。

（一）我国的定义

学者们从各自的研究视角或学科特点，对残疾提出了很多定义。如有学者认为残疾是由于先天（出生前影响胎儿发育的各种因素）、后天（出生后发作并影响身心发展的疾病、损伤、感染、中毒、心理等因素）原因导致，经充分合理的临床治疗后仍然存在的长期、持续、永久的功能障碍，显著影响日常生活、活动、工作、学习和娱乐②。该定义强调伤害发生的时间、原因及其影响的持续时间。还有学者认为残疾是由于各种躯体、精神心理疾病或损伤，以及先天性异常导致的人体解剖结构、生理功能异常与丧失，以致机体长期、持续或永久性处于功能障碍状态，不同程度地影响身体活动、日常生活、学习、工作和社会交往活动能力③。这一定义与前者的区别，就在于明确了人体结构与生理的功能异常，强调残疾是身心功能障碍的"状态"。

2011年，国家质量监督检验检疫总局、国家标准化管理委员会发布《残疾人残疾分类和分级》，对残疾的界定是，身体结构、功能的损害及

---

① 胡平生，张萌译注. 礼记[M]. 北京：中华书局，2017.
② 励建安，王彤，江钟立，等. 康复医学[M]. 北京：科学出版社，2002.
③ 陈红. 临床医学概论[M]. 北京：北京大学医学出版社，2019.

个体活动受限与参与的局限性①。可见我国对残疾的界定同时关注"损害"和"限制"两个方面，既不过于强调损害的程度，也不单独强调损害导致的障碍。我国第一部关于残疾人的专项法律《中华人民共和国残疾人保障法》于1990年通过，1991年5月15日开始实施，2008年和2018年两次修订。《中华人民共和国残疾人保障法》第二条规定：残疾人是指在心理、生理、人体结构上，某种组织、功能丧失或者不正常，全部或者部分丧失以正常方式从事某种活动能力的人。

（二）《残疾人权利公约》

被视为联合国在21世纪最大工程之一的《残疾人权利公约》（*Convention on the Rights of Persons with Disabilities*），是国际社会在21世纪通过的第一个综合性人权公约，也是首个开放供区域一体化组织签字的人权公约。2006年12月13日，第61届联合国大会通过《残疾人权利公约》，并于2007年3月30日开放供签字，这是有史以来在开放供签字之日获得签字数量最多的联合国公约。它标志着人们对待残疾人的态度和方法发生了"示范性转变"②。

《残疾人权利公约》在序言部分"确认残疾是一个演变中的概念，残疾是伤残者和阻碍他们在与其他人平等的基础上充分和切实地参与社会的各种态度和环境障碍相互作用所产生的结果"③。

（三）《残疾人机会均等标准规则》

联合国大会第四十八届会议于1993年12月20日第48/96号决议通过的《残疾人机会均等标准规则》规定：残疾泛指世界各国任何人口出现许许多多各种功能上的限制，既可以是生理、智力或感官缺陷，也可以是医学状况或精神疾病，有可能是长期的，也可能是过渡性的④。

---

① 余梦娇，阮佳烨. 制定更加细化的残疾分级标准[N]. 南京日报，2022–03–10（A04）.
② 严兴科. 康复医学导论[M]. 北京：中国中医药出版社，2017.
③ 段小松. 联合国《儿童权利公约》研究[M]. 北京：人民出版社，2017.
④ 林映遂. 普通高校残疾学生管理与服务体系改革研究：以某高校为例[D]. 广州：华南理工大学，2012.

二、残疾类别

（一）我国对残疾的分类

残疾称谓随着时代的发展在不断变化，我国古时曾长期使用"残废"一词，指代完全丧失劳动能力甚至丧失生活能力的人，容易被理解为"残"即是"废"，似乎成了贬义词。20世纪80年代，"残疾"逐渐取代"残废"，虽然只有一字之差，二者含义却相差甚远，不再有"废"的含义，表明残疾是人的"残"与"疾"，只是身心发展中的一种状态，当我们使用"残疾"这个词的时候，关注的是人的生理、心理结构与功能是否正常。现在，人们普遍认为这一称谓的理论基础是医学，没有关注社会环境的影响，不能准确反映残疾者对社会适应的情况。

我国最早使用"残障"一词是在20世纪80年代，来自当时《人民日报》的一篇报道，2000年左右得到广泛应用。"残障"的使用反映了人们开始对"障碍"的关注，即由身心发展缺陷所导致的社会活动障碍。但在实际应用中，"残疾"和"残障"这两个词语经常相互混用、取代。

《中华人民共和国残疾人保障法》第二条规定：残疾包括视力残疾、听力残疾、言语残疾、肢体残疾、智力残疾、精神残疾、多重残疾和其他残疾的人。据此，2011年5月1日开始实施的《残疾人残疾分类和分级》（GB/T26341-2010）对我国残疾及残疾人进行了分类和分级（表1-1）。

表1-1　我国残疾类别与定义

类别	定义	备注
视力残疾	各种原因导致双眼视力低下并且不能矫正或双眼视野缩小，以致影响其日常生活和社会参与。	盲、低视力
听力残疾	各种原因导致双耳不同程度的永久性听力障碍，听不到或听不清周围环境声及言语声，以致影响其日常生活和社会参与。	
言语残疾	各种原因导致的不同程度的言语障碍，经治疗一年以上不愈或病程超过两年，而不能或难以进行正常的言语交流活动，以致影响其日常生活和社会参与。	失语、运动性构音障碍、器质性构音障碍、发声障碍、儿童言语发育迟滞、听力障碍所致言语障碍、口吃等。3岁以下幼儿不定残。

类别	定义	备注
肢体残疾	人体运动系统的结构、功能损伤造成的四肢残缺或四肢、躯干麻痹(瘫痪)、畸形等导致人体运动功能不同程度丧失以及活动受限。	
智力残疾	智力显著低于一般人水平,并伴有适应行为的障碍,是由于神经系统结构、功能障碍,使个体活动受到限制,需要环境提供全面、广泛、有限和间歇的支持。	
精神残疾	各类精神障碍持续一年以上未痊愈,由于存在认知、情感和行为障碍,以致影响其日常生活和社会参与。	
多重残疾	存在视力残疾、听力残疾、言语残疾、肢体残疾、智力残疾、精神残疾中的两种或两种以上残疾。	

中国残疾人联合会部室函件《关于在宣传报道中规范残疾人及残疾人工作有关称谓的通知》(残联宣文函〔2022〕12号)正式规范了残疾人称谓,即建议使用"残疾人"这一法定称谓,与残疾人对应的是"健全人",禁用"傻子""弱智"等带有贬损意味的称谓。

(二)《国际残损、残疾和残障分类》(ICIDH-1,1980)的分类

1980年,世界卫生组织(World Health Organization,简称WHO)制定并公布第1版《国际残损、残疾和残障分类》(International Classification of Impairment,Disabilities and Handicaps,简称ICIDH),将残疾分为三个独立的类别:残损、失能、残障[1](表1-2)。

1. 功能、形态残疾——残损

残损(Impairment)不是疾病,而是某种疾病所导致的后果。是由各种原因所导致的身体结构、外形、器官或系统生理功能以及心理功能异常,对身体、精神、智力活动等产生不同程度的限制,以致影响独立生活、工作或学习[2]。残损是器官或系统水平的功能障碍,比如:

脑损伤:脑组织的生理性、器质性病变或损伤,可能导致很多功能障碍,包括意识障碍、瘫痪、痉挛、吞咽困难、认知障碍、言语障碍、疼

---

[1] 王宁华,黄真. 临床康复医学[M]. 北京:北京大学医学出版社,2006.
[2] 李贻能. 康复医学概论 康复治疗技术专业用[M]. 北京:高等教育出版社,2009.

痛、平衡、日常生活能力受限、心理障碍等。

关节或肌肉损伤：人体运动器官出现的器质性损伤，可能导致肌肉萎缩、疼痛、关节畸形或活动受限、关节稳定性差、日常活动能力受限等。

脊髓损伤：神经系统的器质性病变，可能带来瘫痪（截瘫、四肢瘫）、痉挛、感觉障碍、膀胱/直肠功能障碍、自主神经功能异常、性功能障碍，长期卧床还会间接引发各种并发症、日常活动受限和心理问题等。[1][2]

表1-2　世界卫生组织的残疾分类（1980）

残疾概念	残疾类别	残疾表现	
残损	功能、形态残疾（病损）	1.智力病损 2.心理病损 3.听力病损 4.语言病损	5.视力病损 6.内脏病损 7.骨骼病损 8.多种综合病损
失能	丧失功能残疾（失能）	1.行为失能 2.语言交流失能 3.个人生活自理失能 4.运动方面的失能 5.身体姿势和活动失能	6.精细活动失能 7.环境适应失能 8.特殊技能失能 9.其他活动失能
残障	社会功能分类（障碍）	1.识别（人、时、地）残障 2.身体残障（不能自理） 3.运动残障	4.职业残障 5.社会交往残障 6.经济残障

资料来源：《国际残损、残疾和残障分类》（ICIDH-1,1980）

2. 丧失功能残疾——失能

人体的解剖结构和生理功能是两个既有联系又不相同的概念，解剖结构是各器官、系统在解剖上的特征，是物质属性，而生理功能是人体各系统、器官、部位所发挥的功能，解剖体结构影响着生理功能的发挥。活动是个体所执行的动作与任务，个体活动受限即人完全或部分不能完成某项动作或任务。参与是指个体需要与他人共同完成的活动，参与受限即指个体不能与他人合作共同完成某项活动，比如因听不到对方语言而不能进行语言交流等。

人体出现结构缺陷或功能障碍，都会使人丧失原本应具备的能力，比

---

① 马如娅. 社区卫生服务常用技术[M]. 南京：江苏科学技术出版社，2004.
② 张君邦. 神经科学教程[M]. 北京：科学出版社，2005.

如与性别、年龄、文化程度和职业等相应的运动能力、劳动能力、交往能力等。其损害必定会导致身体功能丧失或下降，通常以失能（Disability）来表示[1]。

残损所导致的失能，几乎涵盖人类社会生活的所有领域，有学者将其分为九个类别[2]。具体表现为：行为失能，即失去进行日常生活、从事职业行为等的能力；交流失能，即通过听、看、书写、打手势等进行人际交流的能力；自理失能，即独立完成个人卫生、穿衣、进食、大小便等日常生活的能力；运动失能，即失去独立运动的能力，包括行走、跑跳、移物等；身体姿势和活动失能，即失去身体支配能力，比如进行家务操作、拾取物、跪、蹲等能力；技能活动失能，即不能顺利完成类似开关门闩、用钥匙开门、点火、开关水龙头、使用电插头、取钱币、钟表拨弦、翻报纸、捡拾物品、手指活动等原本很简单的技能活动；环境活动失能，即不能顺利适应环境的变化，包括不能顺利适应新的氛围、气候变化、工作压力等；特殊技能失能，即失去原本很擅长的运动能力、记忆能力、观察能力、绘画能力等；没有被上述八种包含的失能全部概括为其他失能。

3. 社会功能残疾——残障

当一个人出现身体形态异常或功能缺陷时，可能会遭到来自社会成员的歧视或环境条件的限制，从而形成"障碍"，使其无法在个人成长或社会生活中发挥潜能、独立生活，这就是社会功能残疾（Handicap），即残障。

残障一般可分定向识别残障、身体自主残障、行动残障、就业残障、社会活动残障、经济自主残障和其他残障七大类[3]。与残损、失能两种个体水平的"障碍"不同，残障是社会水平的障碍，即由于身体结构或功能出现残损与失能，个体不仅不能自理生活，而且还不能从事正常社会活动、工作和学习，属于参与受限。

"残损—失能—残障"（图1-1），没有绝对界限，随着程度的变化可以相互转化。当一个人因病、伤等出现残损，且没有得到及时、合适的康

---

[1] 隋玉杰，杨静. 个案工作[M]. 北京：中国人民大学出版社，2019.
[2] 黄毅. 康复护理学[M]. 南京：江苏科学技术出版社，2012.
[3] 李贻能. 康复医学概论[M]. 北京：高等教育出版社，2009.

复治疗时，就可能转化为失能甚至残障，但残损未必一定导致失能，也未必一定导致残障。失能一定是由残损导致，却未必出现残障，还可能由于治疗、义肢选配、康复训练对症且及时，使得失能程度减轻。因失能而导致的残障，由于得到较好康复训练、环境改造得当，能够顺利、自如地适应环境，失能所造成的日常生活完全没有影响，或影响很小。

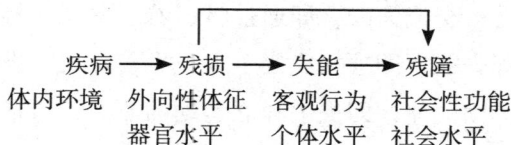

疾病 ——→ 残损 ——→ 失能 ——→ 残障
体内环境　外向性体征　客观行为　社会性功能
　　　　　器官水平　　个体水平　社会水平

图1-1　国际残损、残疾和残障关系示意图

一般情况下，残疾是按照残损、失能和残障顺序发展，但是也可能发生跳跃。一些病损患者，有可能由于心理障碍而自我封闭，甚至发展到与社会隔绝，虽然"失能"程度并不高，却直接发展为残障程度。这类人员完全有可能在接受合适的康复治疗后，转化为残损。

比如，某人的视觉系统出现器质性病变，属于残损范畴，但未必造成障碍或达到残障的程度；如果其视觉功能已经受到较大影响，已经失去了部分视觉功能，即属于失能，经过科学评估、戴助视器（眼镜）以后，视觉功能可以得到改善甚至完全恢复，不影响正常工作、学习和生活，失能没有导致残障。但如果视觉功能损失严重，即使是戴了助视器（眼镜）也无法改善视觉功能，或视觉功能改善很少，已经严重影响日常生活、工作和学习，就达到了残障的水平。又如，脑卒中痊愈后，病人会出现一侧肌肉力弱后遗症，但能独立行走，生活能够自理，属于运动系统残损，若程度较为严重以致不能正常行走、拿物等，在一定程度上影响了生活水平，就属于失能；如果偏瘫现象非常严重，以致不能独立行走、生活难以自理，只能扶杖慢行，上下楼梯、如厕、洗澡等都有困难，就达到了残障的水平。

有时，一些单纯残损的人可以跨越失能而出现残障。比如面部烧伤病人痊愈后，有面部残损而无残疾，但如果其心理承受能力极差，认为自己毁容了、一切都完了，从此悲观、厌世、抑郁、一蹶不振，不愿或不敢走出家门，不再参与社会活动，从此封闭自己、远离社会，不能履行相应义务，也不能承担相应社会责任，从这个意义上说，就产生了残障。

另外，还有一种特殊的残疾现象。作为患有慢阻肺职业病的患者，会出现呼吸功能减退、体能下降等，不能继续从事原来的工作，如果找不到适合其体能、技术的其他职业，就出现了职业残疾。

（三）《国际功能、残疾和健康分类》（ICF）的分类

在2001年5月召开的第54届世界卫生大会上，《国际功能、残疾和健康分类》（*International Classification of Functioning，Disability and Health，ICF*）获得通过。ICF为人们从生物、心理和社会角度认识损伤及其所造成的影响提供了一个统一的理论模式，提供了人体功能（失能）状态标准体系。系统运用字母与数字，对每一项功能（失能）状态进行编码。系统包括两个部分，第一部分是功能和残疾，包括身体功能（b）、身体结构（s）、活动参与（d）；第二部分是背景性因素，即环境（e）[①]与个人因素。其逻辑关系模式如图1-2（ICF成分间的交互作用）所示。

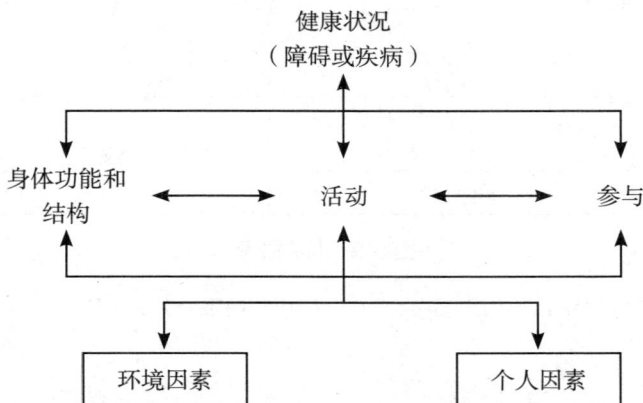

图1-2　ICF成分间的交互作用

资料来源：世界卫生组织《国际功能、残疾和健康分类》（ICF）

ICF分类体系包括部分、成分、结构、领域和类目五项[②]，每一项的级别数越高分类越具体，共1454个条目。"部分"是最高范畴、最高一级，分为第1部分和第2部分，第1部分的"成分"是功能和结构、活动和参与，

第2部分的"成分"是环境因素和个人因素（未分类）；后面的"结构"按"章"或"领域"进行组织（图1-3）。即紧接字母s或b、d、e的是用章数开头一位数字，然后依次是第二级水平（两位数）、第三级和第四级水平（各为一位数），比如b210、b2100、b21001等（图1-4）。

	第1部分：功能和残疾		第2部分：背景性因素	
成分	身体功能和结构	活动和参与	环境因素	个人因素
领域	身体功能 身体结构	生活领域 （任务、行动）	功能和残疾 的外在影响	功能和残疾 的内在影响
结构	身体功能 的改变 （生理的） 身体结构 的改变 （解剖的）	能力 在标准环境中 完成任务 活动表现 在现实环境中 完成任务	自然、社会 和态度世界 特征的积极 或消极影响	个人特质的影响
积极方面	功能和结构的结合	活动参与	有利因素	不适用
	功能			
消极方面	损伤	参与局限性 活动受限	障碍/不利因素	不适用
	残疾			

图1-3　ICF概况

资料来源：世界卫生组织《国际功能、残疾和健康分类》（ICF）

```
b2100    视敏度功能
         用双眼或单眼、从远处或近处感知形状和轮廓的视功能。
b21000   双眼远距离视敏度
         用双眼来感知远离眼睛物体的大小、形状和轮廓的视功能。
b21001   单眼远距离视敏度
         单独使用右眼或左眼来感知远离眼睛物体的大小、形状和轮廓
         的视功能。
b21002   双眼近距离视敏度
         用双眼来感知靠近眼睛物体的大小、形状和轮廓的视功能。
b21003   单眼近距离视敏度
         单独使用右眼或左眼来感知靠近眼睛物体的大小、形状和轮廓
         的视功能。
b21008   其他特指的视敏度功能
b21009   视敏度功能，未特指
```

图1-4　ICF实例

资料来源：世界卫生组织《国际功能、残疾和健康分类》（ICF）

（四）原发性残疾与继发性残疾

人们还会按照损害和障碍原因，将残疾分为原发性残疾和继发性残疾；按照损害与障碍持续时间，把残疾分为暂时性残疾和永久性残疾；按照致残因素发生作用的时间，将残疾分为先天残疾和后天残疾。

原发性残疾是指由各类疾病、损伤、先天性异常等原因引起的功能障碍，常见致残因素有传染性疾病、营养不良、先天性发育缺陷、意外与交通事故、慢性病和老年病等，以疾病致残为主[1]。比如，脊柱裂是孕妇在妊娠早期，胚胎受到化学性或物理性损伤，导致原发的神经胚胎形成异常，而产生的先天性发育缺陷。

继发性残疾是由原发性残疾并发症所引发的功能障碍，即原发性残疾出现以后，人体肌肉、骨骼、心肺功能等相关系统、器官出现功能丧失或下降[2]。比如，脊髓损伤导致相应部位出现严重功能障碍，病人被迫长期卧床，相应肌肉会因缺乏运动与锻炼出现萎缩，导致收缩能力、平衡能力等

---

①② 中国残疾人联合会. 残疾人体育健身指导员培训教材[M]. 北京：华夏出版社，2014.

下降，进一步加重功能障碍。

（五）暂时性残疾与永久性残疾

暂时性残疾是指由疾病导致人体相应组织、器官的功能出现暂时性障碍。比如，人耳在突然受到强烈刺激后会出现短暂性听力下降损失，人会在短时间内失聪，但经过休息或康复训练后，听觉功能便可以得到恢复。人体受到的损害或障碍状态如果持续12个月以上不能得到恢复或改善，即为永久性残疾[1]。

三、全国残疾人抽样调查

为准确掌握全国残疾人基本数据，以便精准制定残疾人相关政策，1987年，由民政部、国家统计局和中国残疾人福利基金会等部门组成领导小组，开展第一次全国残疾人拍样调查。按调查结果推算，全国当时约有智力残疾、视力残疾、听力语言残疾、肢体残疾、精神残疾和综合残疾等各类残疾人共5164万[2]。

2006年，由国家统计局、民政部、卫生部和中国残联等组成第二次全国残疾人抽样调查领导小组。根据调查数据推算，全国当时有视力残疾、听力残疾、言语残疾、肢体残疾、智力残疾、精神残疾和多重残疾等各类残疾人8296万人[3]。与第一次相比，这次抽样调查最大的不同在于将听力语言残疾分为听力残疾和言语残疾两类。

目前，我国正式公布的残疾人口数量，依然是依据第六次全国人口普查及第二次残疾人抽样调查结果推算的，即2010年末我国残疾人为8502万人。但根据第七次全国人口普查及第二次残疾人抽样调查结果推算，2020年我国残疾人约89506万人[4]。

① 李贻能. 康复医学概论[M]. 北京：高等教育出版社，2009.
② 《中国卫生年鉴》编辑委员会. 中国卫生年鉴1988[M]. 北京：人民卫生出版社，1989.
③ 郭超，郭帅，丁若溪，等. 改革开放40年来中国残疾统计体系的发展与未来建设[J]. 残疾人研究. 2019（2）：77-84.
④ 国务院第七次全国人口普查领导小组办公室. 2020年第七次全国人口普查主要数据[M]. 北京：中国统计出版社，2021.

上述人口统计结果显示，受残疾类别与定义、分级标准及筛查手段等因素的影响，我国残疾人总量在不断增加，残疾人所占人口比例也在不断上升，残疾类别结构也在发生变动。

第二节　残疾人人生发展各阶段特点

发展是事物从出生到死亡的整个过程，遵循由小到大、由简单到复杂、由低级到高级的变化规律[1]。广义的发展是个体从受精卵开始发育到死亡的整个过程，即人类个体从卵子受精的一刻起就开始了发展，不论是在胎儿、幼儿阶段，还是在青少年、壮年、老年阶段，人发展的每个阶段都可能会遭遇意外伤害，最终导致残疾现象的产生。

社会工作者只有了解残疾人人生发展每个阶段的特点，以及可能面临的问题，才能有效地开展工作。

一、胎儿期致残特征

（一）胎儿发育各阶段的特点与面临的主要问题

胎儿期是从卵细胞、胚胎，到胎儿出生的整个阶段，胎儿可能会因为遗传、母体病毒感染、营养不良、射线照射或其他外伤等，出现先天畸形。

畸形的类型取决于致畸因素的种类及其作用时期，尤其是在怀孕早期（前三个月），胎儿器官分化发育迅速，对外界致畸因素最敏感。例如怀孕早期感染的风疹病毒主要导致白内障、耳聋和心脏畸形，而先天性巨细胞病毒主要损害中枢神经系统产生小头畸形或脑积水。怀孕早期可以分为以下四个阶段：

第一阶段是植入前期阶段，从卵子受精的那一刻到第6天[2]。研究发

---

[1] 孟莉. 社区心理学[M]. 北京：中央广播电视大学出版社，2016.

[2] 李国利，吴永平. 医学基础 病因与病理（修订版）[M]. 长春：吉林科学技术出版社，1999.

现，如果一个受精卵带有结构异常的基因或不正常地激活了某些原本不应该激活的基因，就会出现早期胚胎细胞的死亡，即只有健康、未受任何伤害的胚胎才会存活，胚胎这种要么存活要么死亡的"二选一"的特性，被医学界称为"全或无"的影响，从而保证人类能够孕育健康的后代，实现人类的正常繁衍生息。

第二阶段是植入期阶段，从受孕第1周末至第2周末，这个阶段的卵泡在宫腔内膜植入。受精后的卵泡在第8—10天左右会出现上下两个胚层，此时遭受伤害会出现细胞分裂不完全分离，出现"联胎"，即连体儿，对称性联胎可能发育成为分离不完全的连体儿，不对称联胎可能出现一个发育良好、一个发育不良，甚至形成"胎中胎"。医学界将怀孕前两周称为外部致畸因素的"安全期"[①]。

第三阶段是从怀孕第3周至第1个月末，也称为神经胚期，是中枢神经系统发育最为突出的阶段[②]，这个时期在两胚层之间又出现一个中胚层，所以又称三胚层期。各层开始分化形成人体原始的组织器官系统，外层逐渐发育成人体的皮肤、神经系统和感觉器官等，中层发育成人体骨骼、肌肉、血液、淋巴等组织，而内层则逐渐发育成人体的肠腔上皮和消化腺上皮。神经胚期最显著的特点是细胞分化、迁移，脑畸形、独眼畸形、人鱼体畸形、无脑儿、脊柱裂和脑脊膜膨出等均发生于该阶段。

第四阶段，孕期第2个月的胚胎各器官均基本发育成形，但对致畸因素的抵抗力非常弱，容易遭受伤害出现畸形。比如，生殖器官开始分化为睾丸或卵巢，人的第一性征开始出现，伤害可能导致生殖系统畸形；内分泌系统开始发育，放射性刺激可能导致胎儿甲状腺损伤甚至流产；另外，外部伤害还可能导致胎儿出现唇裂、心房或心室间隔缺损、桡骨发育不全、肛门闭锁等严重的先天性疾病。孕期第3个月时，胎儿身体各系统器官已基本完整，对外来致畸因素有了一定抵抗力，但依然存在致畸可能。

总之，孕妇在怀孕第2—12周，是预防先天畸形的关键时期。从第4个月

---

① 孔志明. 环境遗传毒理学[M]. 南京：南京大学出版社，2009.
② 《中国大百科全书》总编委会. 中国大百科全书（精华本）[M]. 北京：中国大百科全书出版社，2002.

开始，胎儿进入迅速生长阶段。怀孕中晚期，基本不会再产生先天畸形，但眼、脑、性腺等器官仍可能因遭受伤害而发育不全或出现病变。

（二）胎儿期常见外部致残因素

社会工作者应该熟悉可能导致胎儿畸形或病变的因素，在社区工作中，积极开展优生优育知识宣传，通过宣传并指导青年人进行婚前检查、遗传咨询，对孕妇进行孕期保健指导，及时开展羊水与绒毛检查、B超、胎儿镜等专项检查，尽早发现胎儿畸形等发育异常状况，以便及时采取应对措施，避免或减少先天畸形的发生率。

1. 发热是常见的致畸因素[①]。发热是人体应对感染很常见的反应，但也是导致胎儿先天畸形的重要原因，而且热度越高、持续时间越久，致畸性就越强。一般来说，发热本身的致畸性常超过病原本身的致畸程度，如细菌性感染，细菌常不致畸而发热致畸。因此，尤其是怀孕早期的孕妇，应该要更加注意天气冷暖变化，及时加减衣物；要特别注意不接触发热患者，无意间接触后要及时进行检查；尽量不去或少去空间狭窄、空气流通不畅、人员拥挤的公共场所；不要进入可能造成体温升高的场所，如高温作业、桑拿浴、热盆浴等；尽量避免罹患发热性疾病，一旦发生病毒感染、出现发热症状，应及早就医，及时采取措施。

2. 抽烟或被动抽烟会影响胎儿发育[②]。目前，还缺乏资料证明抽烟能够直接导致胎儿畸形，但长期抽烟的女性会生育低体重儿、发育迟缓儿是已经被公认的事实。即使孕妇本人不吸烟，也要回避、远离被他人吸烟污染的环境，以减少被动抽二手烟所造成的不良影响。全社会都应该遵守公共道德，做到公共场所禁烟，为公众提供优良环境。

3. 酒精是公认的致畸物[③]。如果男性长期酗酒，其精子质量将会受酒精影响，导致精子活性下降甚至畸形；女性长期饮酒、酗酒，会影响卵子的发育和排出，孕期酗酒会造成酒精通过胎盘进入胎儿体内，导致出现

① 杨小英. 健康怀孕40周[M]. 广州：广东科技出版社，2005.

② 林艺淇. 妊娠分娩产后育儿[M]. 长春：吉林科学技术出版社，2012.

③ 杨青敏，刘晓庆，翁玲璃. 孕产妇de家庭护理及保健[M]. 上海：上海科学技术文献出版社，2007.

酒精综合征患儿，表现为胎儿发育畸形、发育迟缓及智力低下等现象。因此，年轻夫妇应做好孕前咨询，备孕前应禁酒，孕妇在整个孕期更要忌酒。如果孕前月经未能按时出现，即使没有出现妊娠反应，也应该进行忌酒观察。

4. 缺乏营养。很多年轻女性为保持身材，长期节食、挑食甚至厌食，怀孕期间如果继续节食、偏食、挑食，也会造成营养失衡、营养不良，不仅会影响孕妇本人身体健康，而且也不利于胎儿的发育。因此，孕妇在妊娠早期一定要克服妊娠反应，做到少食多餐，做到平衡膳食，不论是主食、肉类、蛋类，还是蔬菜、水果、水产品，都要努力进食，保证营养摄入平衡、量足。

5. 药物中毒会导致胎儿先天畸形。孕期不能乱吃食物、不能滥用药物。孕妇如果不慎生病，必须及时进行治疗，并事先向医生声明自己处于孕期，以便医生在进行检查、用药时，及时采取相应保护措施。有些药物的毒性对胎儿发育有不良影响，甚至会直接导致胎儿畸形、死亡。

6. 其他有毒有害物质。孕妇在日常工作与生活中，应随时注意所接触物品是否有毒、有害，尤其是否具有辐射、放射性、化学毒性等，尽量减少接触农药、铅、汞、镉、砷等物质，并与会产生辐射的产品、设备保持安全距离。如果因工作需要发现所接触物质性质不明时，及时向医生咨询，以便及时控制接触时间、剂量等。

此外，孕妇还要避免强烈的精神刺激，如不观看恐怖电影、减少惊吓等。总之，加强孕早期保健可以成功地减少先天畸形、异常婴儿出生。孕妇应注意克服自己的不良嗜好、远离致畸因素，防患于未然。

（三）社会工作帮助

针对这一时期可能出现的不利因素，社会工作者可以在社区开展家庭婚姻、优生优育知识宣传，开展法律知识宣传，配合政府部门、医院或其他社会机构，在社区组织适龄人员学习，提高人们的家庭责任感、社会责任感，树立包括家庭观念、婚姻观念、消费观念等在内的正确的人生观、价值观和世界观。组织动员广大青年广泛开展婚前检查、婚姻咨询，减少因近亲结婚及其他原因导致的遗传疾病、先天缺陷出现率；组织动员适龄夫妇按照医生建议开展孕前保健、孕期检查，随时了解受孕、胎儿发育状况，调整孕妇生活、心理状态，及时开展医学干预。

二、婴儿期（出生到3岁）

（一）婴儿期发育特点与面临的主要问题

婴儿出生以后，身体和大脑神经系统发育迅速，为婴儿的感知觉、语言、运动和智力等的发展提供了生理条件和物质基础。但婴儿的各项能力，尤其是抵御外部侵害、自我保护的能力还非常弱，甚至几乎没有任何抵御与防范能力。与其在母体内一样，各种外部有害刺激依然可能会使婴儿受到伤害，导致残疾的出现。

因各类事故、自然灾害等造成的身体外伤，物理与化学中毒（如放射性物质、某些稀有金属、药物中毒及食物中毒等），各种病毒感染以及发烧、营养不良等，都有可能使婴儿受到伤害，从而出现中耳炎、大脑炎、脑膜炎、发育迟滞等现象。

在这一时期，对于残疾人家庭而言，可能会面临父母不接受残疾孩子、不知道怎样对待和帮助残疾孩子，也有的会出现过度保护残疾孩子的现象。

（二）社会工作帮助

第一，针对这一时期可能出现的问题，社会工作者要提供情绪支持。社会工作者可以结合法律、医学、伦理等专业知识，引导家长正确认识残疾。第二，社会工作者还需要通过共情为家长提供情绪支持，帮助其逐渐稳定情绪，引导他们不自责、不寄希望于虚无的神灵庇佑，也不寄希望于民间游医，而是要从思想上接受客观事实、接纳儿童现状。第三，社会工作者还可以为儿童父母提供具有实用价值的服务资讯，包括医疗信息、辅具信息、康复信息、福利政策等，协助寻求并联系这些资源，争取在儿童治疗和康复关键期，获得及时早期干预，包括尽早对儿童开展医疗介入，通过药物或手术等医疗手段减少残疾症状，减少残疾导致的生理、心理障碍；提供并协助父母寻求并尽早开始康复支持，尽量恢复、改善症状带来的障碍，尽量减轻障碍。第四，社会工作者需要协助家庭处理与医疗体系和其他相关体系打交道时遇到的障碍和问题，协助家长联系相关部门，为残疾儿童干预或治疗获得项目扶持，包括医疗信息提供，医保政策与手续，康复机构及康复师的评估与训练，残联政策与项目介绍，社区支持等。第五，社会工作者需要帮助家长正确开展早期干预和教育训练，向儿童提供更多的环境刺激和更好的学习机会。第六，社会工作者还需要介入社区、街道等机构，及时处理相关家庭的遗弃或虐待的问题。

三、幼儿期（3—6岁）

（一）幼儿期发展特点与面临的主要问题

从儿童心理发展角度看，幼儿期属于"游戏时期"，动作技能虽然尚显稚嫩、无力，但其生理发育迅速，身高、体重迅速增长，粗大动作基本成熟，精细动作已经有了明显提高，参与活动的积极性也非常高。智力发展变化速度惊人，已经具备基本的判断、推理能力，思维能力处于直观形象阶段，受知识、经验不足限制，思维深度和敏锐度等不足；语言能力在2—4岁发展迅速，词汇量增加很快，语法的理解与运用能力迅速提高，只是对某些抽象、专业词汇理解不深，但日常表达水平已经接近成年人。幼儿期的儿童开始学习并运用社会规则、建立同伴关系，已经能够合作游戏，具有一定规则意识、责任意识，逐步形成道德意识，能够控制情感。残疾儿童则可能会因为残疾及其带来的障碍，缺乏与同年龄小伙伴的交往，会受到小伙伴的歧视与排斥，从而产生自卑心理，逃避与他人沟通，逃避新环境。因而在这一阶段，残疾孩子可能会面临沟通障碍、缺乏社会接触和一些意外伤害的问题。

（二）社会工作帮助

针对以上问题，社会工作者需要开展大量的观察，深入了解家庭成员基本情况，在此基础上分析家庭、儿童问题症结，为儿童、家庭、社区、学校提供以下帮助。首先，协助创设接纳的家庭环境和氛围，引导家庭成员平心静气地接纳残疾的发生与存在，逐渐学会、适应与残疾并存所需要的技能和改变，改造家庭物理环境使其无障碍，改变行为与语言习惯适应残疾儿童。其次，需要改变外部社会与心理环境条件，协助社区做出必要的改变与适应，建立对残疾友好的、支持性的物质环境和人文环境。再次，引导儿童学会并正确处理家庭关系、同伴关系、师生关系等，组织社区志愿者、同伴支持小组等，让残疾儿童随时可以得到志愿者的服务。最后，帮助儿童适应残疾、建立自信，克服身份认同困难，及时提供危机介入。比如教会家长与儿童的正确沟通，训练儿童与小伙伴的沟通交流；帮助家庭改善生活环境，进行无障碍环境改造，避免儿童受到伤害；帮助家长与幼儿园、学校教师的交流与沟通，促进家庭与学校的合作等。

四、儿童期（6—12岁）

（一）儿童期发展的特点与面临的主要问题

这一时期，正常儿童最突出的特点就是生理发育、智力和运动技能的发展。他们在这一时期开始形成基本的读写能力，对自我、道德及友谊、同伴、团体等有了初步理解。残疾儿童在身心发展的阶段性、顺序性等方面均遵循正常儿童的发展规律，多数残疾儿童的身高、体重等指标基本与正常儿童没有太大差异。但这个时期，却是他们一生最难度过的，随着心理的逐渐成熟，他们将不得不面对、适应自己不同于他人的身体姿态所带来的异样的眼光、非议、歧视等；他们不得不适应离开温暖的家庭，进入充满未知和挑战的学校、社会，适应更多的人、规矩和不利于自身的环境。总之，脱离什么都不懂、什么都不理解、什么都不在乎的幼儿期之后，开始新的人生阶段的残疾儿童，不仅开始学习科学文化知识、开始多彩的童年生活，而且还必须面对多方面的"不友好"，包括来自物理环境的各种障碍，来自交流的语言障碍，来自他人的歧视、冷眼等，这些看得见看不见的障碍和困难，会给他们的身心健康成长带来很多困难，他们必须学习适应这些困难，必须勇敢地跨过这道人生的"坎"，习惯冷眼和歧视，克服自卑和自怜，勇敢地面对自己的人生。

（二）社会工作帮助

针对这一阶段的残疾儿童发展规律与主要问题，社会工作者首先要帮助他们应对心理危机，实现身份认同，创设接纳的、友好的无障碍环境。社会工作者可以向残疾儿童提供的帮助有：掌握沟通技能，包括语言技能及表情、手势、语调等非言语的沟通方式；针对因各种原因未能入学的情况，提供法律帮助，积极联系教育行政部门和普通学校、特殊教育机构，帮助儿童获得教育权；帮助家庭、儿童做好入学前生活自理、学习准备等能力提升，为适应学校生活做好准备；协助家庭和学校、社区进行物理环境改造，为儿童提供无障碍环境；提供辅助用品用具信息与咨询；创造机会为孩子开拓社会交往面，包括正常儿童、其他残疾儿童、成年人等，为孩子提供经验，帮助他们积累成功体验和自信心；协助开展相关康复训练。

五、青少年期（12—18岁）

（一）青少年期发展的特点与面临的主要问题

进入青春期的青少年，面临第二性征初步成熟的重要特征，身高、力量等方面快速变化，以及随着知识能力的增长和社会阅历的积累，抽象逻辑思维水平逐步提升，自我意识与人格心理逐步成熟，他们的判断性和独立性日益增强，心理适应是这一阶段需要解决的重要课题。很多引导与教育不及时、效果差的青少年出现离经叛道行为，成年人越是反对的人和事，他们就越坚持。残疾青少年的发展呈现同样的特点与规律，一方面，他们将面临与正常青少年一样的困惑与问题，一样面临身心快速发展所带来的适应问题，一样会出现叛逆意识与行为；另一方面，他们还要面对身心发展不均衡所带来的心理水平高于肢体能力（肢体残疾者）的苦恼，或者是心理水平低于生理发育的压力与烦恼。对自己生理特征、心理特征，以及残疾身份的认同是残疾青少年自我意识发展、心理健康发展的重大课题。因而，在这一阶段，残疾人可能会面临脱离父母，建立个人身份；无法接受残疾身份，尤其是后天残疾的孩子，缺乏角色榜样等困惑。

（二）社会工作帮助

针对这一阶段青少年发展的主要问题，社会工作者需要在广泛、深入了解情况和分析问题的基础上，运用相关理论与技能，对残疾青少年开展针对性的心理疏导，引导他们正确认识社会、家庭和自己；协助残疾青少年开展生活自理方面的训练，提高独立生活能力，提高社会服务能力，进而提高自信心；帮助残疾青少年接触残疾人文化，逐步形成、进入相应社交圈，通过榜样力量、成就体验提升对生活的自信，增加自我价值感，提高其对社会、对家庭的责任感，激发其积极面对人生的内驱力。另外，还要结合这一年龄段的特点开展爱情、婚恋辅导，结合实际需要进行心理危机介入。

六、青年期（19—40岁）

（一）青年期发展特点与面临的主要问题

这一时期，肢体健全的青年人先后完成学历教育，逐步离开家庭步入社会，开始职业生涯，构筑属于自己的家庭，他们的关注点与人生目标是拥有收入稳定的工作，事业不断得到发展；寻找可以陪伴终身的亲密伴侣，成家立业；或者逐步开始形成其他的、自己喜欢的生活方式。而残疾青年由于种种原因，可能无法得到水平高、质量好的特殊教育，难以找到适合自己特点、收入稳定的工作，也难以找到如意伴侣。总之，社交、婚恋、家庭、就业等各方面都随时可能出现多种多样的不如意和困难，残疾青年必须面临的问题很多、很现实[1]。

（二）社会工作帮助

针对这一阶段残疾人发展所面临的主要问题，社会工作者需要综合评估其现有综合素养和能力水平，兴趣爱好与生活情趣，残疾与障碍程度，以及可以为其提供支持的家庭、社区、单位等资源，鼓励、协助他们融入群体，接受并融入残疾人亚文化圈。帮助提供恋爱、婚姻、家庭辅导，提供生殖健康辅导，提供科学育儿辅导，进行家庭无障碍建设。帮助尚未完

---

① 陈秋燕. 大学生压力应对方式研究[M]. 厦门：厦门大学出版社，2020.

成学历教育的残疾青年进行职业生涯规划、个人生活规划，协助克服涉及教育、培训的各种障碍，比如协助制定职业规划，提供职业技能培训信息与申请，就业信息提供与甄选，转变就业理念，协调个人与工作单位的相关事务等。协助其进行个人生活调适，鼓励其参与社区事务，及时进行危机介入等。

七、中年期（40—60岁）

（一）中年期发展特点与面临的主要问题

健全人进入中年以后，在各方面都已经走向成熟，有的达到事业的顶峰，收获荣誉、地位；有的家庭幸福，与妻儿其乐融融。虽然他们也有自己的烦恼，但总体上基本处于最美好的阶段。而步入中年的残疾人却未必个个都能达到这样的生活水平，残疾带来的障碍使得他们可能会面临家人关怀不够、收入拮据、工作不稳定、人际关系不好等问题，甚至出现与他人关系紧张、家庭危机等。

（二）社会工作帮助

针对中年残疾人可能面临的主要问题，社会工作者首先要做的是完善个案管理，针对每一个人的情况，应用家庭系统相关理论，具体问题具体分析，帮助他们厘清家庭结构，找到矛盾根源，利用家庭结构疗法、共情等手段，增进家庭成员间的感情，促进夫妻和谐，处理好亲子关系。加强与残疾人就业单位的协调与合作，协助开展无障碍环境建设，包括进行无障碍环境改造，构建无障碍信息交流和文化建设，协助建立公平公正的就业与竞争机制，抵制基于残疾的歧视。鼓励并支持残疾人自主创业。充分利用社区资源，构建符合每个残疾人需求的社会支持网络，从日常生活、就业、人际交往、家庭关系等各方面提供支持，协助持续开展家庭康复和社区康复。还要协助相关部门和人员，做好文化氛围、思想意识等软件方面的无障碍环境建设，做好残疾人参与社会活动的交通、交流、安全等方面的无障碍环境建设。

八、老年期（60岁以上）

（一）老年期发展特点与面临的主要问题

进入老年生活的普通需要先适应单调的退休生活，适应自己各项生理指标日益减退所带来的不便与困扰，还需要悟透生命意义，逐渐适应包括亲密爱人在内的同龄人不断离世的悲伤。那些身有残疾的老人尤其是重度残疾的孤寡老人，可能会因照护不周、疾病缠身而早逝，也有一些健康状况良好的残疾老人，可能会因负责照护的亲人死亡或失去劳动能力、照护能力而无人照料，这些都会随着我国进入老龄社会，日益显露其影响。

（二）社会工作帮助

针对老年残疾人的各项问题与需求，社会工作者任重而道远，需要结合每一位老年残疾人的具体情况，积极动员社会力量。

第三节 残疾人社会工作

一、残疾人社会工作概念

（一）残疾人社会工作定义

残疾人社会工作是社会工作的重要组成部分[①]，是社会工作者运用相关理论与方法，在了解残疾人特殊需要的基础上，调动各种资源，协调各方关系，通过各种途径，为残疾人提供服务的专业性与职业性活动。通过努力社会工作者能够有效帮助残疾人实现接受教育与康复训练、就业与维权，以及政策服务等各方面的权利，提高其平等参与社会活动的水平，提高其生活质量。

（二）残疾人社会工作的特殊性

残疾人社会工作是社会工作的一个分支，因而残疾人社会工作既有社

---

① 马伊里，吴铎. 社会工作案例精选[M]. 上海：华东理工大学出版社，2007.

会工作的一般特点，也因残疾人自身特殊性，其社会工作需求不同于其他服务对象。

1. 特殊的服务对象

由于残疾人在生理心理等方面存在各种程度的残损、失能或功能障碍，导致他们在人生发展的每个阶段都不能像健全同龄人那样，可以按部就班地生活、学习和工作。面对来自自身、家庭、社会和其他方面的限制，他们需要付出更多努力，应对生理缺陷及其导致的各种障碍，克服常人所不能理解的困难和挑战，所面临和需要克服的困难、痛苦以及不幸是双重的。

2. 特殊的社会工作过程

与其他社会工作对象相比，残疾人社会工作具有连续性。从人类社会发展的历程看，残疾这种现象是伴随着人类的产生而产生的；从个体成长发育的角度看，从出生前的预防到老年残疾人托养照顾，残疾人社会工作伴随人的一生。因此，从残疾预防、优生优育知识宣传，到残疾发生后人生发展的各阶段，乃至残疾人生命的尽头，残疾人社会工作都具有十分重要的价值和意义，需要为残疾人解决各种现实问题，这是一个具有连续性、长期性的工作过程。

3. 特殊的重要性和艰巨性

不论是对社会发展和国家政策的落实，还是对残疾人个人发展而言，社会工作都具有非常重要的意义，都是非常艰巨的任务。残疾人一般都是国家政策和社会发展各项事业中最困难的群体，他们的行动能力、交往能力、工作能力不能满足自身生存和发展需要，不能满足社会生活需要，经济收入相对较低、生活条件相对较差，是社会福利政策"兜底"和保障的重要对象。在与他们的沟通过程中，可能会因一些方法与技巧不当而受到排斥，因此，残疾人更需要政府、社会的帮助和支持，更需要专业社会工作者提供的服务。而每一个残疾人所在地区的经济与政治条件的差异、家庭与个人发展的差异等，又使得社会工作所面临的问题和困难有很大差异，所以需要社会工作者在介入时周全考虑社会条件和残疾人特殊需求。

4. 特殊的多样性与综合性需求

由于残疾类型和程度不同，残疾所造成的障碍不同，残疾人的社会服务需求也有很大差异。在给予他们社会服务和支持的过程中，社会工作者除了要考虑健全人一般会出现的问题和情况外，更要特别考虑残疾人自身条件和接受能力，包括生理条件、心理发展、能力基础、康复与教育、家人和家庭等，还包括社区基础、医护条件、社会生活等，内容涉及个人生活和社会生活的所有方面，工作领域和内容具有多样性和综合性，要求社会工作者具备较为丰富的知识能力，具备协调、统合各方面资源的能力。

二、残疾人社会工作者的条件

（一）无条件的接纳与关注

服务残疾人，社会工作者首先必须在心理上接纳残疾，必须能够正确面对残疾及其带来的特别的身体容貌、简陋的生活条件，从内心深处关爱他们、尊重他们，理解并包容各种失能和障碍，要具备锲而不舍帮助他们的精神。其次，还要随时保持一颗仁爱之心和同情之心、忍耐之心，善于站在残疾人角度，设身处地地考虑他们的特殊需求，倾听他们的故事、感受他们的悲痛，让他们获得心灵慰藉。最后，还要用自己的行为感化他们，激发他们对美好生活的向往，增进他们对自我的认同和接纳，挖掘并激发他们的潜能，让他们不断感受到存在感和成就感，逐步发展他们的责任感与价值感。

（二）强大的心理素质

残疾人社会工作者是"助弱"的天使，在给残疾人带去慰藉与希望的同时，也会吸纳更多的负面信息，需要时时面对社会和政策的遗漏与不足，甚至是失误。这就需要社会工作者们在与残疾人长期交往的过程中，逐步学会分辨、分析、消化各类信息，在给予残疾人正能量的同时，自己的内心也要足够强大，也要学会倾诉和寻求朋友们的支持。

（三）更多更专业的知识

残疾人社会工作者首先需要了解残疾预防、残疾特征及相应法律法规和政策，需要了解特殊教育与相关医疗、康复、就业、心理辅导、危机干预等知识，只要是残疾人生活可能涉及的，社会工作者都应该有一定的知识储备，几乎可以成为残疾人生活的"百科全书"。同时，社会工作者还要熟悉一般社会工作的基本原理和方式方法，并能够将这些理论知识同残疾人社会工作有机结合，用理论指导工作实践，比如可以从增能视角、优势视角等激发残疾人潜能，恰当利用社会支持促进残疾人"成长"，最终实现"自助"。

（四）强健的身体素质

残疾人社会工作是真正的一线工作，是非常繁重的工作，需要经常深入残疾人家庭、社区等进行相关政策与知识宣传，需要经常性地走村串户，走访教育、医疗、就业等相关单位，奔走于相关政府部门之间，甚至有时候还会直接对残疾人进行相关教学与训练，在一定意义上说，残疾人社会工作变成了"体力活"，没有一副好身板是难以胜任的。

（五）较强的沟通技巧和组织能力

为解决残疾人更多的现实困难，为争取更多的政策支持与福利、保障，社会工作者需要经常性地与政府各职能部门进行咨询沟通，需要在社区、医院、学校、家庭之间不断对接、协商，需要经常与红十字会、志愿者协会、家长协会等社会团体进行沟通协调。还需要与残疾人家庭及其本人进行沟通、解释，需要不断激励家人正确认识并接受残疾、科学对待残疾。所以，社会工作者需要具有较高的组织能力、协调与沟通能力。

三、残疾人社会工作者的任务

社会工作作为一种"助人自助"、为政府解决社会问题的工作，可以为那些经济收入较低的人、年老体弱的人、身有残疾的人，以及其他特殊人群解决很多实际困难。有效的社会工作，可以预防、减少和解决因经济困难、生活方式等而造成的社会问题；良好的社区服务，可以提高社会保障和福利水平，实现社会和谐，促进社会稳定。

残疾人社会工作是运用社会工作的原理和方法，以残疾人为服务对象，帮助他们补偿自身缺陷、克服环境障碍，平等参与社会生活、分享社会发展成果的专业活动。因而，社会工作者需要在开展工作前全面了解残疾人个人基本情况。

（一）充分了解残疾人

1. 基本信息

社会工作者在开展介入工作之前，需要首先通过家人、社区、医院、学校等渠道，对残疾人的基本情况进行全面了解，从其生长发育到出现残疾，从身心发展过程与现状水平到个人爱好，从家庭状况到社区服务等等，全面了解、掌握残疾人基本信息，是有效开展社会工作的前提。

2. 经济状况

经济状况在一定程度上决定了残疾人能够享受的医疗、康复、教育条件，能够为解决问题所进行的投入，因而，社会工作者有必要了解其个人及家庭收入。残疾人经济状况包括个人与家庭的经济收入与开支情况，包括个人收入（含稳定收入、不稳定收入、政策性收入等）、家庭总收入、家庭总支出、家庭消费性支出和食品支出等，以及相对当地人均收入、最低工资标准的情况。

3. 需要解决的问题

残疾人的特殊需要和问题，可能来自其残疾及其导致的障碍，还有可能是来自社会条件限制、以前社会工作者工作不具体不深入等。所以，社会工作者需要认真观察、深入交流，不仅要听其"说"，更要观其"实"，找到其最真实的需求。残疾人面临的问题有：物质层面的困难，包括经济收入低与开支大的矛盾、住房条件不好、出行困难、医疗困难等；精神层面的困难，包括来自家庭和社会的压力、面对亲人困难的无力与无助感、家庭矛盾、自我认知问题等；社会交往的困难，包括社交范围狭窄、社会参与不足、婚姻恋爱困难等。

这些困难与问题，与下文即将介绍的残疾人医疗与康复、教育与劳动、文化生活、社会福利以及环境（包括物理环境和文化环境）是否无障碍等相关。因而社会工作者在介入之前，应全面了解其特殊需要，以便有的放矢提出解决方案。

（二）开展残疾人社区康复

1994年，世界卫生组织和联合国教科文组织、国际劳工组织提出，社区康复是社区发展计划中的一项康复策略，其目的是帮助所有残疾人享有康复服务，实现机会均等、充分参与的目标[①]。社区康复的推进和落实，需要依靠包括残疾人自己及其亲友在内的，社会各层面和领域的人士参与，比如残疾人居住社区的工作人员，政府的卫生、教育、劳动就业、社会保障、残联等相关部门工作人员，以及来自医院、学校、商业机构的志愿者等。

在我国，社区康复是社区建设的重要组成部分，是在政府领导下，相关部门密切配合，社会力量广泛支持，残疾人及其亲友积极参与，采取社会化方式，使广大残疾人得到全面康复服务，以实现机会均等、充分参与社会生活的目标[②]。

1. 社区康复基本原则

社区康复的实施需要遵循以下基本原则[③]：

（1）政府主导、部门配合，共同推进残疾人社区康复。

（2）社会化工作方式，积极引导、鼓励社会力量参与残疾人社区康复。

（3）低投入、广覆盖，推广适宜的康复技术，满足广大残疾人的基本康复需求。

（4）分类指导、因地制宜，探索并形成符合各地经济社会发展水平的社区康复工作长效机制，逐步发展、逐步完善。

2. 积极配合做好残疾三级预防工作

为做好社区康复，社会工作者需要了解我国实施的残疾"三级预防"机制，并积极开展工作。所谓三级预防体制，是指分三个层次进行残疾预防，一级预防是通过预防致残性伤害避免或减少残疾的发生；二级预防是在伤害发生后，及时进行救助以减轻影响、减少残疾；三级预防是在残疾发生后，通过各种方式避免或减轻所导致的障碍[④]。

---

① 乌建平，何凤英，代爱英. 社区护理学[M]. 北京：北京大学医学出版社，2019.

② 赵悌尊. 社区康复学[M]. 北京：华夏出版社，2005.

③ 中国残疾人联合会，中华人民共和国卫生部. 关于进一步将残疾人社区康复纳入城乡基层卫生服务的意见[J]. 中国康复杂志，2005（2）：67—68

④ 沈黎，吕静淑. 社会工作实务[M]. 上海：华东理工大学出版社，2016.

社会工作者可以结合节假日、纪念日、社区工作需要等，在社区积极开展相关法律法规和政策宣传，开展优生优育知识宣传，开展安全生产宣传等，做好一级预防；在病症、意外事故、灾害发生以后，及时联系抢救和治疗，尽量减少伤害，做好二级预防；在伤害已经发生、残疾不可避免地出现以后，相关部门需要开展残疾评定、康复评定和建档立卡工作，社会工作者将结合残疾人康复需要和社区资源，为他们提供治疗与康复服务，最大限度恢复或改善功能、减少障碍，做好三级预防。

三级预防需要以残疾和康复评定为依据。残疾评定是由医疗或其他具有资质的机构对伤残程度进行评定，以确定其对生活的影响。而康复评定则需要由医生、心理学工作者对残疾人的肌张力、运动功能、独立生活、社会交往、职业技能、认知及其他心理功能等进行评定。残联等相关部门工作人员根据评定结果，开展残疾证申办工作，建立残疾人基本信息库和服务档案。

3. 常见社区康复服务项目

由于社区所处地域、经济和文化基础不同，能够为残疾人提供的康复服务具有很大差异。一般地，社区应该综合考虑健全人和残疾人、老年人和儿童的锻炼需要，设置常用设备，提供以下服务：

（1）特殊功能训练：社区可以综合考虑健全人和残疾人、青年人和老年人、儿童的需要，在室内或室外设置一些功能训练器材，包括关节体操（被动、主动）训练器，步行训练器，用以训练步态、姿势和平衡肢体的训练器材，提高肌肉爆发力和耐力的训练器材，儿童游乐设备，可以用于进行劳动能力和作业治疗、言语交流训练的专门设备等。

（2）特殊用品用具服务：社区服务站、居委会、业主委员会等应该结合本社区、小区居民情况，预先准备一些通用的特殊用具，比如手杖、腋杖或四足拐杖、步行架、轮椅，还可以准备一些腰托、颈托、简易矫形器与固定器，以备小区老人意外摔倒、绊倒时使用。社区还可以与开办在本地的教育、医疗、康复等机构合作，建立居民特殊用具临时服务点，提供诸如助听、助视器及其他辅助器具，为残疾人提供相关服务。

（3）专业指导、咨询服务：社区可以组织附近居民中具有教育与心理辅导、营养与保健、护理与家居环境调适等专业技能与专业知识的人，尤其是发挥已经离退休的老干部、老专家余热，为本地残疾人及其他需要专业指导与咨询服务的个人、家庭提供志愿的专业服务，丰富居民文化生活，形成居民互帮互助的良好社会风气。

（4）医药服务：社区可以与设在本地的医疗、医药机构等加强联系，建立合作机制，将本地区的健康宣传、疾病预防与医药宣传、疫苗接种等委托他们组织开展，上门为出行不便的残疾人进行外用药物的更换（敷、贴、洗、擦等）、皮下注射服务等；在相关节假日、休息日，请他们组织医护人员到社区，必要时深入残疾人、老人家庭，开展推拿、按摩和针灸等上门服务，开展康复与护理指导、训练，义务教授居民学习保健体操等。

（三）开展残疾人医疗康复

社会工作者需要与医疗机构紧密合作，为残疾人开展医疗康复，比如，可以开展包括康复医疗、训练指导、转介咨询、用品用具指导、知识宣传和心理健康辅导等[1][2]，通过这些服务与手段，治疗、改善甚至恢复残疾人各项功能，减少障碍类型、降低障碍水平，帮助他们获得相应的日常生活与社会活动能力，为其享有更高质量的家庭生活、更方便地参与社会生活创造条件。

1. 开展康复医疗

根据残疾人残损、障碍状况，以及对康复、器材的需求，结合其家庭收入与经济基础，依托本地医疗机构、康复机构或社区服务站的人员与设备基础，通过直接上门服务、入户指导的方式进行服务，甚至可以专门为残疾人直接开设家庭病床（病房），将医院工作延伸到家庭，提供价格亲民、经济实惠的康复医疗服务。

2. 进行训练指导

社会工作者可以聘请在医疗机构、康复机构工作的专业康复人员，一起深入残疾人家庭，帮助制订训练计划，向本人及家庭成员传授训练方

---

① 程凯. 社区康复工作上岗培训教材[M]. 北京：华夏出版社，2006.
② 王刚，陈文华，黄国志，等. 社区康复学[M]. 北京：人民卫生出版社，2018.

法，进行训练方法的实操指导，矫形器使用指导，以及利用日常用品制作简易辅助器具等。

3. 进行心理健康辅导

社会工作者可以深入家庭，充分了解残疾人情况，在与其交流的过程中，宣传相关政策、知识，并利用分析、鼓励、启发和引导等方式方法，帮助残疾人树立正确的残疾观，正确认识自己，树立信心，也可以借此鼓励残疾人亲友加强理解、关心、支持，于"无意"间完成心理健康辅导。

4. 开展知识宣传与普及

社会工作者需要对残疾人及其家人、亲友进行相关政策、知识的宣传与普及，可以主题知识宣讲、专题讲座的方式进行，也可以通过发放科普读物的方式进行。但最具现实意义的是，社会工作者在与残疾人及其家人、亲友交谈或互动过程中，将政策解读、残疾知识、康复知识与训练指导等融入其中，在日常事项处理、日常交流之间完成相关政策、知识的宣传与普及，做到润物无声。

5. 用品用具咨询

残疾人康复、生活还需要一些专门的辅助或矫正器具。对于这些器具的选购与使用，并不是所有残疾人都很熟悉，尤其是在刚开始接触、使用时，由于不了解其参数、性能与注意事项，常常出现使用不当而影响康复、训练效果的现象。社会工作者可以根据残疾人实际，向其提供这些器具、用品的详细参数、主要特点与性能等，选购那些经济实惠、效能较高的器具与用品；还可以向其提供其他残疾人使用的信息，并帮助联系、协商，通过借用、租赁甚至赠送的方式，旧物新用，实现其使用价值的最大化。另外，还可以向他们提供这些器具、用品的使用指导和维修信息等。

6. 转介咨询

社会工作者需要熟悉、掌握当地康复资源，在需要的时候能够根据残疾人实际，协助联系有关机构和人员，向专业人员提供残疾人真实、详尽的信息资料，以便做出相关判断，提供针对性的服务。

（四）开展残疾人教育康复

教育康复是全面康复的重要组成部分，是通过教育手段最大限度进行补偿缺陷、开发潜能，改善或恢复残疾人功能，使其顺利适应家庭和社会生活。残疾人教育康复中的特殊教育，不是狭义的、仅仅面向特殊儿童进行的学校教育，而是为适龄残疾人提供适当方式、适当内容的特殊教育，以提高残疾人文化、知识和能力等，为其更好地参与社会生活奠定文化基础。

生理方面，人体器官具有"用进废退"的特点，社会工作者可以采用缺陷补偿、代偿等方法，训练、提高残余器官功能，利用新技术、新材料等成果补偿丧失、截除人的器官功能，或者促进其他器官功能代偿性发展，从而提高残疾人相关器官、组织、系统的功能，促进其全面发展。

精神与心理方面，社会工作者可以通过特殊教育手段，帮助残疾人提高思想认识水平，建立正确的自我意识与自我认同，提高政策与文化水平，以高雅的文化艺术陶冶情操，丰富、提高精神生活的内容和质量，弥补心理缺陷。

教育康复的视野和服务对象日益宽广，除残疾人本人外，已经拓展到其亲友、相关组织和工作人员等。针对残疾人父母、监护人或亲属的教育康复，提供心理支持、康复训练指导，建立社会支持系统等；针对社会组织、残疾人组织和爱心人士的教育康复，主要内容是相关政策与知识宣传等。

（五）残疾人职业康复

职业康复是通过向残疾人提供就业指导、训练和工作安置等服务，使残疾人能够有适当的职业[1]。职业康复是残疾人融入社会最直接、最有效的途径，集中实现"治疗、康复、发展"三种功能[2]。

社会工作者可以通过向残疾人开展职业能力培训与评估，提供就业信息与指导等方式，协助残疾人提高职业素养和就业能力，获得相应就业岗位，或者进行自主创业。帮助残疾人提高收入、改善生活状况，体验到自己在家庭和社会中的成就感，对于其树立自信心，实现自身价值具有重要的社会意义。

---

[1] 刘生亮. 社会工作实务概论[M]. 重庆：西南师范大学出版社，2021.
[2] 沈黎，吕静淑. 社会工作实务[M]. 上海：华东理工大学出版社，2016.

（六）残疾人社会康复

社会康复是全面康复的重要组成部分，是从社会学角度，依靠社会帮助和残疾人自身力量，采取医疗、教育、职业等各种措施，减少或消除不利于残疾人进入社会生活的各种障碍，使残疾人能够充分享有权利和尊严，参与社会活动并为社会发展作出贡献①。

社会工作者能够为残疾人提供的社会康复服务内容很多，涉及国家与社会的教育、医疗、社保、司法等几乎所有领域，具体地说，可以开展以下服务：国家相关政策法规的宣传与解读；残疾预防与残疾知识的宣传与普及；医疗、康复知识的宣传与普及；协助重建个人与家庭生活；指导家庭、社区等相关区域进行无障碍环境建设与改造；辅助器具选购、使用的技术支持；特殊教育服务；与就业相关的支持与服务；协助残疾人组织开展活动，提高"自助"能力等。

（七）残疾人托养服务

托养服务是指运用社会工作、护理、康复等专业知识和方法，为残疾人提供生活照料、日间护理等服务，同时开展生活自理能力、运动功能、社会适应能力、劳动技能训练，提高残疾人生活自理能力、生产劳动能力和社会参与能力的公益性社会服务②。托养服务内容与对象、服务水平等因各地经济发展不同而有一定差异。

社会工作者可以根据残疾人实际向他们介绍托养机构与服务内容，指导残疾人及其家人围绕价格、服务内容和质量等与托养机构进行沟通，协助签订合同。社会工作者还要定期不定期地到托养机构进行探望，了解残疾人适应情况，了解机构工作与服务情况，并保持沟通，以保证其服务质量。

对于居家的残疾人，社会工作者还可以协调社区服务站或组织志愿者、家政人员，定期到其住所开展家政服务，或提供家庭日常生活照料。

（八）残疾人文化体育活动

残疾人文化和体育事业是我国文化和体育事业发展的重要组成部分，

---

① 李迎生. 社会工作概论（第2版）[M]. 北京：中国人民大学出版社，2010.
② 冯善伟，李凌之. 国家标准《就业年龄段智力、精神及重度肢体残疾人托养服务规范》解读[J]. 残疾人研究，2019.

党和政府历来高度重视。为保证残疾人文化、体育事业的不断发展，国家有关部门先后制定和颁布了相关法律法规，组织了残奥会、特奥会、社区专项体育活动，组织了各级各类的文艺调演、会演等活动。应该说，近几十年来，我国残疾人文化、体育活动精彩纷呈、成绩优异，为我国文化、体育事业作出了重要贡献，残疾人"自尊、自信、自立、自强"的精神也已经成为社会文明的重要内容。

为做好残疾人文化、体育事业，社会工作者要熟悉国家的相关法律法规、政策，熟悉残疾人文化体育相关竞赛、会演，熟悉本地开展情况和优势项目等；积极协调力量，促进残疾人文化体育设施的建设和改善，协助政府相关部门建设文体公共服务体系；协助组织社区文化活动、体育活动，做好社区图书馆（图书室）以及设在本社区区域的文化馆、美术馆、公园、体育场馆等管理；协助相关政府部门打造残疾人文化、体育、艺术特色品牌，为上级部门推荐选拔相关残疾人才等。

（九）残疾人社会福利工作

残疾人社会福利是在残疾人基本物质生活得到保障的基础上，国家和社会在生活、工作、教育、医疗和康复等方面，为他们提供更多、更好的设施、条件和服务①。

社会工作者可以在残疾人医疗、康复、教育、养老、托养等方面开展社会福利工作，也可以在残疾人社保、物资救助以及居住场所改造等方面提供帮助。

（十）残疾人维权服务

我国宪法规定："国家和社会帮助安排盲、聋、哑和其他残疾公民的劳动、生活和教育。"保障残疾人权利平等、机会均等，顺利开展残疾人维权服务，需要建设权益保障体系。改革开放以来，我国残疾人权益保障体系建设逐步加快。目前，我国已形成以宪法为核心，以《中华人民共和国残疾人保障法》为主干，《中华人民共和国义务教育法》等其他相关法律为补充，以《残疾预防和残疾人康复条例》《残疾人教育条例》《残

---

① 穆怀中. 国际社会保障制度教程[M]. 北京：中国人民大学出版社，2009.

疾人就业条例》《无障碍环境建设条例》等法规为重要支撑的残疾人权益保障法律法规体系[①]。党和国家还先后颁布了《关于发展特殊教育的若干意见》《中共中央、国务院关于促进残疾人事业发展的意见》《平等、参与、共享：新中国残疾人权益保障70年》白皮书等重要文件，促进残疾人事业发展。

社会工作者为促进残疾人真正享有公民平等权，保障其享有平等的政治权利与人身权、教育与文化生活权、劳动权与休息权、财产权与婚姻家庭权、物质帮助权、行政救济与司法救济权等全面而广泛的权益，需要加强与司法、劳动人事、社会保障等部门的协调沟通。

（十一）无障碍环境建设与服务

无障碍环境建设是指为保障残疾人、老年人、孕妇、儿童等特殊社会成员通行安全和使用便利，在建设工程中配套建设的服务设施[②]。常见无障碍环境建设包括无障碍设施建设，比如通道（路）、洗手间（厕所）、声音提示等；无障碍信息交流，比如为听力残疾人提供手语翻译、在相关场所提供盲文标识或翻译为盲文；无障碍服务，比如在政府机关、窗口行业部门为上述特殊人群提供轮椅、特殊窗口等。为保障无障碍环境建设工作，我国先后制定实行了《无障碍设计规范》《民用建筑设计通则》，《中华人民共和国无障碍环境建设法》已于2023年9月1日起开始实行，标志着我国无障碍环境建设正式走上法治轨道。

社会工作者能够与无障碍环境建设的设计、施工单位加强沟通，及时反馈实际需要，提出实施建议，确保相关设施得以设计、修建，并确保其质量。还能够积极推进家庭无障碍改造，结合实际提出改造建议，并积极与相关部门进行沟通，以便获得专业支持与资金资助，为残疾人提供更加便利的生活条件。还能够在社区加强无障碍环境知识与政策宣传，提高公众认识和行动自觉。

[①] 朱健刚，严国威. 迈向整体性治理：残疾人实现共同富裕的制度逻辑与现实路径[M]. 残疾人研究，2022：3—10.
[②] 张燕，吕茵. 劳动与社会保障案例评析[M]. 北京：中国工人出版社，2016.

四、残疾人社会工作的目标和功能

（一）残疾人社会工作目标

残疾人社会工作的总目标是：尊重残疾人公民基本权利，促进残疾人平等参与社会，实现残疾人享有体面的工作和有尊严的生活，推动残疾人树立"自尊、自信、自强、自立"观念，全面提升素质为社会作出重大贡献，达成"共建、共享、共融"的具有亲和力的文化，从而提升人类整体生活质量[①]。

（二）残疾人社会工作功能

残疾人社会工作的功能可以从微观、中观和宏观三个层面分析[②]。就微观层面而言，残疾人社会工作能够为残疾人提供具体的物质帮助、能力建设服务；就中观层面而言，残疾人社会工作能够促进培育社会组织和社会支持系统；就宏观层面而言，残疾人社会工作能够促进并通过政策变化、社会投入增加等，建设具有独特而富有人文精神与亲和力的残疾人文化，成为社会主义文化建设的重要组成部分。

五、残疾人社会工作的主要方法

残疾人社会工作与其他社会工作一样，常用方法包括个案工作、小组工作、社区工作等，需要社会工作者在实践中不断探索和总结，不断提高工作能力和技巧。除此之外，社会工作者还要熟悉以下几种工作方法或模式。

（一）个案管理

个案管理是由社会工作者评估残疾人及其家庭需求，安排、协调、监督、评估和倡导多种服务项目，以满足残疾人特殊需求[③]。有过程和体系两种价值取向，前者强调协调过程，通过协调获得各种资源协助服务对象；

---

① 全国社会工作者职业水平考试教材编写组. 社会工作实务（初级）[M]. 北京：中国社会出版社，2017.

② 李昑，赵波，张蒽，等. 社会工作实务（初级）[M]. 北京：中国法制出版社，2016.

③ 李昑，赵波，张蒽，等. 社会工作实务（初级）[M]. 北京：中国法制出版社，2016.

后者强调联结和协调服务体系，确保运用最完善的方式服务对象。

社会工作者运用个案管理方法时，同时扮演资源整合者、价值倡导者和服务咨询者角色，对残疾人进行需求评估、内心感受评估，促进社会误解的消除，不断建立和稳固专业联盟与专业关系。具体工作需要按照建立关系、评估、制定方案、获取资源、整合实施、结束六个步骤进行。

（二）小组工作

小组工作也称团体工作，是小组成员在社会工作者协助下，通过互动与互助，获得行为改变、社会功能恢复与发展。

小组工作具有以下特点：小组是组员和社会工作者组成的关系体系，有社会工作者和组员互动，但更多的是组员间的互动；小组工作是通过彼此分享、分担、支持、教育、治疗等，带来组员态度和行为改变；小组工作既是过程也是改变的方法和手段；小组都有明确目标。

（三）社区工作

社区工作是社区社会工作的简称，是以社区组织、社区发展、社区服务为内容的社会工作基本方法[①]。社区工作既是一项事业，也是一个专业、一门艺术，社会工作者需要通过专业技巧和方法，有效有序协调社区重大事务和生活琐事，使社区得以健康发展。

社区工作的总目标是强化社区功能、解决社区问题，促进社区政治、经济、文化和环境的协调健康发展，保障社区管理有序、服务完善、环境优美、治安良好、生活便利、人际关系和谐，提高社区生活水平和生活质量[②]。

社会工作者必须是接受过专业培训的专业人员，具有高度社会责任感，具有正确、敏捷的判断力、执行力，具有丰富的社会科学、自然科学知识，同时还要具有熟练的工作技巧和沟通协调能力。

（四）社区康复模式

社区康复模式是在社区开展残疾预防和医疗、教育、职业、社会等全

---

① 徐静春，李光华，黄永红. 民政工作[M]. 北京：机械工业出版社，2012.
② 刘生亮. 社会工作实务概论[M]. 重庆：西南师范大学出版社，2021.

面康复的模式①。社区内资源丰富而多样，社区康复模式可以帮助残疾人就近获得更为方便、及时、专业的康复支持与服务。康复服务社会化、低成本广覆盖、因地制宜、因陋就简和因势利导等，既是社区康复的主要优势，也是需要遵循的原则。

社会工作者首先可以利用热线电话、科普读物、展板、宣传栏、公告栏等多种渠道和手段，向社区居民、残疾人提供康复知识宣传；可以将政府相关部门、机构的工作与社区康复融为一体，充分发挥卫健、民政、妇联、教育、共青团以及残联等部门的专业优势和特点，为残疾人提供相应康复服务；还可以利用节假日、纪念日，利用全国助残日、全国爱耳日、全国爱眼日、全国特奥日、全国肢残人活动日、精神卫生日、碘缺乏日，利用国际聋人节、国际盲人节、国际残疾人日、世界自闭症关注日等活动日与主题日，也可以借助其他社会公益、志愿活动，为残疾人提供康复服务；还可以根据残疾人需要，组织各领域的专业人员，定期不定期地上门为残疾人提供专项服务。

（五）社会康复模式

社会康复是全面康复的重要组成部分，是从社会学角度，依靠社会帮助，减少或消除不利于残疾人进入社会生活的各种障碍，使残疾人能够充分享有权利和尊严，参与并为社会发展作出贡献②。社会康复的内容包括法律法规和制度建设，人道主义思想和残疾知识、康复知识宣传，为残疾人提供医疗、教育、就业、家庭、文体活动等社会生活各方面平等权利和机会，开展无障碍环境建设等。

相应地，社会工作者能够提供社会康复服务的措施也很多③。比如为制定政策法规与制度提供残疾人反馈信息，使得这些政策法规与制度更加贴近现实；结合残疾人及家庭特征，为其自身发展提供资源与专业指导，提供更多接受教育和培训的机会；协助开展无障碍环境建设，消除社会歧视，创造良好的社会环境。

---

① 中国残联社会服务指导中心. 康复训练与服务工作手册[M]. 北京：华夏出版社，2003.
② 李迎生. 社会工作概论（第2版）[M]. 北京：中国人民大学出版社，2010.
③ 万仁德. 社会工作导论[M]. 武汉：华中科技大学出版社，2006.

（六）职业康复模式

职业康复模式就是为残疾人提供职业意识指导、职业能力训练、职业选择等服务[①]。

社会工作者首先需要对残疾人进行职业评估，评估残疾人的职业潜能、基本素养和职业技能，提供职业培训信息、就业信息等；结合残疾人身心特点和个人能力，推荐接受就业培训、上岗培训等，提高就业能力和市场适应能力；协调就业单位，开展无障碍环境建设与改造；结合各方面信息与条件，为残疾人提供职业选择指导和建议。

（七）教育康复模式

教育康复是以教育和训练手段改善或恢复受损害的机体功能，使受损害的个体重返社会、适应社会[②]。教育康复的对象首先是残疾儿童，任务是最大限度地发挥个体潜能和补偿能力，使受损害机体功能达到最佳水平，尽其最大可能参与社会生活。教育康复主要依靠社会、教师、残疾人及家庭，可以在专门的特殊教育机构（特殊教育学校、康复机构），亦可在普通教育机构（普通学校的特教班、随班就读）、福利机构、社区、家庭内开展集体的或个别的特殊教育工作。教育康复运用的教育方法和手段除一般常用的以外，还需要一些特殊方法和手段。

社会工作者可以结合实际开展教育康复相关法治宣传，帮助残疾人及其家庭、社区、教育机构明确各自教育责任与义务；帮助纠正残疾人家庭对残疾的错误认知，矫正残疾人不当行为并提供心理支持，提升教育机构特殊教育服务能力；还可以帮助残疾人选择合适的教育机构，并向机构提出无障碍环境建设建议、教育教学改革建议，营造接纳残疾人、理解残疾人的文化氛围，协助做好特殊教育教学、学校管理、各项活动、班级工作等；提供残疾人心理健康辅导服务。

（八）促进残疾人就业权利实现

促进残疾人就业是残疾人社会工作的一项重要内容，也是做好残疾

① 万仁德. 社会工作导论[M]. 武汉：华中科技大学出版社，2006.
② 顾明远. 教育大辞典（增订合卷本）[M]. 上海：上海教育出版社，1998.

人社会工作的一种重要方法。社会工作者需要不断开发残疾人就业资源，包括国家关于残疾人就业政策的宣传、解读和落实；包括地方政府部门、相关企事业单位与社会组织、社区、各类志愿者服务等，都需要社会工作者不断去争取、协调支持；社会工作者需要持续开发能够、愿意接纳残疾人就业的行业和岗位，引导更多的企业愿意聘用残疾人，愿意开展无障碍环境改造；社会工作者还需要持续到福利企业和庇护工厂等机构，为残疾人寻求更多的就业机会。社会工作者还需要做好残疾人的工作，帮助他们改变就业观念，不断提高文化基础、职业素养和职业能力，提高就业积极性，提高创业积极性。

第二章 残疾人社会工作的价值观与伦理准则

第一节 残疾人社会工作的价值观

社会工作价值观是社会工作者所持有的助人观念。这些观念包括对助人活动的看法、对自己与受助者关系的看法等。国际社会工作者联合会（International Federation of Social Workers，IFSW）把社会工作价值归纳为服务、社会公正、个人尊严和价值、人类关系的重要性、诚信、能力等[①]。

一、国际社会工作者联合会社会工作价值观

国际社会工作者联合会（IFSW）成立于1956年，是世界各国从事社会工作的专业人员组成的非官方联合组织，现有团体会员70多个。团体会员是各国社会工作者组成的协会，中国社会工作联合会（原中国社会工作协会）是中国社会团体登记机关核准登记、民政部直属主管的全国性专业社会团体，是中国唯一代表从事社会工作的单位和社会工作专业人员的权威组织，1991年7月成立[②]。

国际社会工作者联合会（IFSW）提出了被广大民众接受的社会工作价值观。具体包括以下六个方面：

1. 服务大众。服务大众价值观要求社会工作者应当在工作中超越个人观念，不计个人利益的得失，专心为他人提供服务。

2. 践行社会公正。践行社会公正价值观倡导社会工作者在工作中追求

---

① 孙林. 社会工作实务[M]. 上海：复旦大学出版社，2018.
② 王勇. 中国社会工作发展历程与现状[N]. 公益时报，2017.

公平正义，要不断向政府部门、机关团体、企事业单位等争取弱势群体的利益，进而推动社会变革。

3. 个人的尊严和价值。社会工作强调并不断争取弱势群体（个人）尊严和人生价值，要求社会工作者对每一个社会成员都要给予同样的关心和尊重，不因为种族、性别、社会地位、收入等的差异而有差异，尊重个体差异、尊重文化与种族的多元性。

4. 人类关系的重要性。社会工作强调关系的重要性，认为人类关系和群体内部关系不仅是变革工具，也是重要的变革目标。

5. 待人真诚和守信。社会工作的对象以弱势群体为主，特别强调待人诚实、守信，诚信价值观要求社会工作者应该始终坚守专业使命、伦理原则，用自己的真心和诚意换取社会、服务对象的理解与支持。

6. 注重能力。社会工作需要工作人员具备更广博的专业知识和更高水平的工作能力，社会工作者需要不断学习，时刻注意提升自己，不断学习新的专业知识和专业技能，并不断运用到实际工作中。

二、我国残疾人社会工作价值观

（一）残疾人个人价值观：承认残疾人价值和能力

不论贫富贵贱，不论种族、文化，每个人都有与生俱来的价值与尊严，每个人都有不断追求更美好生活的权利，残疾人也不例外。残疾人虽然有某些生理缺陷或心理发展问题，但是在尊严、人格和追求幸福等方面，他们与健全人一样，具有与生俱来克服阻碍、战胜困难的潜能和力量，同样需要包括身体的、理智的、感情的、社会的尊重与赏识。2008年，全国政协副主席、中国残联主席、北京奥组委执行主席邓朴方在《求是》杂志发表《左丘孙膑是楷模 应承认残疾人价值和能力》一文，从尊重、承认价值和能力、了解和走近以及关爱帮助残疾人等四个方面，探讨了人道主义情怀对于关爱残疾人的重要价值①。作者利用古代的"左丘失

---

① 邓朴方. 共圆心中的同一个梦想：弘扬人道主义思想 办好北京残奥会[J]. 求是，2008（17）.

明，厥有《国语》；孙子膑脚，《兵法》修列"，结合今天的"自强模范"代表吴运铎、史铁生、张海迪等，论述了残疾人的人生意义和社会价值。

社会活动是每个人自我实现的重要途径与方式，残疾人同样享有平等的公民权，具有平等的参与权和资源享受权，全社会应该无条件接纳残疾人，激发他们奋发向上、身残志坚、自强不息的精神，并帮助他们追求人生价值，实现自我实现，让他们充分发挥聪明才智，体现人生价值和意义。

（二）现代文明社会残疾人观

学者柳丛奚从坚持人道主义、坚持残疾人为本位、坚持平等和共享等三个方面，强调人道、尊重权利、尊严和价值，强调残疾人事业是残疾人社会工作的出发点和落脚点，强调残疾人事业是人权保障事业的重要组成部分，强调摒弃西方国家"宿命论""无用论""恩赐观"等非马克思主义的消极思想观点，应该创建具有中国特色的现代文明社会残疾人价值观，即以人道主义为旗帜，以残疾人为本位，以"平等、参与、共享"为核心[①]。具体内容包括：

第一，残疾是人类作为生命体进化、繁衍和发展进程中不可避免的，是伴随着人类社会的产生而产生的，是人类社会必然要付出的代价，也是人类社会文明进步必须承担的后果。

第二，残疾人拥有和健全人一样的人格尊严和社会权利，有参与所有社会生活的愿望和期待，同样也是社会物质财富和精神财富的创造者。

第三，残疾人在社会生活中存在的各种困难与障碍，不是残疾现象本身导致的，而是人类社会制度设计、设施建造没有站在"所有人"需求的角度，只是基于"正常人"需求，这才致使残疾人及老人、体弱者等群体在社会生活中处于不利地位，遭遇很多障碍，不能正常行使权利，不能正常发挥能力。因此，政府和社会有责任消除这些障碍，给予残疾人必要的扶助。

---

① 奚从清，林清和. 残疾人社会工作[M]. 杭州：浙江大学出版社，2019.

第四，残疾人是弱势群体，尊重他们人格、关心他们生活并给予帮助，是人类社会文明进步的重要标志。

第五，残疾人事业是中国特色社会主义建设的重要组成部分，是无比高尚的事业。残疾人事业发展水平既是社会文明发展的重要标志，也对社会稳定和文明进步有积极的推动作用，努力推动残疾人事业发展，是各级党委和政府义不容辞的责任，也是全社会义不容辞的责任。

第六，扶残助残一直都是中华优秀传统文化和美德的重要内容。我国是世界上最早开展扶残助残的国家，从孔子接待师冕"阶也""席也"，到"矜寡孤独废疾者皆有所养"，都充分体现了我国扶残助残的优良传统。今天，扶残助残已经成为社会主义精神文明建设的重要内容，是社会主义核心价值观的重要内容和体现，理应得到大力弘扬。

（三）社会价值观

人类社会的发展既有赖于所有成员的贡献，又为每一个成员的发展提供了机遇与舞台，每一个人都能感受到自己作为社会一员的意义和价值。因而，通过社会工作实务，残疾人感受到国家、政府及全社会在各方面为他们提供的相关政策、资源与服务，他们明确认识到自己与其他健全人一样享受平等的权利和发展机遇，从而激励他们投身到社会各项事业的发展与改革中，与全社会一道共同创造美好的生活。

马洪路等学者提出，社会工作的价值观主要包括"对人的看法""对人与社会关系的看法"和"对社会工作职业的看法"等三方面的内容[1]。而残疾人社会工作的价值观是社会工作专业对残疾人、社会及二者之间关系的总的认识和看法，主要涉及社会工作价值观前两方面的内容，体现了残疾人社会工作的价值取向。虽然只是一种价值观念，但它充满了感情，体现了现实或潜在的情感动力，是社会工作者开展专业实践时必须遵循并秉持的一种专业信念。

第一，对残疾人的看法。每一个残疾人，无论身患何种残疾，都和健全人一样，具有与生俱来的平等权利、价值和尊严。残疾人公民权利包

---

① 马洪路. 残障社会工作[M]. 北京：高等教育出版社，2007.

括生存权、发展权、康复权、受教育权、劳动权、娱乐权、爱与被爱权以及其他社会福利权等。从个人角度看，追求有尊严的生活是每一个残疾人生命意义的核心内容，自我生命价值的实现是每一个残疾人终生追求的愿望；每一个残疾人都热切期望最大限度地、完全平等地参与社会生活，体现出自己存在的社会价值。从社会角度看，残疾人虽然身有残疾，但这并不能影响他们是完整意义上的社会的人，更不能因而使他们失去作为一个人的社会意义和价值。每一个残疾人都有权利追求和创造更美好的生活，有权利去实现自己的人生目标。同时，每一个残疾人都有与其他人一样的物质需求与精神生活需求，也有其独特的需求和偏好，这些都是社会应该提供的。

第二，对社会环境的看法[1]。社会应该为每一个人提供所需要的资源和服务，这一点不应该因为对象是健全人或残疾人而有所不同，所以社会应该为残疾人提供平等的成长与发展机会，使他们也能够与健全人一样发挥其内在的最大潜能，有平等参与所有社会生活的权利。

三、残疾人社会工作价值观的实践原则

在社会工作实践中，其价值观可以概括为接纳、尊重、个别化、自决权、知情同意、保密、不批判等[2]。

（一）坚持接纳原则

接纳原则意味着社会工作者要相信，每一个残疾人都有其与生俱来的尊严和价值。所以当面对残疾人的时候，无论对方曾经有过什么经历、背景，无论他们的人生遭遇过什么不幸、发生过什么意外，无论他对自己的问题是否需要承担责任、需要承担多少责任，或者他们曾经有过多么严重的违法违纪行为，社会工作者都应该将他们与其他人一样看待，同样尊重他们的尊严和人格，而且应该相信他们有能力改变自己。

---

① 周沛，曲绍旭，张春娟. 残疾人社会工作[M]. 北京：社会科学文献出版社，2012.
② 范明林. 社会工作理论与实务[M]. 上海：上海大学出版社，2007.

贯彻落实接纳原则，要求社会工作者必须在实际工作中，时刻做到以残疾人为中心，尊重他们的思想、意愿和感受，相信他们的能力和解决自己的问题的动机与积极性，而不是要求残疾人迎合社会工作者的好恶和要求。只有真正做到这一点，真正发自内心地接纳，残疾人才不会在社会工作者介入时掩饰或隐瞒自己，而敢于袒露自己最真实的一面，敢于敞开自己的心扉，敢于勇敢面对自己的内心世界。这样，社会工作者能够全面、充分、深入地了解残疾人，能够找到真实原因，能够对症下药，从根本上为残疾人提供帮助。

（二）坚持个别化原则

世界上没有完全相同的两片树叶，也没有完全相同的两个人。坚持个别化原则，意味着社会工作者首先要从思想上坚信每个残疾人都是一个独特的个体，都有着与其他人不同的遗传基础、先天禀赋和成长经历，有着独特的社会与文化背景等。这些独特性形成了残疾人的个体差异，造成了残疾人即使在相同的境况下也会有不同的思想理念、情感体验和行为方式。

因此，社会工作者在开展个案工作、小组工作、社区工作中，要结合服务对象所呈现出丰富多样的、形式各异的思想观念，情感体验和行为方式等，针对其不同的家庭条件与个人成长背景，为他们制订各不相同的介入方案，而不是生搬硬套他人的工作模式与思路，也不是设计出一个工作方案，就原封不动地照搬到其他人身上。

总之，社会工作者必须接受并尊重残疾人的个体差异，充分认识到残疾人及其家庭、社区等具有差异性，社会工作者必须灵活运用社会工作基本原则、方法和技巧，为残疾人提供其所需要的相应服务。

（三）坚持非批判性原则

非批判性原则是指社会工作者在面对作为服务对象的残疾人个体时，不提供带有主观性质的意见，不做是非判断等。这是社会工作的基本准则，社会工作者与服务对象残疾人双方在人格上是平等的，服务介入、提供是建立在平等、互助基础之上的，整个问题解决的过程都必须依靠双方共同协作，没有主次之分。从这个意义上说，社会工作者没有对残疾人及其行为做出价值评判的资格和义务。

但是，坚持非批判原则只是针对残疾人人格与个人尊严，并不等于社会工作者不需要判断力。相反，社会工作者需要对残疾人需求、服务内容与方式、资源协调情况、介入效果等，不断进行功能判断与评价。这样才能对残疾人的不良行为进行有效干预，及时调整服务方式，协助残疾人矫正问题认知和问题行为，建立积极的、富有建设性的态度。

（四）有控制的情感投入原则

有控制的情感投入是指社会工作者通过共情的方式，把自己代入残疾人经历、处境、思维、感知、价值观和情绪之中，以获得残疾人的理解与支持，从而更积极地参与社会工作方案。这里的"代入"只是在工作需要时进行，比如残疾人不愿意正确面对自己的困难、期望不切实际等，通过共情的方式产生情感共鸣，让残疾人感到社会工作者与他们有相同的情感体验，具有相同的经历与感受，是真心实意地帮助自己，从而愿意放下戒备、放下个人恩怨，自愿投入服务活动中。

社会工作者必须十分清楚自己作为服务者"助人自助"的角色，必须时刻保持清醒，不能将个人感情与工作需要混为一谈，要恰当地运用专业知识、技巧，冷静、客观地辅助残疾人，要能够及时控制个人情感。

第二节　残疾人社会工作伦理

价值观反映的是社会工作中人与对象间的关系，而伦理是人在处理与他人、与社会相互关系时要遵循的道理和准则，既是人们的行为标准和准则，还对个体行为具有一定的制约性。社会工作伦理包括专业伦理和个人伦理两种形式①。专业伦理即社会工作职业道德，是社会工作者在开展社会工作时必须遵循的行为规范与准则；这里的个人伦理是社会工作者个人对其他社会工作者、服务对象等的相互关系，是对个人行为进行控制和调适的依据，具体表现为家庭伦理、社会伦理和环境伦理等。在社会工作实务

---

① 顾东辉. 社会工作概论[M]. 上海：复旦大学出版社，2008.

中，社会工作伦理通过专业守则的形式表现出来，是所有社会工作者务必时刻牢记和遵守的。

一、社会工作专业伦理要求

社会工作专业守则是社会工作者在专业实践活动中所应遵循的基本规范和原则，其目的在于保障服务对象的权益和福祉，促进社会公正和发展。我国社会工作者继承中华民族优秀文化传统，吸收各国社会工作文明成果，践行人道主义理念，提倡社会互助、调节社会矛盾、解决社会问题、改善人际关系，为新时代中国特色社会主义社会的物质文明和精神文明建设服务。

目前为止，对残疾人的社会工作伦理标准或准则，没有一个统一的规定。学者们从各自的角度与研究视角出发，提出了很多伦理要求。王思斌教授在归纳、研究各国社会工作专业守则的基础上，提出了社会工作者须遵循的十二条专业守则[1]，即尊重受助者利益，严守受助者秘密，公平服务大众，重视同僚工作，恪守公私界限，维护社会正义，信守机构政策，充实社会工作知识和能力，促进专业发展，约束不当行为，增进公共福利，共同执行守则。

以上要求基本得到广大研究者及社会工作者的认可[2]。比如要尊重和保障残疾人合法权益，要维护社会正义、平等对待残疾人，并提供适合其特殊需要的服务；要尊重残疾人个人隐私和选择权；要不断提升专业能力，善于与同行协作。

中国社会工作者协会制定的《中国社会工作者守则》明确规定了社会工作者的职业道德和专业修养[3]。其中，职业道德共六条，包括热爱社会工作，具有高度社会责任感和敬业精神；全心全意为人民服务；尊重人、关心人、帮助人；工作积极主动；有效解决服务对象的问题与困难；清正廉

---

① 王思斌. 社会工作综合能力[M]. 北京：中国社会出版社，2009.
② 许巧仙，谢净. 残疾人专职委员培训教程[M]. 南京：南京师范大学出版社，2014.
③ 郑轶. 个案工作实务[M]. 北京：中国轻工业出版社，2014.

洁，公平公正。《中国社会工作者守则》对专业修养也做了相应规定，主要包括具有正确的价值观和献身精神；不断提高专业水平和服务质量，提高工作效率和服务效能；帮助社会成员提高生活质量。

另外，《中国社会工作者守则》还规定了六个方面的工作规范，包括重视调查研究，平易近人、建立信赖关系，同事间应互相尊重、取长补短、诚意合作，及时向政府、社会有关部门反映问题，向社会宣传国家有关政策、方针和法规，主动献计献策等。

二、残疾人社会工作伦理困境

在实际工作中，伦理守则既是对接受服务对象的保护，也是对社会工作者工作内容合法性的保护，因此，具有一定的约束力。比如自主性原则、诚信原则、无伤害原则和善行原则等。伦理困境是社会工作者在实际开展工作时，所遭遇的一种道德两难境地。常见的伦理困境有保密问题、情理法问题、价值中立问题、个人利益与社会责任问题、自决原则与知情原则等[①]。

（一）保密原则困境

社会工作者为帮助残疾人获得更多社会保障或福利，获取更多社会资源与支持，需要向相关工作人员或部门汇报、交流残疾人个人信息，比如残疾情况、家庭情况、个人心理等，如果残疾人自身不太愿意透露这些信息，或者认为这些信息属于个人隐私，不愿意告知他人，只是因为信任才告诉了社会工作者，或者才向其倾诉。如果社会工作者因需要将这些信息告知了他人，就违背了保密原则；如果坚持原则，就会使服务对象错失很多社会服务与资源，无法实现工作最大效益。

（二）自决与知情原则困境

自决原则是在社会工作实践中有时需要做出选择与判断，完全由残疾人自己决定，社会工作者只能向其提供相关信息，帮助分析利弊，但最终

---

① 袁光亮. 社区社会工作人才培养研究[M]. 北京：北京理工大学出版社，2012.

判断和决定需要他们自己做，社会工作者不能代替他们做出判断。这一原则是在保护残疾人的选择权，但在知情同意原则中，对于具有以下特点的部分残疾人，比如年龄太小，或者因知识、能力不足难以做出正确判断，或者监护人不具备相关专业知识与判断能力，这时往往需要社会工作者帮助他们做出某些决定，但这样做就明显违背了自主性原则。在实事上变成了代为决定，违背了自决原则。

（三）价值中立与社会责任问题

价值中立是指社会工作者在提供服务过程中，不持有某特定价值观，不强迫残疾人接受某价值观，也不赞同或反对残疾人的个人价值观。价值介入则是指社会工作者应当在维护服务对象权益的前提下，劝说或主动影响服务对象接受专业或个人价值观。有时，由于残疾人的社会认知错误或不完整，做出的决定、价值选择明显有悖于社会常识或公序良俗，在面临这种状况时，社会工作者就面临着两难：是坚守工作守则、职业道德，还是引导残疾人改变认知，树立正确价值观的困境。

同时，在社会服务工作实践中，当社会服务工作内容涉及可能损害其他公众利益时，如果残疾人社会工作者继续遵循案主自主性原则，就无法做到无伤害和善行（使残疾人从其专业服务中获益）。残疾人社会工作者应保护残疾人合法权利，努力使其得到适当的服务并避免伤害。但是，社会工作者也应该对残疾人的错误言行与价值观进行引导，加强宣传教育，通过改变认知引导残疾人树立正确的人生观、世界观和价值观。

（四）残疾观冲突与伦理策略

有学者将残疾观分为个体型残疾观和社会型残疾观。个体型残疾观提出残疾人社会工作要通过康复计划帮助残疾人尽可能康复到接近常人，也要对残疾人进行心理引导，帮助其逐步接受障碍事实。目前，个体型残疾观是我国社会对待残疾人的普遍观念[1]。

社会型残疾观则关注残疾人所处社会关系和社会环境[2]。持社会型残

---

① 奥利弗. 残疾人社会工作[M]. 高巍，尹明，译. 北京：中国人民大学出版社，2009.

② 毛新志，李思雯. 我国残疾人社会工作的伦理困境及其出路[J]. 武汉理工大学学报（社会科学版），2014（5）：741—746

疾观的学者们认为残疾是社会强加的一种压迫，许多身体损伤者都不认为自己是残疾人，也反对社会标签和歧视。持社会型残疾观的社会工作者不再站在服务者角度，而是成为残疾人的"同伴"，与社会"压迫"进行抗争，改善社会环境的"残疾"、摘掉标签，要求对需求进行评估和预测，以避免不必要的干预给身体损伤者带来进一步伤害。如笔者曾经干预过一位智力残疾人，康复医院在其三岁时使用针灸疗法刺激其大脑，意图改善、恢复其脑神经功能。可这一行为严重伤害了儿童，使之对针灸产生了恐惧，后来甚至泛化到对所有尖锐物品的恐惧。当她面前出现缝衣针、指甲刀、菜刀等物品时，她会出现全身发冷、出汗、发抖现象。笔者找到其恐惧的原因后，采用系统脱敏法进行干预，才使她恢复正常。但此例正说明个体型残疾观这一传统观点对残疾人的影响，那么，社会工作者在从事残疾人社会工作时，选择什么样的方法帮助残疾人才真正有帮助，必将成为社会工作者难以决策的事项。

三、伦理困境解决措施

由于社会工作伦理价值观自身存在多元化和内在矛盾，残疾人社会工作服务群体的特殊性和群体关系的复杂性，使得作为健全人的社会工作者在实际工作中会出现观念冲突与选择困难，出现个体型残疾观与社会型残疾观冲突，诸如前文所述矛盾冲突等。针对上述问题与困境，毛志新等学者提出，残疾人社会工作者需要通过相关资料收集和整理，经过长期经验的累积和调研，通过反复实践和修改，结合我国残疾人事业发展现状、残疾人身心、能力等特殊性以及传统文化习俗等，自下而上地建立伦理守则。同时，从社会道德角度建立伦理守则，在这个过程中，要求残疾人社会工作者保持一种价值中立的态度，让残疾人与其他社会成员的公平性得到保障，推翻和抛弃歧视，实现残疾人社会上自如的生活与出行。

为此，残疾人社会工作者应掌握较多的专业知识，具有残疾人社会工作专业资质即胜任的同时，利用专业同盟，对残疾人采取干预方法（需要经过多方专家会诊），并严谨地将可能情况对残疾人进行说明，并与有自主权的残疾人或残疾人监护人签署保密例外情况、知情同意书等。在残疾人社会工作实践活动中，为了尽可能地摆脱伦理困境，针对残疾人社会工作，可以提出以下伦理要求：

（一）建立明确的伦理守则

当陷入伦理困境时，首先需要找到并分析伦理冲突原因，社会工作者应让残疾人或监护人明白，自己具有专业水平、行为符合专业伦理，了解专业服务过程和局限，以及可能带来的好处和风险，以赢得残疾人的谅解与支持。其次，在此基础上尊重残疾人及监护人价值观，避免将自己的价值观强加给残疾人，也避免代替其做决定；在残疾人或监护人知情同意的情况下，由残疾人自己决定或监护人决定。最后，还要注意尽可能避免对残疾人造成伤害，或将伤害减到最小，或事后进行补救。

（二）坚持以人为本原则

以人本主义思想为基础，将每个人看成独立个体，尊重、帮助他，以实现助人自助的目标。

（三）转变传统残疾观念

加大宣传力度，通过各种方式在民众中宣传正确的残疾观念，使全社会逐渐从个体型残疾观过渡到社会型残疾观，赋予残疾人权利，运用优势视角，发现其独特优点，帮助他们在平等的社会环境中，与健全人一起享有权利、履行义务。

（四）达成社会道德共识

通过各种渠道，加强社会主义核心价值观的宣传，形成全社会道德共识，不仅可以帮助残疾人，更重要的是，有利于营造良好的社会氛围，引导所有人树立正确价值观，追求真善美，追求高尚的精神生活。

四、伦理困境优先原则

当陷入伦理困境时，社会工作者应该采用普遍性原则，即按照生命优先原则，生命安全是最基本的、最重要的权利，保证残疾人及其他相关人员生命安全是最为重要的。在此基础上可以追求差别平等，即采取不同标准应对权利不平等的人，以便保护处于弱势的人群。具体地说，应该按照以下原则顺序进行[①]。

第一，保证生命原则。在陷入伦理困境时，社会工作者首先需要保证的是生命安全。每一个人的生命安全都是最基本、最重要的，没有生命安全就没有一切，根本谈不上任何权利、平等，所以当面临危险或需要选择时，保证残疾人生命安全为首要原则，是必须超越其他任何原则优先考虑的原则。

第二，在保证生命安全的前提下，必须先做到差别平等。所谓差别平等，即对处于能力、权利完全不平等的人，应该采取不同的应对方式与标准。因为如果没有社会工作者的帮助，处于弱势的社会群体与处于强势的群体之间根本没有公平而言，差别平等其实就是在保护弱势群体的利益。

第三，自主自由原则，即尊重残疾人个人意愿，保护其自决和自由的权利。当社会工作者陷入伦理困境时，在保证以上安全和平等基础上，不论是面对什么问题，社会工作者都要尊重残疾人意愿，由残疾人自己进行选择，但社会工作者需要先完成的是向残疾人完整、清晰地表达、描述可能的后果。同时，社会工作者还要注意，残疾人自主自由的社会底线是不能够危害其他人的安全与利益。

第四，如果困境选择的结果一定会造成伤害的话，务必选择最小伤害的方案，即最小危害原则。社会工作者在平息伦理冲突时，可能会出现不论如何选择，都会对残疾人自己或者对社会造成一定程度的伤害，在这种情况下，应该选择那个危害最小、最易于补偿或恢复的方案。

第五，生活品质原则，即尽量保证残疾人生活品质不降低，不牺牲其生活水准，不然社会工作也就失去了存在的意义。

第六，保护隐私原则。社会工作者在工作中可能会接触到残疾人的很多隐私，比如家庭冲突、心理障碍、人际矛盾等，残疾人能将这些不能公之于众的信息告知，说明他们信任社会工作者，如果不慎泄露，不仅会伤害其感情，还会失去残疾人的信任，从而影响社会工作专业水平，影响帮助效果。

① 邓恩远. 社会工作方法与实务[M]. 北京：北京大学出版社，2009.

第七，社会工作者需要遵循的是真诚原则，即无论残疾人情况如何，不论所遭遇的伦理困境如何难以解决，社会工作者都必须以诚相待，用自己真诚的心换取残疾人的理解，赢得残疾人的支持，大家一起真诚面对，总是能够找到合适的方案与对策。

第三章　残疾人社会工作理论

残疾人社会工作理论是指社会工作者围绕关于残疾人问题与需求，运用某种观点解释或采取某种措施解决问题的知识体系。在相关研究中，研究者从社会代价理论、标签理论、社会排斥理论角度去讨论残疾发生，从供养理论、正常化理论、可行能力理论思考残疾扶助，从回归社会理论、社会网络理论、增能理论等角度探索残疾人社会参与。

虽然残疾不可避免，但随着残疾人事业的发展，全社会日益重视从科普、法律、医学、教育等角度进行残疾预防、康复宣传，相关知识普及程度、残疾预防意识等都在不断提高。全社会警惕性的日渐提高，优生优育工作的落实，医疗手段、康复技术的进步，以及意外事故的减少，都大大减少了残疾的发生。

因而，在物质文明高度发展的今天，人们关注的焦点越来越集中于残疾人如何自由生存于社会，如何提高残疾人的生活质量，如何发挥残疾人的优势，如何激发残疾人潜力等。本书并未全部介绍残疾人社会工作相关理论，而是重点介绍正常化理论、融合理论、增能理论和社会支持网络理论。

第一节　正常化理论

一、正常化理论的内涵

正常化理论起源于20世纪，当时主要是针对智力残疾人和精神病患者提出的。1959年，北欧国家丹麦颁布了一个内容广泛的新《社会福利法》，将智力残疾人的社会辅助原则置于完全不同于传统思想、崭新的基础之上[①]。该法律将"正常化"表述为允许智力残疾人尽可能正常生活。后来的瑞典等北欧国家均吸收了这一原则与定义，提出通过特殊训练，帮助智力残疾人尽可能生活在正常社会里。随着美国及其他国家陆续提出"正常化"概念，一场以生活"正常化"为主要内容和目的的残疾人事业发展潮流出现。十余年之后，相关研究者开始扩展正常化原则，并将之推广到所有残疾人群。如"让智力残疾人士在各个阶段都过上尽可能正常的生活""正常化原则是一种方法，它允许智力残疾人士获得成就的机会，与社会上的其他群体一样，接触并使用日常生活中的各种条件"。

西方发达国家当时提出的帮助智力残疾人"正常化"的具体措施，涉及社会生活的各个方面，包括生活融合、社会融合、言谈举止与年龄的一致、生活节奏正常化、隐私权、接受劳动报酬的权利、外观正常化、改变社会风气、特殊服务、发展的眼光、注意改善环境、重视智障人士的个性等[②]。因而，正常化理论主张，对残疾人服务的重点在于传递高品质生活，帮助他们在每日的生活节奏、生活进程、自我决定和其他生活品质等方面，犹如普通人一样，经历与正常人一样的人生历程，同样享受社会物质文化成果，为社会所接纳，应当享受正常人所享有的一切权利。

二、正常化理论实现的具体措施

欧美国家为帮助智力残疾人士、精神病患者实现"正常化"，提出了很多具体措施[③]。这些措施在社会工作领域同样适用，现简单列举如下。

生活融合：残疾人的日常生活应该能够与社区融为一体，能够经常参加社区活动，比如能够参与社区文化、体育活动，能够参加相关会议等；能够享用社区相关资源，比如使用社区读书、休闲娱乐设施，能够在社区、小区内散步、锻炼等；能够关心、关注社区信息，也能够及时得到社

---

① 邵磊. 无障碍与校园环境[M]. 沈阳：辽宁人民出版社，2019.
② 季蕾. 正常化理念下的非正常化实践：弱智儿童的"正常化"过程分析[J]. 北京大学研究生学志，2002（4）.
③ 徐方. 发达国家对弱智人正常化所做的努力[J]. 中国康复，1989（2）.

区相关服务。

社会融合：从残疾人家庭到社区周围的人群，树立正确的残疾人观，关心、理解、支持残疾人，尽量让残疾人自然地同正常人融合在一起。公共资源基本实现无障碍，真正实现"平等、共享与参与"。

言谈举止与年龄的一致：给予智力残疾人士各种感官刺激，让他们获得感官经验。

生活节奏正常化：残疾人的学习、工作等日常生活，以及作息规律等，基本实现与正常人一样，没有因残疾而不同。

隐私权：尊重残疾人、保护残疾人隐私，他们的人际交往不应受到干涉。

接受劳动报酬的权利：轻、中度智力残疾人在接受一定康复训练与职业训练后，能够走上工作岗位，并能够领取与其劳动相符的报酬。

外观正常化：医疗机构要对残疾人外貌缺陷尽可能医治、弥补，尽可能缩小其与正常人的差别。

改变社会风气：改变对智力残疾人士的不科学的称谓，塑造同智力残疾人士交往为荣的社会风尚。

特殊服务：对具有多重残疾身份的智力残疾人士提出"治疗"。

用发展的眼光看待智力残疾人：要为智力残疾人士组织各种有趣的文娱活动或体育运动。

注意改善环境：智力残疾人士的居住环境是否美观、舒适要加以考虑。

重视智力残疾人士的个性：允许他们有表达自己个性的机会，如喜欢的服装颜色、款式等。

三、正常化发展的标准

瑞典人本特·尼耶1969年第一次对正常化原则进行理论描述，之后，逐步提出衡量正常化原则发展水平的八个标准。

日常生活的节奏变化是否正常，即残疾人的日常生活活动，包括睡觉、起床、穿衣、吃饭、工作和业余时间其他活动等，其发生、变化的节奏与顺序等是否符合正常人的一般规律。

其工作、娱乐、居住是否都在一个固定的场所。正常人的工作、消遣、娱乐、居住场所一般都是分开的，不会在同一个地方进行，所接触的人群也基本不同，残疾人是否也像正常人那样，做到了场地与人群的区别。

正常人的生活会随着时间变化与季节变化，出现生日、节假日、亲友交往等不同活动，残疾人的生活中是否也有机会出现这种变化与规律呢？

随着残疾人年龄的增长，他们在正常的生命进程中、在日常工作与生活中，在与他人交往时，是否得到相应的尊重，是否有符合年龄特点的交往活动与交往机会。

残疾人所做出的愿望和决定，是否得到社会、家人的尊重，是否得到应有的重视，他们是否有条件和机会去实现自己的愿望和决定。

残疾人有与任何人进行正常交往的权利，包括异性之间的交往，这一权利是否得到保障，是否有将他们与异性分开的现象发生。

残疾人是否能获得相应的经济收入，是否能够做到经济独立。

社会为残疾人提供的设施、服务等，是否能够符合他们工作、学习、生活需要，是否能够帮助他们实现自己的愿望和追求。

四、正常化理论对社会工作的重要意义

在社会工作中，对残疾人的管理和服务始终是工作重点。正常化理论是用来分析和看待残疾人社会群体的理论，其主要思路是，应该尽量帮助残疾人过上正常或者接近正常的生活。主要价值分为两大方面。

一方面，可以有效地减少社会对残疾人士的歧视，通过"正常化"理论的实践，正常人对残疾人不合理的认知逐渐得到改变，对残疾人贴标签，在教育、就业以及思想观念上的排斥现象逐渐减少，有更多的人加入残疾人事业，给予他们像正常人一样生活和享有各项社会服务的信心。

另一方面，对整个社会乃至国家而言，可以减少残疾人照护的工作负

担和经济负担。在正常化的环境中，残疾人获得尊重和社会的接纳，甚至被社会需要，增添了爱和归属感，找到自己的价值，

第二节　融合理论

残疾人由于残疾带来的障碍以及身心发展的不平衡，导致其在接受教育和参与其他社会活动时，常会受到限制，出现各种困难，失去了很多学习与活动的机会，常因学校教育资源不能满足残疾人身体特点而被拒之门外。

作为倡导、帮助残疾人回归社会主流，与普通人群融合为一体、共同生活和学习的思想，正常化、一体化、回归主流等先后在欧美国家出现，世界各国都有各自帮助残疾人回归、融入社会的行动与实践方式。中国的融合方式也因残疾人类别和程度不同而有所不同，在理论与实践方面都较为成熟的是残疾儿童融合教育。本节介绍该理论，目的在于帮助社会工作者在面临适龄残疾儿童学习问题时，能够在教育行政部门、普通教育机构与特殊教育机构、残疾人家庭之间起到桥梁作用，帮助残疾儿童在入学前达到相应水平，帮助适龄儿童顺利适应学校生活、适应同伴关系等。

一、融合教育

融合教育（Integrated Education）也被翻译成一体化教育，是世界范围通用的表述，是为所有儿童提供教育的一种教育思想与实践，其含义是指针对残疾儿童的特殊教育和针对正常儿童的普通教育机构合二为一，相互渗透支持。一体化思想认为，任何儿童有了学习困难，不论何时何地都应该得到特殊的教育帮助与服务。其核心内容是根据残疾儿童特点与需要，为他们提供最少限制的教育环境，提供适合他们需要的教育，使其身心得以健康发展，能够更好地适应正常社会生活。

融合教育思想最早出现于北欧的正常化、去机构化等运动，20世纪70

年代在美国兴起的回归主流运动就是美国对融合教育的实践。

二、与融合教育有关的几个概念

（一）正常化思想

20世纪中期，特殊教育在北欧等国家得到迅猛发展，人们就特殊教育目的、任务、成效等展开讨论。研究者认为残疾儿童被限制在封闭的特殊机构接受教育，存在教育质量低、设备差、教师缺乏训练等问题，人们开始尝试提出新的教育模式，一些学者提出了正常化思想。

正常化思想主张残疾人的生活模式应该尽可能接近普通人的主流社会，提出通过收养家庭、社区培训中心、全日制看护机构以及以社区服务机构等方式，帮助残疾人离开封闭的隔离机构，回到社区中、回到正常人的日常生活中。正常化思想认为，当残疾人能够在社区正常环境中与其他正常人一起生活、有机会得到与同龄的正常人一样的各种服务时，正常化就会发生。对残疾儿童而言，其安置模式为"进入社区中心的集体家庭、服务工厂（福利性的）"，但这种观点也存在缺陷，即这些人是有缺陷的，要根据他们的能力情况提供一定的服务体系，如果障碍程度严重，那么他们无法进入正常学校或班级。

（二）去机构化运动

在美国，20世纪初被认为是最黑暗时期，出现了"优生运动"，人们普遍对残疾人有错误的认识，认为社会落后与不文明都是残疾人引起的；残疾人是社会上的次等人，就应该在封闭、隔离的机构中生活；这些身有残疾的人不能结婚，这样才会避免更多残疾人出现在社会上。所以，残疾人基本集中生活在隔离的封闭的监护机构。

到20世纪50—60年代，战争带来了大量的伤残人员，很多有识人士提出了与机构时代不同的意见，开始了去机构化运动。去机构化是指特殊个体离开各种类型的公共隔离机构，到以社区为基础的生活环境中生活。简单地说，就是将残疾人与主流社会融合在一起，通过这种方式克服由残疾引起的功能障碍以及由于隔离造成的其他障碍，并能使他们在主流社会中承担一定的角色。

（三）回归主流

回归主流（Mainstreaming）在英国也被称为"融合"（Integration），我国学界曾一度将其翻译为"一体化"①。回归主流是为实现残疾儿童平等教育权利而提出的思想体系和行动方案，与传统的封闭式、隔离式教育相比，是一种对推动特殊教育发展发挥了很大作用的社会思潮和行动。

回归主流思想萌芽于北欧特殊教育界提出的正常化运动（Normalization），20世纪70年代后，经美国特殊教育界广泛倡导，得到美国法律的支持与承认，成为一种新的特殊教育体制的代名词，对世界各国特殊教育的发展都产生了深刻影响。1976年，美国特殊儿童学会提出，回归主流是一种有关特殊儿童教育安置的措施和过程的理论，即每个儿童都应该在最少受限制的环境中接受教育，因为只有在这种最少受限制的环境中，儿童教育和发育才有可能实现最佳结果②。

回归主流思想的核心内容包括以下几个方面：第一，残疾儿童应该在最少受限制的环境接受教育，社会应该按照残疾程度设置不同类型的特殊教育形式；第二，对每一个残疾儿童进行科学评估，并结合其身心发展水平和特点，为他们制定个别化的教育计划；第三，主张尽可能安置残疾儿童到普通学校或普通班级，而不是集中到相对封闭的特殊教育学校；第四，任何一个残疾儿童都不应该被排斥，都应该被安置在合适的教育机构中接受教育。

（四）瀑布式特殊教育服务体系

瀑布式特殊教育服务体系（Cascade of Special Education Services）由美国人雷诺（Evelyn N. Deno）在20世纪70年代提出，是由残疾儿童家长选择的、为残疾儿童实施特殊教育服务的一种连贯的教育服务体系。该服务体系分7级，分别按照残疾程度、所受到限制程度的不同，为残疾儿童提供相应的康复、教育服务，根据学生接受教育、训练后的变化，服务机构可以向更高或更低一级转移。因体系的服务机构之间既分层次又贯通连续，具有瀑布的特点，所以被称为"瀑布式特殊教育服务体系"。又由于该体系常

---

① ② 朴永馨，顾定倩，邓猛. 特殊教育辞典（第3版）[M]. 北京：华夏出版社，2014.

被用一个类似倒立的三角形表示，故又称"倒三角形体系"（见图3-1）。

图3-1　瀑布式特殊教育服务体系

（五）全纳教育

全纳教育（Inclusive Education）思想最早来自W.Stainbacks.和Stainback（1984）的倡导[①]。目前，许多国家和地区都将"全纳"作为特殊教育发展的理想，作为制定教育政策的理论基础和思想依据。全纳教育虽然继承了回归主流的基本观念，但也批判、反思了回归主流思想和行动的不足，因此并不是回归主流本身的发展和延伸，而是一种全新的教育思想。全纳教育自明确提出后，就在世界范围内引发了热烈讨论，成为特殊教育研究热点与焦点。例如，全纳教育倡导者W.Stainbacks.和Stainback（1984）首先对教育隔离、教育发展双轨制（Dual System）提出了批评，他们认为特殊教育与普通教育应该"重新组合、建构、融合为一个统一的教育体系以满足所有儿童的学习需要"[②]，美国教育部前助理行政长官Will（1986）也指出，回归主流存在很多问题与不足，比如：鉴定与障碍类别划分科学性不足导致教育效率不高；特殊教育机构与普通教育机构是两套没有协调的独立运行的体系，不能满足学生的特殊需要；基于鉴定、评估等级的特殊教育（康复、福利）机构容易造成特殊儿童的隔离与歧视；家长和教师在儿童评估与教育中的地位不平等，对教育安置、教育内

---

①② 邓猛，潘剑芳. 关于全纳教育思想的几点理论回顾及其对我们的启示[J]. 中国特殊教育，2003（4）.

容、教育方法等见解不同，冲突不断①。

三、中国式融合教育的实践——随班就读

随班就读是一种具有中国特色的，对残疾儿童实施教育特殊安置方式，是一种在普通学校普通班级中，安置不超过3名轻度智力残疾、听力残疾或视力残疾儿童，与普通儿童一起接受教育的教学组织形式。

我国在20世纪80年代开始探索并大力推行随班就读，当时的初衷是为了在较短时间内大面积提高义务教育入学率，以较少的特殊教育投入换取更大的教育收益。无论初衷如何，四十多年的教育实践证明，随班就读确实解决了残疾儿童入学率低的问题，确实为经济落后、教育资源不足地区发展特殊教育、普及义务教育提供了行之有效的解决方案。但由于教育管理与教育评价，残疾儿童鉴定与评估等没有得到相应发展，随班就读在很多地方流于形式，使得很多随班的残疾儿童没有得到合适的教育，成为"随班就混""随班混坐"。

随着我国综合国力的发展和人民生活水平的提高，以入学率为目的、初级阶段的"随班就读"已经远远不能满足残疾家庭的需要，不能满足残疾儿童身心全面发展的需要。我国在大力推行随班就读的基础上，提出了新的融合教育目标，"适合的教育""应随尽随""积极推进融合教育""优先采取普通教育"等表述首次出现在2017年修订的《残疾人教育条例》中，并在随后的教育政策中不断被强化；《中国教育现代化2035》为特殊教育现代化发展指明了融合、医教结合两个方向；2020年颁布实施的《关于加强残疾儿童少年义务教育阶段随班就读工作的指导意见》为新时代发展和做好随班就读工作指明了方向，提出了具体工作思路和行动方案；《"十四五"特殊教育发展提升行动计划》为近几年随班就读工作的开展，制定了明确的目标和工作路径。

随班就读已经成为我国推进教育现代化、为所有儿童提供"适合的教

---

① 华国栋，华京生. 融合教育中的差异教学[M]. 北京：教育科学出版社，2019.

育"的重要途径，已经在理论与行动上与欧美国家所推行的正常化、一体化、回归主流等基本一致。随班就读，这种中国特色的融合教育模式正在焕发出崭新活力。

四、融合理论在残疾人社会工作中的运用

（一）残疾人寄养育养工作的落实

依托社区力量，促进孤残儿童回归主流社会。规范寄养育养家庭管理工作，筛选合适的寄养家庭，落实残疾人的康复工作，促进残疾孩子就近入学[①]。

（二）助力隔离康复人员回归社会

有学者运用社会方法调查，对零回归的广东省麻风康复村进行多因素分析，发现社会适应问题、社会歧视与排斥是他们没有选择回归的主要原因。社会工作的介入为他们提供了联通外部社会的渠道和机会，引入并广泛利用这些社会资源，有利于改善其生存状况。因此，社会工作的开展和实施，在一定程度上缓解了麻风病康复人员的社会无助感和绝望心理，为他们能够有尊严地生活，提供了一定社会支持[②]。

第三节　增能理论

一、理论渊源

（一）增能定义

增能（Empowerment）也翻译为"增权"，或"充权""赋权"，是社

---

① 周菊平，李剑华，陈刚. 依托社区促进孤残儿童回归主流社会：记武汉社区式家庭寄养[J]. 社会福利. 2009（5）.
② 刘勤，陈用冲. 麻风康复村的社会回归与社会工作介入分析[J]. 社会工作. 2012（4）：81—83.

会福利领域的专业用语，意思是通过某种方式，帮助人们产生更大、更多的责任感，从而有能力做自己应该做的事情[1]。该理论可以追溯到20世纪70年代，当时最先提出和使用增能概念的是美国哥伦比亚大学巴巴拉·所罗门（Barbara Solomon）。巴巴拉·所罗门在1976年出版的《黑人增能：受压迫社区中的社会工作》中提出，要对美国的非裔黑人增能，从而改变广泛被歧视的现状。从此"增能"概念被引入社会工作范畴，标志着增能取向的社会工作正式诞生[2]。

（二）与增能相关的概念

增能是个人在与他人及环境的积极互动过程中，获得对生活空间更大的掌控能力和自信心，以及促进环境资源和机会的运用，以进一步帮助个人获得更多能力的过程[3]。增能在社会工作中可以以理论或实践的形式存在，也可以被当作总体工作目标或改善残疾人心理状态、个人发展目标与介入途径等。但是，增能并不是"赋予"案主什么特定权力与专门照护，只是协助挖掘或激发其个人内在潜能。在社会工作介入过程中，社会工作者本身其实也并不拥有任何可以赋予的权力与职权。

无权。增能理论中的无权是指服务对象缺乏相关能力或社会资源，从而形成无助感。当个人无法抵御那些侵害其利益的组织、系统时，他们会在内心形成无力、失败感，并把这种感觉内化为自己的无助。

无力感。增能理论中的无力感来自社会的阶层分化。各社会阶层总是会把那些不属于本阶层的人排斥在外，受排斥者对该阶层相应资源、权力等没有任何调配与控制能力，且还会面临来自该阶层的负面评价，使之产生无能为力的感受。

权力。增能理论中的权力是人们通过社会互动所获得的能力。这种能力既是一种客观存在，即人们的工作能力、社会资源，也是一种主观感受，是人们能够调配资源、顺利完成工作的效能感，即权力感。权力感能

---

① 东波，颜宪源. 增能理论视域下高校教师摆脱职业倦怠路径分析[J]. 大庆社会科学，2010（5）.

② 杨圣敏. 纪念费孝通先生民族研究70年论文集[M]. 北京：中央民族大学出版社，2009.

③ 黄春梅，卓娅. 增能视角下流浪乞讨人员救助管理的社会工作介入探讨[J]. 改革与开放，2016（9）.

够帮助人们获得成就感、地位感，形成良好的自我概念、自尊，帮助人们形成人生的良性循环。

二、增能理论在美国的发展

增能理论的提出最早可以追溯到19世纪末期。美国学者西蒙在《美国社会工作中的增权传统：历史》一书介绍了增能理论的产生与发展历程，认为增能理论发展经历了三个发展阶段。

1893—1917年。美国社会受工业化、移民潮和劳工运动影响，大量劳工进入城市及工厂，期待获得经济安全及政治自由，但事与愿违，贫富差距加剧了阶级、性别和种族矛盾，社会面临严重的分化与被撕裂的危险。这一时期增能理论的实践特点是对服务对象提供危机评估与干预，社区工作者教授求职者具体职业能力技巧，重视案主参与。

1917—1945年。世界各国在此期间历经了两次世界大战，国力被大量消耗，人口大幅下降，大量劳动者或在战场失去生命，或在战场失去劳动能力，各国都陷入经济萧条，失业率猛增。这一时期的增能理论贡献主要是倡导制定永久性的、全面的社会福利制度，关注女性和儿童，通过了一系列涉及女性与儿童健康的法案，开始组建社会工作学校，在工作场所设立服务机构。

1945年以后。第二次世界大战结束后，世界各国面临经济与社会秩序重建等重大问题，社会矛盾突出，从战场返回家园的退伍军人，大量受到战争后遗症、住房严重不足、收入困难等问题的困扰。增能理论进入到繁荣发展阶段，从重视案主自决到强调集体行动的社区发展，强调社会工作者介入必须以需求为依据，鼓励案主实现自觉权，并尊重其自觉权，增权实践操作不仅增进案主的自我效能感，还通过建构同辈网络来提升他们的权力感，使他们最终能够掌握自己的命运。

20世纪90年代以来，增能已成为社会工作领域提倡的重要价值观念和工作模式之一。

三、增能理论在中国的运用

我国社会工作实践起步较晚。不论是理论研究，还是介绍国外学科前沿与实践经验的成果都非常少。2002年以后，增能理论相关研究成果大幅增加，而且有关理论研究也开始出现基于中华传统文化、本土文化情境的相关讨论，并在矫正行为、医疗、戒毒、妇女与儿童等工作领域出现了大量研究和实践。

四、残疾人增能社会工作方法

（一）社区工作中的增能策略

首先，熟悉并协助争取国家和地方残疾人福利政策落地。现实生活中的残疾人，非常需要来自社会各方面的关心与帮助，需要来自社区的关爱活动，需要来自各级政府的政策支持。帮助残疾人感受到社会关怀，需要社会工作者深入社区、家庭，对残疾人进行相关需求调查，及时掌握相关信息，并向政府部门、社会机构争取，以向残疾人提供帮助，提高他们的相关能力和信心，帮助他们脱离无力状态、无权感，重拾生活信心。社会工作者还可以在社区加强宣传，增强民众关爱残疾人意识，主动参与扶残助残活动，建立常态化的邻里互助。

其次，社区工作者充分考虑残疾人特殊需要，积极进行相关资源建设。社区或相关组织在开展工作时，应该主动考虑社区资源对残疾人的现实意义，在项目设计、申报与建设中，充分考虑残疾人、老年人等弱势群体的特殊性，结合无障碍环境建设，积极为他们提供帮助，使他们能够在社区生活中得到应有的便利与顺畅。

最后，倾听残疾人心声，举办多种形式的文化活动。社会工作者及其他残疾人工作者都应该积极、主动倾听残疾人的呼声与建议，尽量吸收他们的合理化建议，并将本部门或自己不能解决的问题及时向上一级部门提出。在社区及相关组织开展活动时，也要充分考虑到残疾人的参与权利，在策划、组织等各环节都要专门倾听残疾人建议，或者通过组建相关协会，将这些意见收集、整理、上报等工作解决，增强残疾人的归属感。

（二）个案工作中的增能策略

每个人在成长过程中，都应该在正确看待自己优势的同时，更要能接受并正视自己各方面的局限。即使自己并不特意去追求完美人生，但也需要不断提升自己、完善自己。社会工作者在进行介入与服务时，首先需要打破社会上固有的传统残疾观，以新的视角看待和分析残疾人，既要看到他们的不足与障碍，更要善于发现他们的长处与优势，有些甚至是他们独特的优势，从而激发残疾人被抑制、压制的力量。对残疾人而言，自己更要摒弃落后的消极的残疾观，在接受残疾、障碍现实的同时，也要不断尝试挖掘、发现自己的优势，找到自己身上的闪光点，向其他残疾人学习身残志坚、自信自立自强，最终实现自助甚至助人的目的。

同时，社会工作者需要激励残疾人深入挖掘并充分发挥其优势，积极参与地方政府部门、残联、特教学校、康复机构以及社区开展的各项活动，践行"平等、参与和共享"宗旨，不断丰富残疾人的文化生活，帮助他们不断收获成就感与存在感，不断体会到自己存在的价值，从而树立生活的信心。还可以充分发挥地方经济、文化特色与优势，结合残疾人情况，积极开展职业技能培训，提高其对就业市场的适应能力，协助开展职业规划。

第四节　社会支持网络理论

一、社会支持网络理论

社会支持网络理论源于社会学、心理学等相关学科。社会学的"社会支持"理论最早出现在20世纪的70年代，是基于"支持需求是从人类基因中衍生出来的一种本能的福利"观点，用以研究互动、社会网络和环境对社会成员心理受挫折感和剥夺感所产生的影响，以提高社会适应能力[1]。

----

① 王琳，漆国生. 城市社区治理与保障研究[M]. 北京：北京理工大学出版社，2010.

社会支持（Social Support）是一定社会网络运用一定的物质和精神手段，对社会弱势群体进行无偿帮助的行为的总和①。这是一种组织与个人或个人之间的接触，个人通过接触获得情绪和物质支持、相关服务或信息等，以维持社会身份。

支持与被支持是人一生中不断产生积极动力的源泉。支持与被支持的程度，对人的健康成长、应对困境、改变现状等，都有着非常重要的影响。残疾人在人生发展的各阶段，需要面临的困境，需要获得的支持较一般人更多。通过获得社会支持，个体能够减缓困境所导致的压力，能够维持情绪、心境乃至生理健康状况，能够顺利度过人生的艰难阶段，甚至能够在相关方面取得优异成绩；同时，个体在得到社会支持的时候，还能够反哺向其提供支持的组织与个人，形成积极的、健康的应对方式。

目前有两种社会支持研究的观点被社会普遍认可②。一种观点认为，社会支持对个体的应对方式具有缓冲作用，即缓冲负性生活事件对健康的损害作用。另一观点认为，社会支持具有独立作用，社会支持利用程度反过来决定了被支持者能够得到的支持水平，支持提供者会因利用度低而减少支持，被帮助者会因此不断失去社会支持，进而产生更多的孤独感、无助感。

社会支持理论认为，一个人拥有的社会支持网络越强大，就越能够获得支持，从而能够更好地应对各种挑战。社会支持网络指的是一组个人之间、个人与组织之间的接触，个人从而获得情绪支持、物质援助和服务、信息，以及获得新的接触，得以维持社会身份，包括家庭成员、同辈群体、朋友、政府机构和其他组织等③。大多残疾人及其家庭处于人际和社会边缘，能够使用的人际和社会资源有限，在主动获取资源中经常会遭受各种限制或制约。所以，社会工作者需要了解残疾人及其家庭、亲友关系网络，了解残疾人周边政府部门与社会组织。

---

① 孔风，王庭照，李彩娜，等. 大学生的社会支持、孤独及自尊对主观幸福感的作用机制研究[J]. 心理科学，2012（2）.
② 刘敏，崔彩贤. 社会工作介入进城农村老年人的文化适应[J]. 学理论，2014（9）.
③ 左小川. 农村"留守妻子"的问题研究：一个社会支持的理论视角[D]. 长沙：湖南师范大学，2006.

二、社会支持网络分类

按照支持性质，社会支持网络可以分为正式社会支持网络和非正式社会支持网络；按照支持来源，社会支持网络可以分为个人资源和社会资源，也可以分为同辈群体支持、护理人员支持、家庭成员支持、社会支持等。

（一）正式和非正式社会支持网络

正式的社会支持网络是指社会支持来自社会上的正式组织与机构，包括政府机关、社会工作组织等。

正式社会支持网络是政府相关部门、社会机构按照国家相关规定，为弱势群体提供直接帮助，同时借助所掌握资源帮助服务对象补足或扩展其非正式的社会支持网络，以建立和提高利用社会支持网络的能力。

非正式社会支持网络就是社会互助。我国社会工作发展水平不高，提供非正式支持网络的机构少，区域分布不均，政府支持力度不够，管理与运行不规范，服务缺乏持续性和可靠性；从业人员数量少，且缺乏专业训练，服务意识和水平低；社会支持强调自觉和独立解决问题，支持提供方与需求者之间缺乏有效的信息交流渠道，造成民众忽略弱势群体正当要求[①]。

（二）家庭支持和社会支持网络

来自残疾人家庭成员的支持，包括父母、兄弟姐妹、夫妻以及子女，在情感、经济等方面的关怀与支持，属于家庭支持。这是残疾人社会支持的重要组成部分，也是残疾人能够正确认识残疾、正确面对残疾、重新面对生活的重要支持力量，是残疾人社会支持网络体系不可代替的部分。借助于家庭支持，残疾人能够获得情感关怀，能够克服障碍，正常进行日常生活、工作、学习和康复等。但当家庭支持不足以全部解决障碍与现实问题时，或者出现家庭结构变化，残疾人赖以生活的血缘、婚姻纽带出现危机时，残疾人所产生的无力感或消极情绪，也会更加明显，对生活的影响

---

① 张洪英. 社会支持网络及其在社会工作（个案）中的应用[J]. 中华女子学院山东分院学报，2002（3）.

也会更大，有时甚至是极端的、致命的。

来自家庭之外的亲友及其他机构与人员的支持都属于社会支持网络。对残疾人而言，亲友与邻里的关怀和支持是其敢于走出家庭、迈向社会的第一步，他们不仅能够向残疾人提供各种信息、交往机会和情感支持，还可以提供最现实的物质与人力帮助，这些是家庭功能无法满足的。亲友与邻里、朋辈的相助，能够帮助残疾人走出家庭、走出封闭，迈出走进社会的第一步。

来自政府、学校、社区及其他机构与人员的支持与帮助，是残疾人社会支持网络的重要组成部分。政府相关部门、学校、社区、社会工作组织，以及其他社会志愿者组织，是能够为残疾人生活提供支持的重要社会力量。尤其是社区，作为残疾人与其他组织沟通的桥梁和纽带，需要也能够发挥更多的作用，将国家给予残疾人的支持保障、配套服务等落实到位，让残疾人感受到来自党和国家的关怀，这也是残疾人民生政策保障的重要基础。

三、社会支持网络与我国社会工作

（一）社会支持网络的必要性和必然性

社会支持网络作为一种方法和策略，受到社会工作领域的广泛重视，并得以广泛应用，是因为其具有存在的必要性和必然性。

社会支持网络具有强大的社会系统理论支撑。现阶段，我国的社会福利发展水平落后于社会需求，要解决繁多且复杂的社会问题，必须充分挖掘和利用非正式的支持资源。推动非正式社会支持网络发展，有利于大力弘扬中华民族扶残助残的优秀传统文化，有利于大力弘扬社会主义核心价值观，有利于建设新时代中国特色社会主义新风尚。鉴于我国社会工作发展还相对滞后，非正式社会支持网络资源的开发和利用远未达到应有水平，还有相当大的差距，依然是一个值得挖掘和开发利用的领域，具有非常大的潜力。

（二）我国社会支持网络缺陷

我国社会支持网络开发与利用还存在着很多问题与缺陷[①]。首先，支持资源的利用不合理，存在部门、条块分割，支持力量各行其道、各自为战，没有形成合力，没有实现联动。其次，我国的社会支持网络工作模式单一，支持信息的发送与传递过程直接、简单，主要是单向式给予，即由支持方直接向受助方传递钱物，甚至很多支持还带有明显的形式主义色彩，只是程序上的支持，而没有社会支持网络的实际意义。再次，由于支持方与受助方之间缺乏互动，一些弱势群体经常处于被动受助的地位，其能动性和潜能未得到体现与发挥。最后，我国社会支持服务还未形成社会共识，大量能够提供支持的力量与资源，尚未参与到相关服务中，需要相关部门和社会工作者加大社会支持资源的开发与利用。

[①] 张友琴. 社会支持与社会支持网：弱势群体社会支持的工作模式初探[J]. 厦门大学学报，2002（3）.

第四章 残疾人社会工作的一般流程

按照《牛津词典》的解释，流程是一个或一系列以确定方式连续进行，以实现特定结果的行动[1]。在我国现代汉语的语境里，流程原本是指工艺程序，是从原料到制成品之间各项工序与程序的安排。随着国外管理理论的引进与吸收，流程逐渐成为一个管理学概念。而工作流程则是指工作事项的活动流向顺序，包括实际工作过程中的工作环节、步骤和程序[2]。

工作技巧是指在工作中所采取的具体方法与策略。残疾人社会工作技巧体现在开展工作时，社会工作者在所有阶段、所有层面灵活采取的应对策略。工作流程与工作技巧虽然在概念上非常清晰，但在实际工作中是融为一体的，二者相互依存，相互影响。如果仅仅介绍工作流程，而没有具体方法的指导，工作流程就会变得空洞无物；如果仅仅介绍社会工作技巧或方法，而不结合工作流程中的具体任务与内容，工作技巧也就失去了存在的意义。因此，本章结合社会工作一般流程，同时介绍常用方法与技巧，将二者合而为一，以方便读者有针对性地学习、参考。

在其他残疾人社会工作相关专著中，学者们对残疾人社会工作流程的介绍，一般以了解残疾人反应和残疾人家庭为切入点。笔者同样认为了解残疾人状况非常有必要，因为只有了解残疾人及其家庭的实际情况，存在的具体困难与问题，才能有针对性地继续开展工作。所以，笔者开展了大量的残疾人情况调查，深入残疾人家庭进行考察，收集残疾人及其家庭基本信息、就业需求、家庭无障碍改造需求，以及其他社会工作需求，并将这些内容渗透于服务的各阶段。

---

① 沙生. 正者有道 管理·人生[M]. 北京：中国电力出版社，2015.
② 林雪莹，王永丽. 人力资源管理 理论、案例、实务[M]. 北京：中国传媒大学出版社，2016.

残疾人社会工作服务一般包括准备、接案、需求评估、订立合约、介入和结案六个阶段。

第一节 接 案

接案是在社会工作过程中，与求助者个人、家庭、组织、社区等服务对象接触时的第一步工作，包括了解服务对象来源、资料收集、会谈和初步评估服务对象，同服务对象开展沟通，确定服务关系，通过了解服务对象的需求，结合实际需要，同服务对象达成共识，建立专业关系。

一、接案前准备

接案前的准备阶段，是残疾人社会工作服务的第一步，是社会工作者帮助残疾人及其家人逐渐成为案主并接受案主角色任务的过程。工作内容包括准备、拟定会谈提纲、会谈、初步评估等[①]。

（一）了解服务对象来源，采取相应支持

与一般的社会工作相比，残疾人社会工作对象具有特殊性，如他们对残疾人政策、教育、康复、医疗卫生、文化体育等有一定了解，或许因为社会工作具有某些方面的资源与专业技术，因而，根据笔者多年的工作实践，从服务对象的来源可以看出社区对残疾人事业的重视程度，残疾人及其家庭对相关政策的了解程度，也可以看出残疾人家庭或残疾人对待残疾所采取的应对措施。虽然这些与残疾人及其家庭对残疾人的期望水平、要求达到的生活质量相关，但其中也包含了在社会工作者工作中根据不同来源所采用的工作方法的准备。一般而言，服务对象通常有以下三种来源。

1. 主动求助

对于主动求助者，一般而言，是一个人、一个家庭或一个团体带着自身不能解决的问题主动前来求助。他们前来求助，也许对社区、机构或社

---

① 马洪路. 残障社会工作[M]. 北京：高等教育出版社，2007.

会工作者的服务信息比较了解，知道机构可以为其提供哪些服务，也许是抱着将他们遇到的问题向社区或组织反映的态度前来求助。这些求助者在初见时，可清楚描述残疾人问题，如居住环境障碍问题、孩子的教育与康复训练，小区环境改造，残疾人证的办理、残疾的评估等内容，也可能会存在不能清晰描述目前问题，往往反馈的是他们对目前遇到问题所持态度或观念。社会工作者遇到此问题时，首先应耐心地倾听他们的表述，适当做好记录，等待他们将情感与行为上的诸多累积的情绪倾诉完毕以后，社会工作者将梳理到的相关重点问题与求助者进行一对一的反馈，以求得双方对所遇到的问题理解一致的印证。

2. 入户或外展服务接触

这类受助者，大部分是通过社会工作者开展的外展服务成为服务对象的。他们并未主动求助，而是社会工作者主动接触他们，并在接触过程中使他们接受服务的。

针对这类受助者，社会工作者在初接触时，一般需要了解残疾人个人情况，了解他们对本地残疾人事业相关内容的知晓情况以及了解他们正在受益的情况。此类家庭一般不轻易主动告知有关残疾人的信息，因此，社会工作者需要主动介绍自己，在与残疾人及其家人交流过程中，运用相关的面谈技巧，在介绍自己的宣传职责中打消他们的顾虑，取得他们的信任；可通过观察残疾人的现状，结合残联在教育、康复、医疗保障、残疾人证的办理等居家、社会融合以及其他方面事业的了解，倾听残疾人及其家庭的想法，秉承残疾人及其家庭自决的原则，首先应尊重他们的意愿，相信他们的能力，在其需要帮助时与他们再进行联系。

3. 其他服务机构转介

这类服务对象由他人介绍或机构转介而来，对社会工作机构的优势，或社会工作者的优势较为了解。他们能有针对性地根据现有的问题和社会工作者进行交流，能清晰表达对社会工作帮助的目标和期望，如果在社会工作者平时工作准备充分的条件下，这类求助对象能较快地进入下一个帮助环节，而其他类求助者或受助者也许会徘徊于问题澄清、需求澄清阶段。因此，社会工作者可以和转介机构取得联系，从他们那里对求助者及其家庭情况进行更多了解。

（二）了解服务对象

了解服务对象基本资料。社会工作者在准备正式接案前，应事先对残疾人基本情况进行充分了解，掌握其基本资料，如残疾人本人的性别、年龄、残疾类型与程度、就业情况或入学情况、家庭主要成员及其基本情况、家庭收入、居住环境、主要困难与问题等。社会工作者应该结合工作经验，做好会谈的资料与心理准备，以便在会谈时能够有针对性地进行了解。

了解服务对象的求助内容。在获知上述信息来源途径后，社会工作者接下来应该了解残疾人需要解决的具体困难与问题。这是因为残疾人的困难与问题因人而异，不仅有类别的差异，往往还有层次的不同。一般而言，求助都是在残疾人自己尝试了各种努力后，依然不能解决问题才做出的选择。所以，社会工作者不仅需要了解残疾人具体的求助内容，还需要了解残疾人曾经做过的努力、尝试的过程，以便能更好地厘清其困难与问题的具体表现、困难程度，以及可能的原因与背景等。

了解服务对象之前是否接受过服务。接下来，我们应该要明确知道自己即将服务的对象的一些问题，如是否曾经接受过其他社会工作者的专业服务，尤其是那些其他机构转介而来的，如果曾经接受过相关服务，社会工作者需要联系原先的工作人员，阅读服务记录，了解残疾人相关情况，保证会谈时能够畅快沟通交流。

了解服务对象是否有特殊事项需要谨慎处理。残疾人因为残障的发生，可能会出现一些心理禁忌，也可能忌讳被他人提及、知道某些信息。不论这些禁忌、忌讳是来自心理障碍还是来自精神创伤，社会工作者都需要提前做好预防工作。例如，事先向其家人或朋友了解一些需要注意的话题，生活中是否有某些禁忌与忌讳等，必要时可先邀请相关专家，共同参与会面，以保证顺利完成第一次沟通与交流，顺利完成接案。如果服务对象是听力残疾人、言语残疾人，而社会工作者自身却不能够使用手语等交流手段，则需要邀请手语翻译。

二、了解残疾人及家人面对残疾呈现出的状态

有时，社会工作者也可能会遇到一些残疾人或家庭无法面对残疾现象、对残疾现实进行逃避的情况。因此，社会工作者需要熟悉残疾人及其家庭面临残疾时的几种状态。

一般说来，面对残疾，残疾人及其家人都会在出现震惊状态之后，继而呈现出否认、混乱、害怕、沮丧、怀疑等心理上不平衡的状态。有以下心理和行为特征。

（一）不确定行为状态

诊断确定前后，残疾人家庭对残疾导致功能损伤存在不确定状态，尤其是非器质性损伤的脑发育问题，因此，一般会奔波于各测评单位，寄希望于重新定论，或希望随着孩子年龄的增长，其迟缓、异常现象会自然消失。笔者在工作中，常遇到一些孤独症家长的逃避现实行为，如不让外人接触孩子，不带孩子外出，因而错过了孩子康复的关键期。面对这种家长，社会工作者首先从情感角度理解家长采取的行动手段，他们从表象上确实难以接受一个发肤完好的孩子却在脑发育方面存在缺陷。年龄越小，孤独症儿童与正常人的差距也小，因而，应从科学的角度介绍这类儿童在认知、注意、语言与行为方面平时所表现的特点。随着年龄的增大，孤独症儿童与同年龄的孩子之间的差异也越大，且不必纠结于评定结果本身，应从孩子现在的状态去进行及时的康复补救，争取早发现、早干预或早训练。

（二）归属感丧失的无力阶段

残疾人家庭，面对既成事实的残疾状态，有的家长甚至存在盲目逃避的现象，如不让儿童与外界接触，拒绝与他人讨论儿童的发展，忌讳与残疾相关名词的出现等。在生理上也会出现一些消沉、虚弱的表现。社会工作者在工作中接触到这类家长或残疾人，可以利用增能相关理论，首先做好残疾人家庭的工作，让他们了解和接受身体局限性确实带来了不同的障碍，但代偿、缺陷补偿，器官的用进废退等原理，辅助器具的使用以及帮助残疾人以另外的生活方式去生存等，能够增强家长的行动能力。要让家

长明白，随着各种技术的提高，国家在残疾人事业上的高度关注，在家人的陪伴下，孩子的生活能力会不同程度地提高。正视问题、及时纠正才是对他们最长情的关怀与爱护的方式，只有家长勇敢走出阴霾，孩子才能感受到阳光。

（三）振作、拼搏阶段

部分家长经过残疾事实创伤打击之后，会采取更为溺爱、到处寻医求药、寻访有效干预效果事例、学习残疾相关知识等方法尝试改变残疾，在这段时间，极易出现情绪化的思想与行为。作为社会工作者，可给家长介绍相关康复、教育等基本知识，鼓励家长通过自学、培训学习等方式，了解护理、教育、康复等与孩子能力提高、功能恢复相关的知识内容，告诫家长不能将康复希望完全寄托于相关机构和训练中心，与孩子接触最多的还是家人，可以将一些训练内容延伸到生活中，提高孩子的自理能力。

有认知能力的后天意外致残的残疾人，创伤期更长，更难接受残疾，因此他们更需要获得外界的帮助与指导，更渴求及时地对残损部位的功能恢复。因而，社会工作者需要利用资源链接，与相关领域的专家取得联系，诊断残损部位功能恢复的可能性；同时，进行相关辅助器具的介绍，以达到功能代偿的作用；利用各种练习，让残疾人克服对自己目前身体的不认同感，让残疾人自身背负起责任与使命，以自强的力量在精神上战胜残疾现状，从精神上站立起来。

面对残疾现实与不幸，社会工作者可多与家庭成员进行沟通，一方面共情面对残疾所出现的生活改变，分享面对残疾所带来的身心改变，另一方面，需要抽离出这种共情，以科学的观念帮助他们接受事实，共同找到解决问题的办法，去改变残疾所带来的生活不适应，激励他们一起挑战所面临的各种困难，而不能沉浸于"为何残疾""为何是我遭遇"等这样的纠葛之中，尽快地采取补救措施，科学对待残疾人。同时，这类家庭可能因接受过各类调研或志愿者帮助，或因他们自身就具备一定的经济条件，不需要外界提供帮助，或对残疾现状抱不可改变的固执态度等，因而，社会工作者需要通过交谈，判断该类受助者及其家人对待残疾的态度与行为，判断残疾人的现状是否需要外界支持。而不能因为他们没有求助而放弃对他们的帮助，应通过各种活动或专业性内容有针对性地帮助他们。

（四）残疾认同阶段

在历经各种有效途径仍然无法改变现状以后，残疾人才会接受残疾事实，改变自己的生活计划，认同残疾事实。

在这一阶段，残疾人及其家庭基本摆脱残疾所带来的身心不适，他们面临的是康复、教育、持续地医治、经济与职业规划等相应的问题，针对残疾人年龄特征、残疾程度和他们现有的文化知识、兴趣以及本地的特色，社会工作者应和他们一起着重考虑残疾人的人生规划，例如：针对年龄小的孩子应接受的知识水平与能力提高，生活自理与康复训练问题；针对年龄大的成年残疾人考虑将来的谋生手段、自我照顾、职业规划与培训、就业等发展问题；针对贫困家庭的老年人的医疗、照顾、自理等生存与康养问题的救助、社会福利支持等。社会工作者在工作过程中，帮助他们与相关部门取得联系，填报相应资料和申报等工作。

三、与残疾人及其家庭的面谈

在接案阶段，面对残疾人及其家庭困境，从心理、生理和社会性等方面考虑残疾人的需求，充分了解残疾人及其家庭对残疾的接受状态，困境受限原因以及需要解决的问题等和他们进一步地沟通与澄清。不论是对社会工作者而言，还是对求助的残疾人而言，第一次会谈都非常重要。这次会谈的情况甚至可以影响能否接案成功，影响以后的服务是否能够顺利。所以，社会工作者要对第一次会谈做好充足的准备。

在接案前的准备阶段，社会工作者应该凭借有限的信息进行尝试性设想，包括在第一次会谈时残疾人会什么样、会想些什么、会有哪些感受等，以便在会谈时能够比较轻松自然地进入对方的生活与内心世界，有助于提高对残疾人可能存在的问题、思考及其感受、所描述情形等的敏感度。这个过程旨在理解残疾人所思所想，并以开放的心态去面对和接受会谈时可能发生的种种情况。同时，还要注意区分同理与同感，以保持客观理性的态度。

在基本了解残疾人相关基础资料之后，社会工作者就可以拟定初次见面的会谈提纲了。会谈提纲一般包括会谈内容和顺序，做好提纲准备是为了避免残疾人因有求于人而出现拘束，或者与社会工作者初次面谈，相互不了解而紧张不安，也可以帮助社会工作者避免在初次会谈中突然出现意外而措手不及。

（一）会谈前的安排

会谈前的安排是指在进行会谈前，社会工作者需要与残疾人预约好准确的会谈时间和会谈地点，还要与提供会谈场地的负责方预约好会谈环境、器材、设备等，还要对自己在会谈时的穿着、仪表进行合理调整。

（二）会谈的主要任务

会谈的主要任务是界定服务对象的需要和问题，服务对象的需要和问题主要是通过会谈来界定的。社会工作者需要注意的是要依据服务对象自身对问题的看法来界定工作的起点。也就是说，社会工作者在会谈时要以服务对象的问题、困惑为切入点。

这个阶段的主要工作包括了解残疾人求助原因，了解残疾人对自我的看法，包括问题、困难、需要、持续时间、原因和程度等，了解残疾人的期望和想要达到的目标。社会工作者不仅需要去了解残疾人求助动机（希望获得什么、解决什么问题、期望产生什么结果），同时还要考虑他们的动机强度、有何担心和忧虑等。

（三）澄清角色期望和责任

面谈首先要澄清社会工作者和服务对象双方的责任和期望，具体包括：残疾人对自己对社会工作的期望，社会工作者对自己服务残疾人的期望，服务对象残疾人对自己对社会工作者应尽的责任，社会工作者对自己对服务对象残疾人应尽的责任等。然后，通过相互沟通协商，找出双方想法的距离和差异，并进一步减少分歧和约束，使双方能相互信任，坦诚相见。

如果在接案面谈中不澄清相互的责任和角色期望，在工作进行的过程中就会出现误解、分歧、沟通困难，使工作陷入僵局无法继续，甚至会危及双方之间的专业关系。

接案会谈的内容，除了表达关心和同理心、表明协助意愿外，还要收集求助残疾人的基本资源。包括并不限于家庭资源系统（家庭背景、家庭结构、互动关系、经济和资源体系），社会资源系统（学校、康复机构、社会服务机构对求助者的态度及提供服务的情况），残疾人对社会工作单位或个人的期待与要求（了解残疾人寻求什么帮助，希望产生什么结果）①。接案会谈时，社会工作者要向残疾人表达发自内心的尊敬与温暖，表达真诚的基于人道主义的关怀，音调的控制、面部表情、肢体语言的运用与掌握要得体，熟练运用澄清、反映、面质等会谈技巧。

四、了解服务对象现状并进行初步评估

各类残疾人的需要，从共性来说，主要涉及医治、预防、康复、教育、劳动就业、文化、体育、社会环境、家庭、婚姻、生育、社会保障等内容。但由于不同残疾人的类型和程度的差异，使得他们的需求又各不相同，残疾人的残疾类别不同，需求也有所不同，这一情况，已在前文对他们的共性进行了相应介绍，在后文中，将具体介绍各类残疾人可能面临的问题与社会工作帮助等相关内容。除此以外，社会工作者和残疾人及其家人可以根据当地残疾人联合会所做的残疾人事业各项需求调查与反馈相关问卷在残联系统中进行申报，如贵州省可在残联系统的"阳光办事平台"中进行相应内容的申报。

初步评估是为了确定残疾人需要帮助的问题内容与难度，确定社会工作者及其机构是否有能力、有资源为残疾人提供适当服务的过程。这个初步评估的过程也被称为立案准备过程，如果能够顺利实现立案，社会工作者将与残疾人正式进入下一阶段的服务环节；如不能，服务机构应该将残疾人及其求助情况及时转介到其他机构或个人。

初步评估由专业社会工作人员与残疾人共同列出问题，并将这些问题按照轻重缓急和优先次序进行排列，分别进行介入。这些问题包括但不限于：

---

① 马洪路. 残障社会工作[M]. 北京：高等教育出版社，2007.

残疾适应问题：拒绝接受身体变化及其医治与康复，拒绝接受康复处置失当，毫无道理地坚持要求特定治疗，不熟悉且不能把握康复、预防、机会平等，有不恰当的康复预期，对康复副作用认识不足等。

环境适应问题：对家庭成员及其关系的不合理抱怨与不满，缺乏家庭系统或相关人员不愿、无力照顾，与医疗、康复等专业人员关系不良，与周围社会环境不相适应等。

家庭问题：不能正确处理家庭内部的婚姻问题、性问题，出现手足失和、夫妻离异，出现严重的子女教养问题，存在严重代际冲突等。

经济问题：不能承担医疗、康复等费用，家庭收入过低，不能就业等。

除以上几种情形外，情绪问题（因残障引起的情绪困扰、行为问题等）也是残疾人需要经常面对的困惑。对求助残疾人的初步评估主要是评估其改善困境的动机、解决问题的能力和可利用的资源情况，及其资源利用情况。

五、建立专业关系

在社会工作中，建立专业关系的步骤即正式立案。社会工作者在确认能够正式接案以后，首先要与残疾人确认工作关系，与残疾人讨论并相互澄清双方角色关系与工作期待，保证双方目标一致、思路一致；同时，社会工作者要帮助或引导残疾人逐渐接受自己的案主角色，以保证双方的配合能够顺利。

从正式接案开始，社会工作者就要把与服务对象残疾人接触的全部内容与过程，进行详细的记录，并及时进行归纳与整理，以便为日后更完整、更完善、更加具有针对性的服务提供依据。同时在所有会谈中，社会工作者都要对会谈目的、内容、过程、结果、总体评估、建议等做详细记录。

接案以后，为能更科学地帮助残疾人走出困境，社会工作者需要开展大量的调查与访谈等，了解残疾人及其家庭情况。社会工作者需要重点做好建立专业与家庭信赖联盟和建立专业关系两个工作。

（一）与案主订立介入合约

订立合约是社会工作者和残疾人对需要解决的问题、将要达成的目标、介入策略以及个人角色与任务达成共识。社会工作者与残疾人订立的介入合约，一般包括介入的目标（长远和特定具体的目标，一般不超过3个），案主一般任务（需要改变的系统），参与者的任务（与案主有关的家庭系统社区组织、机构的配合），介入步骤、方法和策略，介入时间安排，绩效总结、测量和评估。

（二）专业信赖联盟的建立

由于残疾类型具有多样性，即使是同一类型的残疾也有程度差异，存在的障碍或困难也有类型与程度的差异，所需要的支持与辅具等具有非常大的差异，所以，残疾人社会工作需要具有社会、医疗、教育、心理等多个领域的专业团队支持与合作，才能真正解决残疾人的问题，发挥出社会工作的功能。要完全实现残疾人回归主流社会的最终目的，社会工作者需要主持构建包括政府部门、社会机构、社区、公众及其他利益相关方参与的专业信赖联盟，保证这些来自不同机构、层面和领域的专业人士，能够运用各自专业知识与技术，共同开发社会资源，帮助提高残疾人个体、家庭、群体、组织及社区等方面的相关能力，增强经济、社会和政治等力量与影响，帮助残疾人实现功能恢复与改善，最终实现社会融入。

专业信赖联盟一般包括来自家庭、专业和社会三个方面的资源。

家庭资源主要基于家庭血缘、姻亲关系，家庭成员、亲朋之间，最重要的支持是情感支持与社会资源的拓展。首先，家庭成员关系是基于血缘而形成的，这种先天优势决定了成员之间几乎没有任何隔阂，相互的爱是简单而纯洁的，不论是精神支持，还是日常生活照顾，甚至包括经济后盾，基本能够实现毫无保留；其次，基于姻亲等原因的亲朋之间，相互往来密切，总是能够及时了解残疾人的现状，以及所面临的困难与问题，所以也总是能够第一时间提供或寻求帮助，相互理解。在所有家庭资源中，每一位成员的作用也因身份的不同而有所不同，其中最具意义的是残疾人服务。

父母不仅要生育下一代，还要养护、教育下一代，为他们的整个人生打下基础。在残疾人的生命中，父母是其最为坚定的精神与物质基础，也是其发展的最为坚定的支持者。这些作用具体表现为以下几个方面。

首先，父母是残疾人成长的教导者，不断引导他们学会为人处世，不断强化正面行为，帮助他们养成良好行为习惯，为其提供良好学习、生活的环境，教导他们形成正确人生观、世界观和价值观。其次，父母是残疾人政策落实者，鉴于父母在家庭的特殊地位、对残疾人（即使是成年人）的特殊意义，国家涉及残疾人、儿童、教育、就业、家庭的所有相关法律法规、政策，基本都要通过残疾人父母，才能真正得以落地与实现，所以针对父母的宣传就显得尤为重要。同时，残疾人父母、家长通过参与社区工作、学校教育，参加行动团体等，既为残疾人提供了支持，也为他们拓展了合作伙伴与社会资源。

社会工作者要在建立家庭信赖联盟基础上，广泛动员、组织来自政府、专业机构及其他社会力量的资源，促进残疾人与这些机构、人员之间建立专业信赖关系。专业资源可以来自对残疾人有帮助的各行各业。首先是来自医疗、材料等领域的重要信息与技术，这些信息可以帮助残疾人扭转消极心理；专业的康复治疗人员、护理人员、临床心理学家、职业治疗师、康复治疗师等各领域的专业人士都各有专长，他们相互尊重、通力合作，能够从各自角度帮助残疾人，能够帮助残疾人重树进行医治、康复或安装义肢、采购辅具的信心。其次，来自心理测量与评估的专业支持，能够帮助残疾人正确认识自己，提高对自己的信心，提高对改善生活、工作现状的信心，甚至重拾生存的希望；来自法律等领域的专业咨询与支持，能够帮助残疾人看到自己合法权益的保障；来自政府相关部门的政策信息，可以让残疾人获得及时且针对性强的政策支持，感受到来自政府的关爱。

在构建与运用专业信赖联盟的过程中，社会工作者必须准确把握自己的角色定位与作用，承认自己的不足与差距，接受其他领域专业人士的专业建议，不断提高自己的沟通能力、业务能力与行为方式等，最大限度发挥社会工作的效能。

因此，社会工作者在整个服务过程中所扮演的角色是一个整合各项服务的提供者。具体地说，社会工作者以其社会工作的视角有效分析残疾人身心状态、特殊困难与需要，为医疗、康复、法律等专业人员提供参考；协助医疗、康复团队执行社区康复、家庭康复计划，帮助消除影响残疾人走出自我、走出家庭，走进社会的物理障碍和心理障碍；协助沟通社区、政府部门等，为残疾人争取相关福利与政策，提高残疾人社会融入的动机与技巧。

专业信赖联盟构建成功以后，所有成员之间自然产生并应当履行以下义务：了解自我，包括家庭和专业人员的需求、态度、观点和能量；了解家庭，包括家庭的特征、功能、互动状态、生命周期；尊重文化差异，包括不同的民族、宗教信仰，不同性别、职业、居住环境及习俗等；肯定家庭能量，包括认识、欣赏家庭的能量；提升家庭选择，包括尊重残疾人的选择，提供资讯，参与家庭成员的选择；鼓励心存最大期待，希望能过上正常人的生活；正面沟通技巧，包括运用同理心技术，面质技术，影响性技巧等提供帮助；赢得尊重和信任，比如接纳、关注、不批判的态度等。

第二节　案主需求评估

在接案准备阶段，已经初步了解了残疾人的一些基本情况并顺利实现接案以后，社会工作者为了能有针对性地了解残疾人的困境与需要帮助的内容，需要在以下方面做更进一步的工作。

一、评估的含义

评估是社会工作者向残疾人提供专业服务的首要前提。评估能够为社会工作者提供残疾人基础资料与所需服务信息，以帮助判断残疾人是否存在服务障碍、需要什么样的服务等。评估有很多种类，比较常见的有需求评估、过程评估、成果评估和咨询评估四种[1]，社会工作者接案后需要首先

---

[1] 马洪路. 残疾人社会工作[M]. 北京：中国社会出版社，2010.

进行的是需求评估，即帮助残疾人"诊断"真正需要的服务以及如何提供这些服务。

二、评估的内容

残疾人社会工作需求评估的内容，主要包括基本生活技能、个体社会行为表现、各项社区需求评估、生活质量四个方面[①]，前三项是在社会工作者开展相关服务过程中及结束任务时经常需要使用的内容，第四项内容能够为相关人员开展社会工作研究或政策研究提供基础信息。

（一）基本生活技能评估

残疾人基本生活技能评估一般包括身体机能、感知技能、自理技能、沟通技能、社交技能、社区生活技能和学术技能七个指标（表4-1）。

（二）个体社会行为表现的评估

残疾人个体社会行为表现评估一般涉及以下十一个方面的指标与内容，即个人对生活环境转变的适应情况，与他人相处情况，与人合作情况，个人行动动机水平，注意力持续时间，个人对生活挫折的忍耐力，对来自各方面压力的忍耐力，在各项活动即家庭生活中的活跃程度，个人情绪控制与稳定程度，能否正常避免出现不正常行为，日常行为的规律性与可测性。

（三）各项社区需求评估

社会工作者还可以通过社区需求评估，通过分析人口统计相关数据与资料，开展社会调查，召开居民（代表）会议等，了解社区残疾人群体及其个人的特殊需求。具体内容包括政策性社会保障、教育、就业、家庭环境改造、社区无障碍环境建设、文化体育生活、婚姻、最低生活保障等方面的落实与需求。

（四）残疾人生活质量的评估

由于残疾人的收入一般均处于社会较低层，所以残疾人生活质量水平

---

① 马洪路. 残疾人社会工作[M]. 北京：中国社会出版社，2010.

常被用于评价社会福利发展水平，评价整个社会的生活水平。有学者参照香港残疾人生活质量调查与研究内容，提出了对残疾人生活质量进行评估的七个方面的内容①，即残疾人身心健康状态，包括残疾人的自我健康评价，医疗与康复器材的应用、需求和求医经验；残疾人个人情感状况，包括家庭关系状况与处理，个人形象的塑造，个人情绪状况；残疾人物质状况，包括个人生活相关物品的拥有与消费情况，个人收入与支出状况，个人居住及其他生活空间情况，就业情况；残疾人自决能力与水平，包括日常生活的起居安排与自理，个人休闲项目与闲暇时间的运用，自如参与社交的水平；残疾人个人发展水平，包括学习实用技术的机会、个人兴趣与潜能发展，对未来生活的期望与追求等；残疾人的人际交往，包括建立人际关系的状况，不断发展多元社交生活的能力，发展异性亲密关系状况，个人婚恋及家庭生活状况；残疾人的社会融入状况，包括残疾人能否像正常人一样在社区内生活，能否无障碍地使用社区公共设施、公共交通工具，能否有均等的机会参与各项社会活动等。上述七个方面的内容，从残疾人个人健康到家庭生活、人际交往和社会参与，基本涵盖了残疾人生活的全部，能够完整反映残疾人生活质量，是残疾人社会工作重要的评估内容。

表4-1　残疾人评估项目与使用工具方法列举

领域	具体项目	评估工具与方法
基本资料	生育史、发展史、病史、教育史、康复经历、收入来源	基本资料查阅、访谈
家庭资料	家庭成员情况、受教育情况、经济状况、环境	访谈
认知能力	动作、感知、注意、记忆、思维、语言沟通	智力、认知能力、观察等测量
生活自理	吃饭、穿衣、如厕、日常打理、家务劳动等	访谈、观察
社会情绪	受挫折、情绪控制、稳定性、焦虑等	相关人格测量
课程内容	涉及学校开设的各门课程的具体内容	课程评量（可用"四好"课程量表）
社会技能	同伴关系、分享与合作、职业能力、社会参与	观察、调查

① 周沛，曲绍旭，张春娟. 残疾人社会工作[M]. 北京：社会科学文献出版社，2012.

领域	具体项目	评估工具与方法
生活质量	健康、情感、物质、个人发展、人际关系、社会融入等	观察、调查、访谈
康复需求	职业康复、社会康复、教育康复、医疗康复等	观察、调查
辅助器具	助行器、助听器、助视器、感知觉训练器、家庭环境、社区设施、医疗器械	观察、调查、访谈

三、评估的方法

1. 优势视角的评估

从优势视角开展社会工作，其实是一个向残疾人赋能的过程，强调在工作的任何环节都重视残疾人优势，将尊重残疾人作为重要的专业价值观，鼓励残疾人自己做决定，这对协助那些体会不到自身价值感，无力感和无助感特别强烈的残疾人更加有帮助。当残疾人的服务要求与其残疾存在直接关系的时候，就应该对其本人的积极品质进行关注，尤其是当残疾人服务要求是由社会和环境局限导致的时候，服务计划就应该更加关注残疾人自身优势。社会工作者可以运用考哥尔（Cowger）基于案主优势进行评价的工具[1]，对即将进行服务的残疾人进行优势评估，考察残疾人自身优势，帮助残疾人正确认识自己。

优势视角的重要概念之一是再生和自愈。"再生"和"自愈"两个术语指向的是健康而不是疾病。目前，人们对健康的关注点不再是健康与疾病的对立，也并不否认残疾人生理残缺这一客观现实，而是更加强调残疾人生理上再生、自愈能力，功能康复能力，以及心理与生活的适应能力等。

2. 生理心理社会视角评估

在第一章，本书介绍了关于残疾的不同理解与概念的差异，不同文化背景下，人们对残疾的定义存在巨大的差异。社会工作非常重视从生理、心理和社会视角对残疾人开展综合评价。这种综合评估的内容至少包括残疾人生理状况、心理状况、社会生活、文化生活等。从生理、心理和社会

---

[1] JULIET C. ROTHMAN. 残疾人社会工作[M]. 曾守锤，张坤，译. 上海：华东理工大学出版社，2013.

视角评估的特别之处在于，不仅仅是为了解决残疾或障碍问题本身，而是可以通过心理和社会方面的评估，寻求来自认知与社会的相关社会工作，从而寻求到深入实现思想与灵魂深处的、稳定而有效地解决问题的途径。

第三节　介入计划的制订与介入执行

残疾人介入计划是一个综合性考虑残疾人问题需要与解决策略而制作的行动过程，包括目标选择和为了达到目标而采取的行动，计划是介入的行动指导。

在"评估"阶段，社会工作者将所获得的有关服务对象系统的资料、服务对象和工作者对问题与需要的共同认识，加以整理和组织，形成了对服务对象帮助的内容。

一、介入目的和各阶段目标的制定

目的是指介入工作总体要达到的方向和最后的结果。目标是指具体的工作指标，是为实现最终结果而做工作的过程和中间阶段要获得的、具体的、近期的阶段性的成果；有阶段性目标和结果性总目标，有长期目标和短期目标等。

（一）长期目标的制定

一般情况下，长期目标都比较概括、抽象，对整个介入工作具有一定指导意义，而且是执行时间较长的目标。制订长期目标主要依据残疾人需要在各相关领域需要达到的水平与目标，残疾人家人的意见与需求，实施介入计划所需要的环境条件，以及社会工作者对残疾人特点与需求的了解和观察。

（二）拟订短期目标

短期目标是在较短时间内应该达成的介入目标，相比长期目标，短期目标更为精确、细致，是组成长期目标的基础。

制定短期目标需要针对各领域长期目标，以残疾人发展需要为基础，在各领域选择前后相关联的阶段目标，且需要明确各短期目标的具体实现或达成标准与元素。

每一个短期目标的实施时间以7—15天为宜，达成度60%以上为通过，80%为良好，90%以上为优秀，由家长（家人）和社会工作者共同督促残疾人完成。

（三）制定目标的要求

不论是短期目标，还是长期目标，目标的陈述都要简明易懂，重在指导、促进残疾人的成长。目标应该可观察、可记录和可测量，包括从持续时间、发生频次或发展强度等角度进行量化；目标的表述应该具体、精确、细致，如能够"独立完成""在辅助下完成"；目标的表述最好使用描述行为动作的词汇，如"拿起来""捏住""握紧""抓住"等，以便残疾人按指令完成任务；对行为目标的表述应该完整准确，如要求孤独症患者清楚表达意愿，"我要妈妈抱抱""我要喝水""我想上厕所"等。最后，还要让残疾人及其家人在制订目标之初就清楚地认识到目标内容、标准及其对残疾人本人、家庭的意义。

（四）介入目标类型

残疾人社会工作的介入目标有不连续目标和连续目标两种。不连续目标是指一次性行动即可解决的目标，而连续目标则是需要通过多次持续的行动，逐步积累才能达到或实现的目标。具体地说，介入目标包括：获得具体物品、服务和资源；涉及个人生活的重要决策、解决危机、减缓困扰或去除阻碍改变的因素；通过改变沟通模式、互动行为、角色或规模修正社会系统的架构；通过长期计划实现抱负；识别成长或改变的基本价值，去做社会服务以发挥个人潜能等。

二、介入计划的撰写

介入计划是指社会工作介入服务对象需要的整体方案，是改变服务对象态度和行为的一套方法。在介入计划撰写中，一般结合案主问题或需求，在与案主或亲人的商榷中，拟定针对问题或需求确定解决措施。

（一）介入计划制订的基本原则

1. 可行性。在制订计划时，社会工作者要同服务对象进行商榷。在协调服务对象和社会工作者双方的时间、精力的同时，还应考虑资源的可利用性。最后对形成的计划进行一个设想，确定计划的方案是否切实可行，以保证计划顺利实施。

2. 个别化。残疾人存在许多特殊情况，个别化即针对残疾人具体情况制订的计划。

3. 正向性。在制订计划的过程中应多使用有正能量的语言，一方面使整个计划看起来积极向上，另一方面也要对服务对象起到一个心理暗示的作用。这样有助于激发服务对象的潜能，并将其关注的焦点从自卑转移到努力完成计划上来。

4. 发展性。计划不是一成不变的，而是与时俱进的，它随着在介入中实际情况和服务对象的接受程度等情况的变化而变化。计划具有发展性，当遇到阻碍计划实施的情况时，也可据实际情况适当地调整计划，但必须围绕最终目标的达成进行调整。

5. 明确性。计划必须明确地提出社会工作的目标、达到的效果、服务时间、将做什么、有什么条件等，应明确、可度量，以便更好地做出评估。

6. 参与性。参与性就是强调在为残疾人制订社会工作计划时，应充分考虑服务对象的参与性。这不仅是指要同服务对象一起制订计划，而且还指要考虑计划实施过程中服务对象的参与情况。对于智力障碍、其他残障儿童等没有完全民事行为能力的残障者，则要考虑其家人的意见。

（二）明确目标计划

对残疾人制订的社会工作计划，与服务对象及其家人一起探讨可行的方案。首先应明确服务的总体目标和具体目标。总体目标是服务在总体上要达到的目标，它规定社会工作服务的大方向，通常是比较宽泛的；而具体目标是可被观察和测量的，它是指对服务对象在其情境和行为方面希望发生的具体变化的清楚表达。确定服务目标后，应该围绕服务的总体目标和具体目标制定相应的服务方案。服务方案要为实现总体目标和具体目标服务。

（三）介入内容

一般介入工作的内容主要有伤残预防、教育康复服务和机会均等。根据残疾人需求以及社会工作者可以汇集到的资源，按照评估内容，以优先解决残疾人目前最急切的问题为主。

（四）介入执行的时间与地点

撰写介入计划时，应明确残疾人或其家人介入时间、地点等相关内容。根据残疾人情况，一般选择其情绪较好、精力较充沛的时间段进行；在地点安排上，以残疾人的方便为主。

三、与案主订立介入合约

订立合约是社会工作者通过开展会谈、评估工作，基本掌握残疾人特殊服务需求的目标之后，社会工作者与残疾人之间各自对自己角色、介入策略及工作任务认定的过程。

1. 社会工作合约的内容。社会工作合约一般包括以下六个方面的内容[1]，即长远和特定目标（一般不超过3个），残疾人任务（需要改变的系统），参与者任务（家庭、系统、社区、组织等），介入时间，介入步骤、方法和策略，绩效测量与评估。

2. 制订介入计划的原则。在签订介入合约之后，社会工作者就需要与残疾人及其他相关参与者进行商讨，制订周密的介入计划。制订介入计划一般应该遵循可行性、个别化、正向性、发展性、明确性和参与性等几个基本原则。所谓可行性原则，是指社会工作者要同残疾人进行协商，协调双方时间、资源的现实性；所谓个别化原则，是指残疾人因残疾类型、程度的差异，每个人都是一个非常独特的个体，其特殊需要具有非常大的差异，介入计划需要针对每一个残疾人的特殊性制订，基本没有完全相同的两个介入方案；所谓正向性原则，是指计划应该多使用充满正能量和激励含义的语言，对残疾人具有积极的心理暗示作用，有助于激发潜能，激励

---

[1] 马洪路，中国社会工作教育协会. 残障社会工作[M]. 北京：高等教育出版社，2007.

斗志；所谓发展性原则是指要在介入计划中明确，计划是随着介入进程的推进，随着相关资源、支持的变化与调整，随着残疾人状况的改变而不断调整的，不是固定不变的；所谓明确性原则，是指介入计划必须明确提出介入目标、预期效果、介入时间与方式、绩效评估等，各环节与工作的计划尽量做到步骤清晰、方法简明、目标准确，最好有可以量化的指标，以便进行绩效评估；所谓参与性原则，就是强调残疾人参与介入计划制订与执行的整个过程，如果因为服务对象是儿童，或因患精神疾病等问题而不能直接参与的，应该由其父母或其他监护人全程参与。

四、介入

（一）介入的策略

介入阶段是社会工作者根据介入计划，执行合约内容的阶段，也是展开专业服务即社会治疗的过程。这一阶段的工作在于通过提供伤残预防、康复服务和机会均等各方面的服务与支持，改变残疾人案主困境，促进其成长，保障其合法权益，提高其生活质量。

一般来说，社会工作介入策略可以分为与残疾人一起行动、代表残疾人采取行动两种，也可以称为直接介入和间接介入两种方式。前者包括帮助残疾人认识和运用现有资源，及时进行危机干预，发展残疾人自身能力等，后者则是通过争取政策、专业支持等，协调各种资源、改造环境，重构相关社会组织与机构等[1]。同时，社会工作者介入策略具有三个层次的行动与表现，即个体治疗康复层次，小组和社区康复层次，权利保障的社会行动层次[2]。

社会工作者在介入阶段开展工作的时候，一般需要遵循自决、互动、个别化、目标和效益等原则。自决原则是社会工作者尊重残疾人自主性和主动性的表现；互动原则强调社会工作者需要与残疾人及其家庭建立专业信赖，

---

[1] 王思斌. 改革中弱势群体的政策支持[J]. 北京大学学报，2004（3）.
[2] 马洪路，中国社会工作教育协会. 残障社会工作[M]. 北京：高等教育出版社，2007.

双方都不能单独行动；而效益原则意味着双方都要付出相应的时间和精力。

（二）介入模式

1. 危机介入模式

危机介入模式就是在残疾人处于危急状态时，社会工作者介入进行治疗和调适。毕竟，每个人都可能在生命历程中，遭遇各种各样的情感危机等，需要时间接受和适应，有时甚至可能需要较长时间。危机介入是一种非常特殊的介入方式，目的在于帮助残疾人消除紧张情绪，调适心态，逐渐走出危机，非常适合于处理突发公共事件、个人遭遇不测或遭遇重大打击等。虽然危机介入一般在危机发生后的6—8周内进行，但由于残疾可能会永久性改变人的身体状态与功能，永久性改变人的生活，所以社会工作者需要在危机出现较短的时间内，指导残疾人进行长远规划，与残疾人一起面对现实、展望未来，谋划长期的生活计划，比如生活适应计划、教育与康复计划、环境调整计划等。

2. 增能介入模式

增能介入模式是把增能理论运用于残疾人社会工作实践，在实际应用中要特别注意以下方面的问题[①]。第一，社会工作者需要通过不断反思推动残疾人问题应对、调适或社会改变，不断反思那些可能妨碍问题解决的具有压迫性或让残疾人失去权能的不良环境。第二，社会工作者需要通过运用动机激励等充权技巧，不断激发残疾人内在的行动欲望与动机，比如可以通过满足其基本需要的方式，引导残疾人逐渐发现、积累自信心，不断提高其成就感和自尊，同时运用认知改变的技巧，将其压力与困难归因于外在环境、减少心理压力。第三，社会工作者还需要不断传授解决具体问题的技巧，通过解决具体问题促进残疾人提高自信心，形成积极的自我暗示。最终，社会工作者还要结合实际，努力推动社会与环境的不断改变。

3. 倡导介入模式

倡导介入模式，是社会工作者以残疾人代表的身份，收集整理残疾人的个体、群体特殊需要，向政府有关部门、社会机构等及时传递，维护残疾人

---

① 史柏年. 社会工作实务（2009年中级）[M]. 北京：中国社会出版社，2009.

合法、合理的，平等的社会权益。这是因为残疾人受活动能力、经济水平、文化水平等限制，难以完整、及时向社会传递、表达诉求，甚至有很多残疾人自己也并不能完整表达自己的需要，导致不是社会没有为他们提供服务，而是不知道什么人、需要什么特殊服务。在这种情况下，社会工作者采用倡导介入模式，以残疾人代表的身份进行呼吁和争取，就显得非常有意义。

4. 自助小组

自助小组是残疾人资源网络的重要组成部分，自助小组模式是通过残疾人自己组织或专项活动小组，让残疾人接触残疾文化，发现状态类似的案例与榜样，通过榜样示范与引导作用，发挥相互支持和教育示范作用。自助小组一般均呈现为灵活的开放式小组样态，随时接纳新成员，规模可大可小。社会工作者在小组中并不是主角，只是促进者、协助者，其作用也仅仅是提供咨询、初期的培训，帮助确立小组核心人物等，所以自助小组模式的真正主人是残疾人自己。

5. 社区工作模式

社区工作模式是指社会工作者积极组织和协调社区内有关部门和人员，充分开发和利用社区资源，为残疾人提供医疗、教育、康复、职业和社会等各方面的支持与服务。社会工作者一般可以通过调动资源、创造新资源、社区联络、社区倡导与教育等四种途径与方法[1]，开展社区工作。

调动资源就是社会工作者协助残疾人在所居住的社区内寻求原本存在的，只是还没有被开发、挖掘的，那些潜在的、有帮助的人际网络或服务资源。比如邻居的人力与专业能力，开设在本社区的社会机构、商业机构、志愿者组织。

创造新资源就是社会工作者协助残疾人新建立或发展支持资源。比如建立残疾人家庭支持与互助小组，建立志愿者团队、残疾人权益促进会、残疾人问题兴趣小组，以及建立残疾人服务平台等。

社区联络就是将生活或工作在社区范围内的相关组织、人员，构建成为一个能够合作的网络和关系，为残疾人提供良好资源，可以是专门针对

---

[1] 范明林. 社会工作方法与实践[M]. 上海：上海大学出版社，2005.

某些残疾人、某项事件或问题的短期的、临时的联络与合作，也可以是基于为残疾人提供长期服务的持续性、稳定性工作联络与合作机制。

最后，也是社区工作模式中最为常见的工作途径与方法——社区倡导与教育，即社会工作结合工作重点，在社区内组织相关宣传与教育活动，比如散发宣传品、举办讲座或组织宣传教育活动等，提高社区居民文明素养，提高残疾认知与接受水平，消除偏见和歧视，增强扶残助残意识，倡导助人为乐等社会公德；同时结合实际为社区建设提出无障碍环境建设的意见与建议。

6. 个案管理模式

社会工作的专业服务与介入基本都是"一对一"的个别化服务，因而与其说个案管理模式是一种独立的社会工作模式，不如说是所有社会工作者在介入时，都需要完成的任务和资料收集、整理、管理的过程。"一对一"的个别化服务与案例式管理有利于提高服务的针对性和实效性，尤其是对精神残疾或进行性残疾人（如老年痴呆症）等，他们需要的往往是持续性的、系列的服务，包括医疗救治、生活照护、活动支持、教育与康复、就业、文化娱乐等，"一对一"的个别化服务与案例式管理可以综合提出服务与支持方案，有效避免服务内容的条块化与分割化问题，避免服务机构与人员之间推诿扯皮、相互推卸责任。

7. 社会康复模式

社会康复模式是社会工作者通过各种有效措施，为残疾人创造适合其生存、创造、发展、实现自身价值的环境，帮助其享受与健全人同等的权利，达到全面参与社会生活的目的。这些措施一般包括支持与鼓励、情绪疏导、观念澄清、行为改变、环境改善等①。

---

① 张金明. 儿童残疾的预防、早期发现和早期干预[M]. 北京：华夏出版社，2010.

第四节　结案评估与结案

一、结案评估

（一）评估的目的

结案评估的目的是及时总结成效、发现不足，以促进工作。所以需要进行介入效果考察，包括预期目标实现程度、残疾人自身及环境改变情况，还要总结经验与不足，提出改善与提高建议，检验社会工作途径与方法成效，收集整理资料以加强管理，并为开展相关研究提供基础。

（二）评估的类型

结案评估的类型是结果评估。评估包括过程评估与结果评估两种类型，也可以分为定性评估与定量评估。过程评估是在介入行动中，结合计划的进程与内容所进行的诊断性评估，主要作用是监测、督导，以便及时调整介入策略与方法。结果评估是结案时进行的最终评估，是相对介入计划中的目标进行评估，结果评估是对理想结果和结果实现程度的检视。

（三）评估的作用

做好结案评估，有利于监督残疾人社会工作介入的程度和水平，有利于促进社会工作者开展反思、促进专业成长，也有利于巩固介入成效与改变的成果，还能够及时进行社会问责。对于残疾人社会工作介入所出现的问题，需要向残疾人本人及其家庭做出交代，即介入是否有效、问题是否被解决、需求是否得到满足、策略是否有效、双方协议是否付诸实施等；也需要向政府相关部门、社会做出反馈，专业目标是否得以实现、社会功能是否得以发挥、社会资源是否被浪费；最后，还可能会需要根据评估结果对社会工作者或相关机构进行专业问责。

（四）评估的方法

结案评估最为常见的具体方式是基线测量法、目标达成度量表、服务对象满意度评估。基线测量法是在介入开始时，首先对残疾人状况进行测量，建立一个服务基础水平线（基线），结束时再次进行评估，对比残疾人相关状态的前后变化情况，以评判目标达成度。而目标达成度量表则反映了在建立专业关系时，预先制订目标内容与量化指标，结案时对比量化指标的达成情况。第三种常用的方式是满意度评估，即残疾人从主观上是否感到满意，是否体验到项目积极影响与效益。虽然上述三种方式都很常见，但基线测量法需要详细的数据支撑与验证，而相关数据变化未必真正具有显著性，目标达成度量表的评估结果全部基于达成比例与程度，虽然准确、可靠，但量化目标的编制本身比较困难，且很多政策的落实、社会支持与服务不能通过数据体现，所以这两种方式在社会工作介入的结案评估实践中，总是会遇到这样那样的困难。反而是满意度评估更为常见，即社会工作者根据介入进程、效果等，设计出一系列相关问题，由残疾人根据自己的感受进行回答，对介入工作进行评价。

二、结案

按照介入计划，在社会工作者持续开展相关工作之后，残疾人相关问题得到解决，或残疾人已经有能力独立解决问题之后，就进入结案阶段。结案阶段的内容与进程其实是已经在介入计划中事先安排好的，是社会工作者和残疾人开始逐步结束专业关系的行动。介入进入结案阶段时，社会工作服务结果不外乎有以下四种情况，即目标实现如期结案，残疾人抗拒服务或不愿继续接受服务，社会工作者或残疾人身份发生变化不能继续服务，目标超出服务能力难以持续进行。

（一）结案阶段的任务

进入结案阶段后，社会工作者与残疾人双方需要共同探讨结案感受、讨论得失，再次论证成效，承认并巩固已经取得的成效与改变，明确未来方向与问题、困难，以及需要的转介服务。结案程序与进程可以由社会工作者与残疾人自己进行，也可以委托或授权其他相关机构或第三方机构进行评估。

（二）跟进服务

社会工作完成介入并结案后，并不意味着社会工作者所有工作的完全结束，社会工作者依然需要根据实际情况做跟进与回访工作，比如与残疾人保持电话联系、网络联系，甚至进行小组会谈、个别会面等，不仅可以持续帮助社会工作者评估服务效果，更重要的是让残疾人感受到社会工作者本人以及来自社会的关心，还可以帮助持续提供服务的社会工作者建立与残联、同事、社区或者社会工作站的联系，协助其熟悉残疾人所居住的社区环境、生活环境、社会环境，协助寻求政策法规、相关知识，提供走访可能需要的残疾人相关信息，以及提示相关重点人群、重点问题、难点问题等。

（三）服务总结与反思

建立服务关系：残联领导、同事、社区居委会或者工作站的同仁。

熟悉工作环境：社区环境、治安、卫生、人口结构、姓氏分布、交通路线。

学习服务资料：政策法规（残疾人、低保家庭、老年人、优抚安置等扶持政策），服务人群的生理、心理特点与问题。熟悉政府的工作流程，熟悉撰写公文材料。

走访服务对象：了解残疾人士的问题和需求，宣传社会工作，与残疾人士建立初步的联系。（对社区所有残疾人士家庭进行走访）

建立服务档案：利用走访获得的信息，梳理出服务对象的需求，制定需求列表，并为每一个残障人士建立一个服务档案。

关注重点人群：对重点人群（重残人士、双残家庭、孤寡老人、五保老人、单亲家庭）进行重点家访，发展成为常规个案，制订探访计划。

制订服务计划：根据走访得来的信息，列出服务对象的需求和问题列表，制订服务计划（至少为期半年的服务计划）。

整合各种资源：政府资源、社会公益资源（义工）、服务对象个人资源。

实施专业服务：常规个案服务、家属支援小组、社区义工发展、社区教育讲座。

第五章　残疾人社会工作法律法规与政策

残疾人生活质量的提高，全民精神文明水平的提高，与国家制定、颁布实行的残疾人法律法规，以及其他法律法规政策中对残疾人相关事项的严格规定有着密切关系。本章主要介绍涉及残疾人教育、康复、职业培训、托养服务、无障碍设施和婚姻等相关的法律法规，以帮助社会工作者在残疾人社会工作实务中，增强法治意识、加强法治宣传，在必要时拿起法律武器为残疾人维护权利、谋福利。

第一节　我国残疾人法律法规

自从有了人类，残疾现象就发生了，并一直伴随着人类的发展。对残疾人实施康复，通过治疗、训练使他们在身心发展方面尽可能恢复到正常水平，也是必然的需求。同样，对残疾人实施各级各类教育，根据残疾类别和程度的不同，教育安置方式与教育方法、途径和教育内容、目标也有很大不同。截至2022年底，我国对残疾人教育安置的方式有专门的特殊教育学校、附设在普通学校的特殊教育班、随班就读和送教上门等①，一些程度较重的残疾儿童和成年人，由医院、训练机构进行康复训练，同时实行普通教育。本节内容以残疾人基础教育、职业教育和高等教育为切入点，介绍相关教育法律法规。希望社会工作者在将来的工作中，从基础教育入学安置，到中等教育、职业教育以及高等教育接受方面，都可以为残疾人提供咨询服务。

---

① 刘全礼. 中国特殊教育发展报告（2016年）[M]. 南京：南京师范大学出版社，2018.

一、《中华人民共和国宪法》

《中华人民共和国宪法》是中华人民共和国的根本大法，规定了国家根本制度和根本任务，是人民行为的基本法律准则，是其他一切法律法规的基础和前提，是国家法律体系的核心、法律制度的基石，拥有最高法律效力。中华人民共和国成立后，曾于1954年9月20日、1975年1月17日、1978年3月5日和1982年12月4日通过四个宪法。我国现行宪法是1982年全国人大五届五次会议通过，并历经1988年、1993年、1999年、2004年和2018年五次修订。宪法明确规定了国家和社会保障残疾人权益，第四十五条规定，我国"年老、疾病或者丧失劳动能力"的公民，有从国家和社会获得物质帮助的权利，国家注重发展社会保险、社会救济和医疗卫生事业。这一条还规定国家和社会"保障残废军人的生活"，这里依然使用"残废"一词；国家和社会"帮助安排盲、聋、哑和其他有残疾的公民的劳动、生活和教育"，对残疾人的分类非常简单[1]，虽然只是沿用"盲、聋、哑"三个较为易懂的、口语化称谓，却明确了国家与社会对残疾人的义务。

二、《中华人民共和国残疾人保障法》

《中华人民共和国残疾人保障法》是为了维护残疾人合法权益、发展残疾人事业，保障他们平等充分参与社会生活、共享社会发展物质文化成果而制定的法律，是我国第一部关于残疾人的专项法律。该法于1990年12月由第七届全国人民代表大会常务委员会第十七次会议通过，2008年4月由第十一届全国人民代表大会常务委员会第二次会议修订，并根据2018年10月26日第十三届全国人民代表大会常务委员会第六次会议《关于修改〈中华人民共和国野生动物保护法〉等十五部法律的决定》修正。

残疾人保障法共九章，对涉及残疾人教育、劳动就业、康复、文化生活、社会保障和无障碍环境等内容做出了详细规定。

---

[1] 全昌国. 社会福利学概论[M]. 北京：线装书局，2015.

该法在第二章对残疾人康复权利、机构、研究、人才培养和辅助器具做出规定。第十五条规定"国家保障"残疾人享有康复服务权利，各级政府"应当"创造条件，"建立和完善"服务体系，实施重点"康复项目"，"鼓励和扶持"社会力量办康复机构；政府还应当"组织和指导"各方面力量，开展"社区康复"。残疾人本身则"应当"努力进行功能、自理能力和劳动技能训练。

该法的第三章对残疾人教育权利、教育发展方针、教育机构以及招生、教学等进行原则性规定。第二十一条首先提出国家"保障残疾人平等接受教育的权利"，政府"应当"将残疾人教育作为"国家教育事业的组成部分"，统一规划、加强领导，这就明确了残疾人教育的国民教育性质。其次，提出政府、社会、学校"应当采取有效措施"，解决残疾儿童、少年就学困难，提供免费教科书，补助寄宿、生活费等费用，资助贫困学生。

第三章第二十二条明确提出了我国发展残疾人教育的方针，即"实行普及与提高相结合、以普及为重点的方针，保障义务教育，着重发展职业教育，积极开展学前教育，逐步发展高级中等以上教育"①，这也是我国各地在残疾人教育中必须遵循的基本要求。

另外，该法还规定了实施残疾人教育需遵循的相关要求、教育机构设置原则，普通教育机构有招收残疾儿童、少年的责任，以及特殊教育教师和手语翻译员享受特殊教育津贴等。

三、《中华人民共和国无障碍环境建设法》

为加强无障碍环境建设，保障残疾人、老年人及其他活动不方便的特殊人群，能够平等、充分、便捷地参与和融入社会生活，十四届全国人大常委会第三次会议于2023年6月通过《中华人民共和国无障碍环境建设法》，该法于2023年9月1日起施行。

---

① 米振荣. 未成年人保护法律知识百问百答[M]. 北京：中国民主法制出版社，2021.

《中华人民共和国无障碍环境建设法》的内容包括总则、无障碍设施建设、无障碍信息交流、无障碍社会服务、保障措施、监督管理、法律责任和附则等八个部分。该法首先明确立法目标是为残疾人、老年人及其他有需求的人，能够"自主安全地通行道路、出入建筑物以及使用其附属设施、搭乘公共交通运输工具，获取、使用和交流信息，获得社会服务等提供便利"，同时明确了坚持中国共产党领导、发挥政府主导作用，与适老化改造相结合、与经济社会发展水平相适应等建设原则；明确了县级以上政府的责任，残联、老龄协会等社会组织的责任。

该法明确规定，我国的无障碍环境建设包括无障碍设施建设、信息交流和社会服务三个方面。无障碍设施建设是指"新建、改建、扩建的居住建筑、居住区、公共建筑、公共场所、交通运输设施、城乡道路等，应当符合无障碍设施工程建设标准"，县级以上人民政府应当针对现有的、不符合无障碍要求的设施进行改造。无障碍信息交流是指政府相关部门在发布重大信息或重大灾害、事故、灾难、公共卫生事件、社会安全事件等时，应当同步采取语音、文字、盲文、手语等无障碍信息交流方式，从而实现残疾人、老年人方便获取公共信息。无障碍社会服务则是指车站、机场、商业机构等公共服务场所，应当为残疾人、老年人等配备必要的标注指引和辅助器具。

四、《中华人民共和国民法典》

（一）残疾人及其组织

在《中华人民共和国民法典》第一编的"总则"部分，明确将残疾人作为法律意义的"自然人"。第二十四条规定，"不能辨认或者不能完全辨认自己行为的成年人，其利害关系人或者有关组织，可以向人民法院申请认定该成年人为无民事行为能力人或者限制民事行为能力人"，对于部分智力残疾人和精神残疾人而言，是不能辨认或者不能完全辨认自己行为的，其监护人法定具有监护义务。没有监护人的，其他利害关系人或相关组织可以在需要的时候，向人民法院申请认定其为无民事行为能力人或限制民事行为能力人，人民法院则根据其智力、精神健康状况①，依法进行认定。

残疾人联合会是为残疾人服务的人民团体。中国残疾人联合会（China Disabled Persons'Federation）简称中国残联，成立于1988年3月，是国家法律确认、国务院批准的，由残疾人及其亲友和残疾人工作者组成的人民团体，是全国各类残疾人的统一组织，是党和政府密切联系残疾人的桥梁纽带。中国残联设有中国盲人协会、中国聋人协会、中国肢残人协会、中国智力残疾人及亲友协会、中国精神残疾人及亲友协会5个专门协会，以及中国残疾人福利基金会、中国残奥委员会、中国特奥委员会、中国聋人体育协会、中国特殊艺术协会等12个所属社团。其职责是维护残疾人权利；团结、激励残疾人；沟通政府、社会与残疾人之间的联系；协助制定和实施残疾人法律法规、政策规划，促进残疾人事业发展；承担政府残疾人工作委员会日常工作②。《中华人民共和国民法典》第一编的"总则"部分第二十四条和第三十六条，将残疾人联合会与妇联、居委会、村委、学校、医疗机构等组织或机构依法认定为有关组织。

《中华人民共和国民法典》第一编的"总则"部分第五章关于"民事权利"的内容中，特别规定法律对残疾人等民事权利保护有特别规定的，依照其规定。

（二）与残疾人相关的合同规定

在《中华人民共和国民法典》第三编"合同"中第二分编"典型合同"部分，针对"赠与人在赠与财产的权利转移之前可以撤销赠与"这一规定，特别强调"具有救灾、扶贫、助残等公益、道德义务性质"的赠与合同，不属于一般意义的赠与合同，不适用本款规定③。

（三）与残疾人相关的家庭关系

在《中华人民共和国民法典》第五编"婚姻家庭"部分，规定"婚姻家庭受国家保护"，在实行"婚姻自由、一夫一妻、男女平等"婚姻制度

---

① 刘敏，陈爱武.《中华人民共和国家事诉讼法》建议稿及立法理由书[M]. 北京：法律出版社，2018（5）.

② 严兴科. 康复医学导论[M]. 北京：中国中医药出版社，2017.

③ 法律出版社法律应用中心. 中华人民共和国民法典[M]. 北京：法律出版社，2020.

的基础上[①]，民法典特别强调保护包括残疾人在内的妇女、未成年人和老年人等特殊群体的合法权益。在收养方面，对残疾未成年人的收养条件做了适当放宽规定，第一千一百条规定，收养残疾未成年人"可以不受前款"约束，即无子女收养人收养两名、有子女收养人收养一名的规定，也不受收养人应当具备的年龄、疾病等相关条件限制。

（四）与残疾人相关的侵权责任规定

在《中华人民共和国民法典》第七编"侵权责任"部分，关于损害赔偿的规定中，对于造成残疾后果的，除按规定赔偿"医疗费、护理费、交通费、营养费、住院伙食补助费"这些属于基本治疗与康复费用，以及误工费等一般损害赔偿以外，还特别强调了"应当"赔偿用于购买辅助器具的费用和残疾赔偿金[②]。

五、其他相关法律

（一）《中华人民共和国教育法》

《中华人民共和国教育法》是发展教育事业的根本大法，规定了我国教育事业发展的重大方针与政策。《中华人民共和国教育法》在第十条将残疾人教育与少数民族、边远贫困地区一道列为需要国家重点扶持和发展的社会事业，强调残疾人教育需要得到整个社会更多的扶持。同时，教育法对残疾人教育做出了原则性规定，即国家、社会、学校及其他教育机构需按照残疾人的"身心特性"开展特殊教育，按照其特殊需要开展教育，并为他们提供"帮助"和"合理便利"。

（二）《中华人民共和国义务教育法》

按照《中华人民共和国义务教育法》规定，我国实行九年义务教育制度。义务教育是国家统一实施的义务的、免费的教育制度，所有适龄儿童与少年都享有并必须接受义务教育，这是国家必须予以保障的公益性事业。

---

① 泰州残联. 《民法典》涉及残疾人的主要条款[N]. 泰州日报，2021-06-21.
② 法律出版社法规中心. 侵权责任法[M]. 北京：法律出版社，2021（6）.

《中华人民共和国义务教育法》对教育保障、机构设置和教育责任做出了明确规定。在第六条关于教育保障方面，《中华人民共和国义务教育法》规定国务院和县级以上地方人民政府"应当合理配置教育资源"，促进义务教育"均衡发展"，保障残疾适龄儿童、少年接受义务教育。

《中华人民共和国义务教育法》的第十九条规定了特殊教育机构的设置义务，县级以上地方人民政府"根据需要设置相应的实施特殊教育的学校（班）"，可见我国义务教育机构设置与管理基本权限是在县级及以上各级人民政府，开展残疾人义务教育是政府责任与义务。同时，第十九条还规定特殊义务教育服务对象是"视力残疾、听力语言残疾和智力残疾"的适龄儿童少年[①]，显示出义务教育对象仅限于这三类残疾儿童少年（简称"三残儿童"，当时听力语言残疾还没有细分为听力残疾和言语残疾）。这一规定已经远远落后于我国残疾人教育事业的发展。2017年5月1日起施行的《残疾人教育条例（修订）》规定"保障适龄残疾儿童、少年接受义务教育的权利"。在国务院办公厅2021年12月颁布的《"十四五"特殊教育发展提升行动计划》中，特殊教育对象除视力、听力、言语、肢体、智力、精神和多重残疾之外，还包括其他有特殊需要的儿童青少年。

《中华人民共和国义务教育法》还对承担残疾儿童、少年义务教育的特殊教育学校（班）基本条件，做出了规定，即"应当具备"适应残疾儿童、少年的学习、康复、生活特点场所和设施；对普通学校接收残疾适龄儿童、少年做出了规定[②]，即"应当接收"能够接受普通教育的残疾适龄儿童、少年，并为其"提供帮助"。

另外，《中华人民共和国义务教育法》对"拒绝接收"能接受普通教育的残疾适龄儿童、少年的普通学校，明确规定由县级人民政府责令其"限期改正"，直至"依法给予处分"。

（三）《中华人民共和国未成年人保护法》

作为未成年人保护领域的综合性法律，《中华人民共和国未成年人保

---

① 杨颖秀. 教育法学[M]. 北京：中国人民大学出版社，2012.
② 劳凯声. 中国教育改革30年 政策与法律卷. 北京：北京师范大学出版社，2009（1）.

护法》对未成年人享有的权利、保护基本原则和保护责任主体等做出明确规定。规定了残疾人联合会应当协助有关部门做好未成年人保护工作，维护合法权益。政府应当保障残疾未成年人接受义务教育的权利，保障能适应校园生活的残疾未成年人就近在普通学校、幼儿园接受教育，鼓励和支持社会力量开办特殊教育学校、幼儿园等[①]。

（四）《中华人民共和国高等教育法》

制定和实施高等教育法的目的是更好地发展高等教育事业、实施科教兴国战略，促进社会主义物质文明和精神文明建设。《中华人民共和国高等教育法》第九条对残疾学生入学做出了相关规定，即"公民依法享有接受高等教育的权利"，任何一所高等学校都必须招收"符合国家规定录取标准"的残疾人，不得因其残疾而拒绝招收[②]。

（五）《中华人民共和国学前教育法（草案）》

学前教育是我国教育发展最快的一个部分，也是当前教育发展的最大短板，为促进学前教育发展，《中华人民共和国学前教育法（草案）》于2023年6月2日获国务院常务会议通过，已提请全国人大常委会审议[③]。

该草案明确国家建立学前教育资助制度，保障经济困难残疾儿童接受免费学前教育；县以上人民政府应当统筹实施多种形式的学前特殊教育，推进融合教育，普通幼儿园应当接收"具有接受能力的残疾学前儿童入园"；对体弱和残疾学前儿童应当予以特殊照顾；残疾学前儿童生均财政拨款标准和生均公用经费标准适当提高。

（六）《中华人民共和国职业教育法》

《中华人民共和国职业教育法》是为了推动职业教育高质量发展，提高劳动者素质和技术技能水平，促进就业创业，建设教育强国、人力资源强国和技能型社会，推进社会主义现代化建设而制定的专项法律。该法规定国家"扶持残疾人职业教育"；各级各类职业学校和培训机构应当加强"无障碍

---

① 中国法制出版社. 中华人民共和国未成年人保护法典（第4版）[M]. 北京：中国法制出版社，2021.

② 石连海，徐珍. 教师法治教育读本[M]. 北京：中国轻工业出版社，2009.

③ 虞永平. 保障儿童受教育权是学前教育立法的核心追求[N]. 中国教育报，2020-09-27.

环境建设"；支持"残疾人教育机构、职业学校、职业培训机构及其他教育机构"开展残疾人职业教育；残疾人职业教育教师享受特教津贴。

（七）《中华人民共和国家庭教育促进法》

《中华人民共和国家庭教育促进法》的制定和实施，目的是发扬中华民族重视家庭教育优良传统，引导注重家庭、家教和家风，增进家庭幸福与社会和谐[①]。该法第九条提出，残疾人联合会应当积极为家庭教育提供社会支持；应当组织、举办预防未成年人犯罪宣传教育活动。

（八）《中华人民共和国爱国主义教育法》

《中华人民共和国爱国主义教育法》于2023年10月24日在十四届全国人大常委会第六次会议表决通过，自2024年1月1日起施行，旨在加强爱国主义教育、传承和弘扬爱国主义精神的法律。该法第十三条规定了残疾人联合会等群团组织应当发挥优势，"面向所联系的领域和群体开展爱国主义教育"。

（九）《中华人民共和国预防未成年人犯罪法》

制定和实施《中华人民共和国预防未成年人犯罪法》，是为了保障未成年人身心健康，培养良好品行，预防违法犯罪。该法规定残疾人联合会应当"培育社会力量"，协助相关部门做好预防未成年人犯罪工作。

（十）《中华人民共和国行政处罚法》

制定和实施《中华人民共和国行政处罚法》是为了规范行政处罚设定和实施，保障和监督行政机关有效实施行政管理，维护公共利益和社会秩序，保护公民、法人或者其他组织的合法权益[②]。该法第三十一条明确规定，如何处罚精神病人、智力残疾人做出的违法行为。

（十一）《中华人民共和国国家赔偿法》

《中华人民共和国国家赔偿法》不仅明确了国家对自伤、自残造成的伤害不承担赔偿责任，还详细规定侵犯公民生命健康权的赔偿金计算方法。

---

① 张明娥. 职业院校教师胜任力模型构建及其评价机制研究[J]. 黄冈职业技术学院学报，2022（4）：23-26.
② 邓理. 司法鉴定人法律知识概论[M]. 郑州：河南人民出版社，2002.

（十二）《中华人民共和国教师法》

《中华人民共和国教师法》在最后的附则部分，明确规定该法相关要求均包含特殊教育学校。

（十三）《中华人民共和国妇女权益保障法》

《中华人民共和国妇女权益保障法》规定，工会、共产主义青年团、残疾人联合会等群团组织应当在各自的工作范围内，做好维护妇女权益的工作。

（十四）《中华人民共和国体育法》

2022年6月24日修订的《中华人民共和国体育法》规定："国家依法保障公民平等参与体育活动的权利，对未成年人、妇女、老年人、残疾人等参加体育活动的权利给予特别保障。""全社会应当关心和支持未成年人、妇女、老年人、残疾人参加全民健身活动。各级人民政府应当采取措施，为未成年人、妇女、老年人、残疾人安全参加全民健身活动提供便利和保障。"

（十五）《中华人民共和国刑法》

《中华人民共和国刑法》第十九条规定，"又聋又哑的人或者盲人犯罪，可以从轻、减轻或者免除处罚"。第二百六十一条："对于年老、年幼、患病或者其他没有独立生活能力的人，负有扶养义务而拒绝扶养，情节恶劣的，处五年以下有期徒刑、拘役或者管制"[①]。第二百六十二条之一，以暴力、胁迫手段组织残疾人或者不满十四周岁的未成年人乞讨的，处三年以下有期徒刑或者拘役，并处罚金；情节严重的，处三年以上七年以下有期徒刑，并处罚金。

六、涉及残疾人事业的行政法规

（一）《残疾人教育条例》

我国现行《残疾人教育条例》先后经两次修正，2017年正式实施，共九章。

条例"总则"部分首先明确了残疾人教育的权利、教育性质、发展方

---

① 中国残联. 中国保护残疾儿童法律法规汇编[M]. 北京：中国民主法律出版社，2010（4）.

针，明确了管理责任；详细规定了义务教育入学招生、教育安置、教学组织形式和教学内容等；规定了职业教育的责任、教育机构、招生等，学前教育责任、机构等，高中以上与继续教育责任；详细规定了教师职责、资格与培养培训等；以及条件保障和法律责任等。

（二）《残疾人就业条例》

国家对残疾人就业实行集中就业与分散就业相结合的方针，促进残疾人就业。县级以上人民政府应当将残疾人就业纳入国民经济和社会发展规划，并制定优惠政策和具体扶持保护措施，为残疾人就业创造条件。机关、团体、企业、事业单位和民办非企业单位（以下统称用人单位）应当依照有关法律、本条例和其他有关行政法规的规定，履行扶持残疾人就业的责任和义务。

中国残疾人联合会及其地方组织依照法律、法规或者接受政府委托，负责残疾人就业工作的具体组织实施与监督[①]。用人单位应当按照一定比例安排残疾人就业，并根据残疾人才能特色为其提供适当的工种、岗位。

用人单位安排残疾人就业的比例不得低于本单位在职职工总数的1.5%。具体比例由省、自治区、直辖市人民政府根据本地区的实际情况规定。用人单位安排残疾人就业达不到其所在地省、自治区、直辖市人民政府规定比例的，应当缴纳残疾人就业保障金。集中使用残疾人的用人单位中从事全日制工作的残疾人职工，应当占本单位在职职工总数的25%以上。用人单位应当为残疾人职工提供适合其身体状况的劳动条件和劳动保护，遵循残疾人便利原则，且不得在晋职、晋级、评定职称、报酬、社会保险、生活福利等方面歧视残疾人职工。县级以上人民政府应当采取措施，拓宽残疾人就业渠道，开发适合残疾人就业的公益性岗位，保障残疾人就业。

县级以上地方人民政府发展社区服务事业，应当优先考虑残疾人就业。国家对集中使用残疾人的用人单位依法给予税收优惠，并在生产、经营、技术、资金、物资、场地使用等方面给予扶持[②]。

---

① 浦法仁. 中国社会科学院老年学者文库 应用法律词典. 北京：社会科学文献出版社，2015.
② 隆仕明. 劳动者劳动权益保护法律实务[M]. 北京：法律出版社，2007.

（三）《残疾预防和残疾人康复条例》

《残疾预防和残疾人康复条例》规定残疾预防和残疾人康复工作实行以人为本，预防为主、预防与康复相结合的方针。国家提供基本康复服务，禁止基于残疾的歧视。

县级以上各级残联负责组织与监督残疾预防和康复工作，将残疾人应当按照社会保险有关规定纳入基本医疗保险[①]。各级国家机关、组织、企事业单位和城乡群众组织是做好残疾预防和康复工作的主体。卫生和计划生育主管部门、公安、安全生产监督管理、食品药品监督管理、环境保护等各部门在各自职权范围内，负责残疾预防和康复相关工作。《残疾预防和残疾人康复条例》还对康复机构的举办与职能做了详细规定。

（四）其他相关法规

1. 《特殊教育学校暂行规定》

《特殊教育学校暂行规定》的制定和实施是为了全面贯彻党的教育方针，加强特殊教育学校规范化管理。该规定首先明确了特殊教育学校的培养目标，对学籍管理、教育教学、教师及其他工作人员、日常管理、卫生保健与安全、校园与设施设备，以及学校与家庭、社会的关系等[②]做出了相关规定。

2. 《学校卫生工作条例》

为加强学校卫生工作，提高学生健康水平，《学校卫生工作条例》要求学校应当把健康教育纳入教学计划，开展学生健康咨询；发现有器质性疾病学生，应当配合做好转诊治疗；应当加强对残疾、体弱学生的医学照顾和心理卫生工作[③]。

3. 《中小学幼儿园安全管理办法》

为加强中小学、幼儿园安全管理，保障学校及师生员工人身、财产安全，维护正常教育教学秩序，《中小学幼儿园安全管理办法》对包括特殊

---

① 国务院法制办公室. 中华人民共和国新法规汇编（2017年第3辑）[M]. 北京：中国法制出版社，2017.
② 王利明，马玉娥，安守廉. 残疾人法律保障机制研究[M]. 北京：华夏出版社，2008.
③ 裴岩. 中小学校校长安全管理案头手册[M]. 北京：化学工业出版社，2010.

教育学校在内的所有中小学幼儿园安全工作机构与职责、工作措施，及安全教育、监管、预案等做出详细规定。

4. 《学校体育工作条例》

该条例专项规定学生持医院相关证明，可以申请因残免修或免除体育课考试，但需按规定办理相关手续。

5. 《学生伤害事故处理办法》

该办法规定对校内发生意外伤害，导致学生伤残的，可以委托当地相应鉴定机构，按照国家规定进行伤残标准鉴定。

6. 《中小学校长培训规定》

该规定要求，特殊教育学校校长须与其他中小学校长一样，参照本规定参加相应培训。

7. 《普通高等学校学生管理规定》

该规定专门在学籍管理部分，明确要求根据学校指定医院诊断，患有疾病或者意外伤残不能继续在校学习的学生[①]，准予退学。

8. 《幼儿园工作规程》

该规程要求，对于"家中无人照顾的残疾人子女、具有接受普通教育能力的残疾儿童等"，幼儿园在招生和编班时应予以照顾；幼儿园还应当在体育活动中，对体弱或残疾幼儿予以特殊照顾。规程还规定幼儿园应当为残疾儿童提供帮助和指导。

总之，法律法规是保障残疾人各项权利最基本、最有效，也是最长久的手段。虽然我国已经制定、实施的宪法、劳动法、职业教育法、就业促进法等有残疾人相关内容，也制定、实施了残疾人保障法和残疾人就业条例等专项法律法规，很多地方还制定了地方性法规，但我国残疾人事业发展依然困难重重，主要是因为我国保护残疾人合法权益的法律法规体系尚不健全，还存在执法不严、违法未究现象。比如现行法律法规条文过于笼统与原则、可操作性不强；某些法律还仅限于倡导的层面，强制性不足；

---

① 高校教师资格考试命题研究中心. 高校教师资格考试专用教材（高等教育理论综合）[M]. 成都：电子科技大学出版社，2017.

法律责任、执行机制、监督机制、纠纷解决机制缺乏等①。

第二节　我国残疾人事业发展规划与相关政策

一、《中华人民共和国国民经济和社会发展第十四个五年规划和2035年远景目标纲要》

《中华人民共和国国民经济和社会发展第十四个五年规划和2035年远景目标纲要》（以下简称"十四五"规划）在信息无障碍建设、"一带一路"国家间群体交流、基本公共服务标准体系、困难人员就业帮扶等方面提出要重点关注残疾人，还专门在第五十章，专题列出保障妇女未成年人和残疾人基本权益内容②。这是我国在制定国民经济和社会发展规划方面的重大变化。

专栏19　社会关爱服务行动
01　残疾人服务 加强专业化残疾人康复、托养和综合服务设施建设，补贴110万户困难重度残疾人家庭无障碍设施改造，提升社区无障碍建设水平。
02　困难儿童关爱 支持儿童福利机构建设，提升孤弃儿童集中养治教康水平。加强留守儿童数量较多的欠发达地区未成年人保护设施建设。建设残疾儿童康复救助定点机构，推动残疾儿童普遍享有基本康复服务。

表5-1　"十四五"规划的社会关爱行动

资料来源：《中华人民共和国国民经济和社会发展第十四个五年规划和2035年远景目标纲要》

"十四五"规划的第五十章，专题列出"保障妇女未成年人和残疾人基本权益"，以促进残疾人保障和发展能力的提升，提高关爱服务水平，切实保障其发展权利和机会。具体内容包括以下六个方面。第一，健全帮扶制

---

① 徐函修. 论我国残疾人就业的法律保障：长三角地区地方性法规、规章的比较分析[J]. 北京劳动保障职业学院学报，2014（1）.

② 康丽，曾红艳，凌允. 无障碍环境治理体系构建与实践. 沈阳：辽宁人民出版社，2021.

度，帮助残疾人参加基本医疗和基本养老保险，动态调整收入较低、有经济困难残疾人的生活补贴和重度残疾人的护理补贴标准。第二，不断完善残疾人就业支持体系，优先组织残疾人职业技能培训，重点扶持残疾人自主创业。第三，推进残疾儿童少年教育全覆盖，大力推进融合教育，大力提升特殊教育质量。第四，组建中国康复大学，加强高层次康复专业人才的培养，通过市场大力提高康复服务质量，提高辅助器具的适配率。第五，办好康复、康养机构，大力做好重度残疾人的托养与照护服务。第六，加强和完善无障碍环境建设，加强家庭无障碍改造，加强针对残疾人的服务设施和综合服务能力建设。"十四五"规划所列举出的社会关爱服务行动中（表5–1），第一项就是专门针对残疾人的服务，具体服务内容涉及加强康复、托养和综合服务设施建设，为110万个家庭提供无障碍改造的补贴，大力提升社区无障碍环境建设的水平等①。"十四五"规划还在儿童关爱部分，明确提出要建设残疾儿童救助定点机构，推动普遍享有基本康复服务。

类别	指标	2020年	2025年	属性
收入和就业	1.残疾人家庭人均收入年均增长（%）	——	与国内生产总值增长基本同步	预期性
	2.城乡残疾人职业技能培训人数（人）	——	200万	预期性
社会保障和基本公共服务	3.符合条件的残疾人纳入最低生活保障比例（%）	100	100	约束性
	4.困难残疾人生活补贴覆盖率（%）	100	100	约束性
	5.重度残疾人护理补贴覆盖率（%）	100	100	约束性
	6.残疾人城乡居民基本养老保险参保率（%）	90	>90	预期性
	7.残疾人城乡居民基本医疗保险参保率（%）	>95	>95	预期性
	8.残疾儿童少年义务教育入学率（%）	95	97	预期性
	9.残疾人基本康复服务覆盖率（%）	>80	85	约束性
	10.残疾人辅助器具适配率（%）	>80	85	约束性
	11.困难重度残疾人家庭无障碍改造数（户）	——	110万	约束性

表5–2 "十四五"规划残疾人保障和发展主要指标

资料来源：《中华人民共和国国民经济和社会发展第十四个五年规划和2035年远景目标纲要》

---

① 中华人民共和国国民经济和社会发展第十四个五年规划和2035年远景目标纲要[M]. 北京：人民出版社，2021.

在"十四五"规划其他部分，也有很多涉及残疾人的相关要求（表5-2）。这些规划主要包括：第一，无障碍环境设方面，加快信息无障碍建设，帮助老年人、残疾人等共享数字生活；第二，共建"一带一路"高质量发展部分，将残疾人群体国际交流列入民间组织往来的重要组成部分；第三，基本公共服务质量和水平方面，规划拟提高基本公共服务均等化水平，将建立健全包括残疾人服务在内的基本公共服务标准体系；第四，促进就业放慢，残疾人作为就业困难人员的帮扶，将成为公益性岗位安置的主要对象；第五，加强教育保障机制建设，推动义务教育均衡发展和城乡一体化，特殊教育实现普惠性发展，促进教育公平①；第六，在精神卫生和心理健康工作方面，要提升残疾康复服务质量，全面推进健康中国建设。

二、《"十四五"残疾人保障和发展规划》

为保证"十四五"规划涉及残疾人事业的规划内容与项目得以顺利实施，国务院于2021年7月又专项颁布了《"十四五"残疾人保障和发展规划》。该专项规划针对低收入残疾人较多、返贫致贫风险高，社会保障水平较低，公共服务水平和质量不高，就学就医、康复照护、无障碍环境建设等还存在较大差距等现状，提出到2025年，将努力巩固拓展脱贫攻坚成果，帮助残疾人提高生活品质；建立相对完善的多层次的、能够稳定保障基本民生的社会保障制度，重度残疾人能够得到更好的照护；建立形式多样残疾人就业支持与保障体系，使残疾人能够实现较为充分的、质量较高的就业；形成能够适应包括残疾人需求在内的无障碍、均等化基本公共服务体系；残疾人的思想政治水平与道德素养、科学文化素质和身心健康水平等得到明显提高，实现残疾人在政治、经济、文化、社会和家庭生活等方面的平等权；残疾人事业的基础条件与保障条件明显改善，残疾人事业得到高质量发展②。

---

① 白阳，王鹏，曹典. 致青年：你所关心的未来，党中央的这份重要建议画好蓝图了[N]. 新华社客户端，2020-11-05.

② 郑功成，杨立雄. 中国残疾人事业研究报告（2020—2021）[M]. 北京：社会科学文献出版社，2021.

三、涉及残疾人事业的相关实施方案

（一）《"十四五"残疾人康复服务实施方案》

为加强残疾人康复服务，提升康复质量，同时推进和保证《"十四五"残疾人保障和发展规划》的顺利实施，中国残联、教育部、民政部、人力资源社会保障部、国家卫生健康委和国家医疗保障局等部门于2021年8月印发了《"十四五"残疾人康复服务实施方案》，该方案提出构建与经济社会发展相适应，与残疾人康复服务需求相适应的保障制度和服务体系，增强康复专业机构与人员的服务能力，提升残疾人康复服务质量，满足广大残疾人的基本康复服务需求，能够享受基本康复服务的残疾人达到需求人数的85%以上[①]。

（二）《"十四五"残疾人事业信息化发展实施方案》

2021年8月，中国残疾人联合会印发了《"十四五"残疾人事业信息化发展实施方案》。在这个信息化发展专项实施方案中，提出建立大数据平台，将原先独立的、零散的各种报表、数据、资料，整合为统一的信息平台，形成数据驱动、精准服务的残疾人信息化服务体系。

（三）《"十四五"提升残疾人文化服务能力实施方案》

为做好"十四五"期间残疾人文化工作，落实《"十四五"残疾人保障和发展规划》提出的关于"提升残疾人公共文化服务""营造全社会助残和残疾人自强的文明社会氛围"的要求，2021年9月，中国残联、中宣部、中央网信办等八部门印发了《"十四五"提升残疾人文化服务能力实施方案》。该实施方案提出，到2025年，基本建成城乡均衡、便利可及、供给丰富、保障有力的残疾人文化服务体系，基本建成具有较强传播力、引导力、影响力、公信力，基本实现残疾人事业媒体资源集聚、优势互补和上下联动，社会主义的人道主义思想和残疾人事业的"平等、参与、共享"理念深入人心，残疾人文化素养和文明素质得到显著提升[②]。

---

① 中国康复医学会. 疫情当下，关注儿童身心发展，预防残疾[N]. 人民资讯，2021-08-21.
② 中国残联. 中国残联、中央宣传部等六部门联合印发《"十四五"提升残疾人文化服务能力实施方案》[N]. 华夏时报，2021-09-10.

（四）《无障碍环境建设"十四五"实施方案》

2021年10月，住房城乡建设部、中央网信办、教育部、工信部等13部委联合发布《无障碍环境建设"十四五"实施方案》，《方案》提出到2025年，健全无障碍环境建设法律保障机制，建立更加完备的基本公共服务体系，信息无障碍服务得到深度应用，无障碍人文环境不断得到优化[①]，无障碍环境建设水平明显提升，为110万个家庭进行无障碍改造。

四、相关项目与行动计划

（一）《"十四五"特殊教育发展提升行动计划》

教育部发布《"十四五"特殊教育发展提升行动计划》专门促进特殊教育发展。该行动计划的目标是建立高质量特殊教育体系。具体包括教育普及程度显著提高，义务教育入学率达到97%，非义务教育阶段入学机会明显增加；教育质量全面提升，完善课程教材体系、建立多样化教育模式、不断深化课程教学改革、基本建立质量评价制度；全面推进融合教育；保障机制进一步完善。

（二）《"十四五"残疾人职业技能提升计划》

中国残联、教育部、财政部等五部委2022年2月8日印发《"十四五"残疾人职业技能提升计划》，旨在以就业技能培训、岗位技能提升培训和创业创新培训为主要形式，通过大力开展职业技能培训，建立供给充足、载体多元、形式多样和管理规范的残疾人职业技能培训体系，2025年基本满足残疾人职业培训需求。

（三）《促进残疾人就业三年行动方案（2022—2024年）》

国务院办公厅印发《促进残疾人就业三年行动方案（2022—2024年）》，方案提出，以有就业需求和就业条件的城乡未就业残疾人为主要对象，更好发挥政府促进就业的作用，2022—2024年共实现全国城乡新增

---

① 石洁. "十四五"开局之年残疾人事业谋篇布局 公共服务体系向多元化发展[N]. 公益时报，2022-01-25.

残疾人就业100万人。在三年内实施以下十项行动：一是机关、事业单位带头安排残疾人就业行动；二是国有企业安排残疾人就业行动；三是民营企业安排残疾人就业行动；四是残疾人组织助残就业行动；五是就业困难残疾人就业帮扶行动；六是农村残疾人就业帮扶行动；七是残疾人大学生就业帮扶行动；八是盲人按摩就业促进行动；九是残疾人就业服务提升行动；十是残疾人职业技能提升行动。

（四）"美丽工坊"残疾妇女就业增收项目实施方案

为贯彻落实《"十四五"残疾人保障和发展规划》《中国妇女发展纲要（2021—2030年）》《促进残疾人就业三年行动方案（2022—2024年）》《"十四五"职业技能培训规划》，在总结以往发展手工制造业促进残疾妇女就业增收工作经验基础上，中国残联、全国妇联、人力资源社会保障部、文化和旅游部和国家乡村振兴局决定，"十四五"期间共同组织实施"美丽工坊"残疾妇女就业增收项目[①]。

（五）《"十四五"阳光家园计划——智力、精神和重度肢体残疾人托养服务项目实施方案》

2021年8月，中国残联印发《"十四五"阳光家园计划——智力、精神和重度肢体残疾人托养服务项目实施方案》，方案提出四个目标，即扩大托养服务覆盖面，中央财政资金补助与支持对象100万人次；完善托养服务补贴制度；提升服务规范化和专业性，推进托养服务标准化建设；探索残疾人托养与照护、养老等相关工作衔接机制。

（六）《"十四五"残疾人事业彩票公益金助学项目实施方案》

2021年7月，中国残联发布《"十四五"残疾人事业彩票公益金助学项目实施方案》，明确提出中央财政将安排专项彩票公益金，改善残疾人中等职业学校和高等特教院校的办学条件，加强残疾学生实习实训基地建设，推进地方政府提高支持力度。

（七）社区医养结合能力提升行动

2022年3月，国家卫健委、国家发展改革委、民政部、财政部等八部

---

① 打造"美丽工坊"品牌 帮助更多残疾妇女实现就业[N]. 中国妇女报，2022-08-26.

委联合发布《关于开展社区医养结合能力提升行动的通知》，要求各地要依托医疗卫生、养老等乡镇社区服务机构，利用现有资源，提升残疾人、老年人居家、社区医养结合服务能力，推动医疗卫生和养老服务的有机衔接，尽量满足老年人健康和养老服务需求①。

（八）"精康融合行动"

民政部、财政部、卫健委和中国残联于2022年12月联合发布《关于开展"精康融合行动"的通知》，《通知》要求用3年左右时间，基本建成布局健全合理、服务主体多元、服务形式多样灵活、转介衔接顺畅有序、管理机制专业规范的精神障碍社区康复服务体系②。

（九）《残疾人尊法学法守法用法专项行动计划（2023—2025年）》

中国残联和司法部于2022年11月发布《关于印发残疾人尊法学法守法用法专项行动计划（2023—2025年）的通知》，专项行动以残疾人为重点，深入开展涉及残疾人事业的法治宣传与教育，提高针对性和实效性，促进办事依法、遇事找法、解决问题用法、化解矛盾靠法的法治思维和行为习惯，为促进残疾人全面发展、平等参与社会生活、共建共享经济社会发展成果提供法治保障③。

第三节　涉及残疾人的国际公约

一、《残疾人权利公约》

第61届联合国大会于2006年12月13日通过了《残疾人权利公约》。该公约是国际社会在21世纪通过的第一个人权公约④，体现了尊重和保护残疾人，建设友爱、文明与和谐社会的精神与理想追求。

---

① 汪群龙. 医养结合协同机制在未来社区内的实践路径[N]. 中国社会科学报，2022–12–15.
②《关于开展"精康融合行动"的通知》解读[J]. 中国民政，2023（1）：44–45.
③ 王晓慧. 中国残联、司法部共同启动残疾人尊法学法守法用法专项行动[N]. 华夏时报，2022–12–02.
④ 李雪斌，李雪萍. 康复医学（第2版）[M]. 南京：江苏科学技术出版社，2018.

公约的核心内容是确保残疾人权利，并以正式公民的身份生活，能同等地为社会做贡献。公约涵盖了残疾人应享有的平等、不受歧视、健康、就业、受教育、无障碍环境、政治和文化生活等所有权利；对国际合作提出相应建议与措施。

二、《残疾人权利宣言》

联合国大会1975年12月9日通过《残疾人权利宣言》。宣言重申联合国宪章对于人权和自由、公平、和平、人的尊严与价值等各项社会原则的信念[①]。提出残疾人享有人格尊严基本权利，享有与其他任何人一样的公民权和政治权，有权接受包括义肢和假体在内的医药、心理和机能治疗，有权接受医疗与社会康复、教育、职业培训等相关服务，有权享有经济和社会保障，有权与其亲属或养父母同住[②]。《残疾人权利宣言》还明确规定有关残疾人权利的一切问题，都应该与残疾人组织协商。

三、《关于残疾人的世界行动纲领》

1982年12月3日，联合国大会第三十七届会议正式通过《关于残疾人的世界行动纲领》。纲领分三个部分：第一部分确定促进推行伤残预防和康复措施，提出了在残疾预防、康复和机会平等等各方面的任务，提出完成各项目标的先决条件；第二部分指出造成残疾的原因，列举发展中国家残疾人现状和阻碍残疾人参与社会的羁绊；最后一部分是纲领的核心，即执行建议，比如残疾人参与决策、残疾预防与康复、机会平等在社会各领域的表现与对策等。纲领还明确说明世界行动纲领是为所有国家制定的，要求各国政府设立协调中心或全国委员会来调查、监督下属机构和非政府组织完成纲领所规定的任务[③]。

---

① 中国残疾人联合会. 残疾人工作基本知识读本[M]. 北京：华夏出版社，2009.
② 王家福，刘海年. 中国人权百科全书[M]. 北京：中国大百科全书出版社，1998.
③ 王云斌. 社会福利管理与服务[M]. 北京：北京师范大学出版社，2017.

四、《残疾人机会均等标准规则》

联合国大会第四十八届会议于1993年12月20日通过《残疾人机会均等标准规则》，规则的宗旨是确保残疾人可行使与其他人同样的权利与义务。规则要求各国应采取行动，提高社会对残疾人及其权利、需要、潜能和贡献的认识，确保为其提供有效医疗护理，确保通过康复服务帮助残疾人达到最佳独立和功能水平，确保提供所需要的支持与服务[1]。规则还要求各国应确认残疾人在教育、就业、收入、家庭与社会生活等各领域，通过无障碍环境建设以实现机会均等。

五、《智力迟钝者权利宣言》

《智力迟钝者权利宣言》于1971年12月20日在联合国大会通过。宣言强调智力迟钝者在最大可能范围内，与其他人同样享有相应权利，包括有权享有适当医药和物理治疗，并受到适应其能力和潜能的教育、训练、康复及指导；有权享有经济安全和适当生活水平，有权进行生产工作或从事任何职业；可能时应与其亲属或养父母同住，并参加各种社区生活；为保护个人福利和利益，必要时有权获得合格监护人；不得遭受剥削、虐待和侮辱[2]。

六、《世界人权宣言》

1948年12月10日，《世界人权宣言》在巴黎召开的联合国大会通过。这是人类人权史上具有里程碑意义的文件，由世界各地代表起草，第一次规定了基本人权应得到普遍保护，鼓舞并促成了超过七十个人权条约的签订。这些条约成为全球和区域层面人权法的恒久基础。

《世界人权宣言》内容涵盖社会生活的各个方面，比如，人人生而自

---

① 李玉红. 社区护理学[M]. 北京：中国医药科技出版社，2016.
② 曲伶俐. 弱势群体刑法保护研究[M]. 北京：中国民主法制出版社，2013.

由，在尊严和权利上一律平等；全世界不分种族、肤色、性别、语言、宗教、政治，或社会出身、财产、出生地等，人人有资格享有宣言所载一切权利和自由；任何人不得被奴役，禁止一切形式的奴隶制度和奴隶买卖；任何人不得行使酷刑或残忍、不人道、侮辱性刑罚[1]。

七、《儿童权利宣言》与《儿童权利公约》

《儿童权利宣言》于1959年11月20日获得联合国大会通过，其宗旨是希望儿童能够享有各项权利和自由、享有幸福童年，号召父母和其他人、组织、政府以儿童利益最大化为原则，采取立法及其他有效措施，保障儿童权益。宣言明确各国儿童应当享有的各项基本权利，规定了儿童应享有健康成长和发展、受教育的权利。宣言指出儿童在任何情况下都应首先受到保护和救济，不应受到任何形式的忽视、虐待和剥削[2]。

联合国大会于1989年11月20日通过《儿童权利公约》，适用于全世界18岁以下的任何儿童，意在通过法律约束力保障儿童权利，为儿童创建良好成长环境。公约强调，各国应确保不因儿童或父母、监护人种族、肤色、性别、语言、宗教、政治见解、国籍或社会出身、财产、伤残、出生等，应享受权利有任何差别[3]。

公约第一部分主要强调儿童人权必须被重视和保护，第二部分主要是政府职责与义务，比如推广并保证公约的实行，监督儿童权利的落实等，第三部分主要是政府签署及批准的过程，及公约保管人。

---

① 温海明. 儒家人权道德的自然主义版本[J]. 学术月刊，2013.
② 邵津. 国际法（第4版）[M]. 北京：北京大学出版社，2011.
③ 魏勇刚. 幼儿园教师资格考试（综合素质：微课版）[M]. 北京：人民邮电出版社，2017.

第六章　无障碍环境建设与辅助器具

我国有8500多万残疾人，他们对美好生活的追求，都给无障碍设施建设带来更多要求。党中央非常重视无障碍环境建设工作，党的二十大报告提出"完善残疾人社会保障制度和关爱服务体系，促进残疾人事业全面发展"。

第一节　无障碍环境建设

一、无障碍环境建设概念

无障碍理念最早在欧洲国家提出，从概念提出到形成较为完整的理论与实践体系，至今也不过百年的时间。我国出现并广泛使用无障碍这个词，也是20世纪80年代以后的事。无障碍概念虽然出现比较晚，但已经成为残疾人事业、老年人事业、建筑设计与施工、现代化信息传播等诸多领域的热词。越来越多的城市、社区以及乡村，越来越多的建筑物、公共设施，越来越多的政府部门网站、网络平台、媒体等，都已经实现了无障碍。无障碍理念的形成与影响，其实践体系的成熟，已经成为社会文明发展的重要内容与标志。

我国于2012年颁布的《无障碍环境建设条例》，明确界定了无障碍的含义，即无障碍环境建设是为便于残疾人、老人等社会成员自主安全地通行道路、出入相关建筑物、搭乘公共交通工具、交流信息、获得社区服务所进行的建设活动。2023年9月开始实施的《中华人民共和国无障碍环境建设法》提出，无障碍环境建设包括为残疾人、老年人自主安全地通行道路、出入建筑物以及使用其附属设施、搭乘公共交通运输工具，获取、使用和交流信息，获得社会服务等提供便利。

我国大力倡导无障碍环境建设理念，鼓励、支持法人及社会组织及公民个人积极提供捐助和志愿者服务，鼓励并支持开发、使用符合无障碍通用设计标准的技术和产品；我国的无障碍环境建设遵循实用、易行、广泛受益的原则，要求各地的无障碍环境建设不能追求"高、大、全"，应该与当地经济、社会发展实际水平相适应。

二、无障碍环境建设理念的形成与发展

（一）国外无障碍环境建设理念的形成与发展

国外无障碍环境建设可以追溯到20世纪30年代，与当时的社会发展和人权运动密切相关。无障碍概念最早发端于北欧国家，瑞典、丹麦、挪威等在20世纪30年代，开始在城市公共设施建设中设置一些专供残疾人使用的台阶、升降机等，以体现残疾人享有平等的参与权，为其实现"正常化"提供物质条件。

国际社会对无障碍环境建设的认识和接受是一个不断发展变化的过程。1959年，欧洲议会通过了《方便残疾人使用的公共建设的设计与建设的决议》。20世纪60年代，美国为解决伤残军人就业所面临的各种不便与限制，专门建设了一些方便他们行动的设施，并于1961年颁布了《便于肢体残疾人进入和使用的建筑设施的美国标准》，使美国成为世界上第一个颁布无障碍标准的国家。1990年颁布的《美国残疾人法》将无障碍列入残疾人权利保护和反歧视内容，规定接纳残疾人就业的机构、公共交通系统、公共设施设计与建设、政府服务和电信等方面，对于残疾人来说，都应该是"可进入的""可使用的"，从而发展了无障碍概念的内涵。

英国1967年实施《英国残疾人无障碍建筑标准》后，基本实现公共建筑无障碍。1970年颁布的《慢性病人和残疾人法令》首次允许残疾人平等地进入新的公共建筑和场所学习和工作。英国于1995年颁布了《反残疾人歧视法》，残疾人具有了"无障碍平等通行权"，无论企业还是政府，一旦在法律规定的场所、区域不能给予残疾人通行或使用的便利，将可能被

法院判处强制改造，甚至巨额罚金。

日本1970年颁布了《身心障碍者对策基本法》，住宅建筑及道路交通等公用设施的无障碍设施都相当完备。2004年修订的《残疾人基本法》中对于残疾人的无障碍建设主要包括公共设施和信息的无障碍都有专门规定。基于社会连带责任，支持残疾人自立和参与社会，设置交通设施以及其他公共设施的企业，应当有计划地对其进行无障碍设计、改造和完善。国家和地方公共团体针对行政信息化和公共领域的信息通信技术多样化的推广，应当特别考虑如何方便残疾人利用。

德国非常重视残疾人的无障碍建设，在许多法律中都体现了对残疾人无障碍建设的要求。《残疾人平等对待法》中对无障碍建设做出了专门的规定，其核心要求是残疾人应能够无特殊难度并且基本不需要他人帮助，进入和利用最普遍的生活领域。这些领域涉及建筑和特殊的设施、交通工具、技术性用品及信息传播系统。

1974年召开的联合国残疾人生活环境专家会议正式提出了"无障碍设计"概念，并广泛传播与使用。1979年，联合国制定的无障碍设计指导大纲，被国际标准化（ISO/TC59/WG1）采用。1982年联合国发布的《关于残疾人的世界行动纲领》有15次提到障碍，这里的障碍是来自物质、文化和社会的各种障碍，限制残疾人进入正常的物质和社会环境，因而必须消除或减少这些障碍，以消除残疾人平等和充分参与社会生活的影响。也就是从这个时候，无障碍理念开始由建筑设计领域，拓展至残疾人社会生活各领域。1993年12月，联合国大会通过《残疾人机会均等标准规则》，这是无障碍（包括物质环境、信息和交流两个方面）概念第一次出现在国际社会正式文本中，无障碍自此成为引领各国开展残疾人事业发展的核心概念之一。该规则不仅重视建筑设施无障碍，还特别强调信息和交流无障碍，这与当时国际社会的反歧视一脉相承，即残疾人应该不仅能够畅行无阻，还应该拥有平等的获取信息、参与社会的权利。

2006年12月，第61届联合国大会通过《残疾人权利公约》，该公约是21世纪国际社会形成的第一个重要的人权文件。该公约为使"残疾人能够独立生活和充分参与社会，缔约国应该采取措施，确保残疾人在与其他人平等的基础上，无障碍地进出物质环境，使用交通工具，利用信息和通信，包括信息和通信技术和系统，以及享有城市和农村地区向公众开放或提供的其他设施和服务"，提出了"通用设计"和"合理便利"，寻求合乎公平原则的解决方法，在方便健全人的同时，满足残疾人特殊需求。随着以互联网为代表的现代信息技术的不断发展，以及人权事业的发展，"无障碍"（Accessibility一词在联合国中文文件的表述，英文直译为"可及性""可使用性"）作为技术的标准和服务的规范，已经在政治、经济、社会、文化等各领域，尤其是在相关网络平台、公共服务中得到广泛应用，成为社会公共价值之一。

2001年，《国际健康功能与身心障碍分类系统（ICF）》把"障碍"界定为："个人环境中限制功能发挥并形成残疾的各种因素，其中包括有障碍的物质环境、人们对残疾的消极态度、缺乏相关的辅助技术的应用，以及既存在又妨碍所有健康人全部生活领域里的服务、体制和政策等。"从而，传统的残疾概念被崭新的无障碍概念取代。同年，国际标准化组织首次公布了"Accessibility"标准，无障碍成为特殊人群自由行动、出入场所、获取信息、享受服务的重要特征。2014年，国际标准化组织在重新修订的《在标准中界定无障碍的指南》（第二版）提出，无障碍是"产品、服务、环境和设施能在多大程度上被最大范围的不同特征和能力的人群使用，以在特定使用环境中实现特定目标"。

2019年，联合国大会将无障碍环境界定为"提供无论是虚拟还是实体的灵活的设施和环境，以满足每个用户的需求和偏好。这可以是容易接近、到达、进出、与之交互、理解或者以其他方式使用的任何地方、空间、项目或服务"，强调"每个人的无障碍"，强化主体意识和发展视角，并用"虚拟环境"概括大数据时代的基本特征。

（三）无障碍环境建设在中国的发展

我国无障碍环境建设起步晚，但成效显著。在短短几十年时间内，"无障碍环境建设"概念就从无到有，从单纯方便残疾人到消除所有人的障碍，涉及范围从城市到乡村，涉及内容从简单强调道路和建筑到包括建筑、信息交流、服务等所有社会生活领域，从设计规范到条例、法律，不论是对象，还是内容以及所涉及的范围都在不断发展、成熟。

"无障碍"一词最早在20世纪80年代进入中国。北京市建筑设计研究院研究员周文麟在1985年参与设计中国康复研究中心（中国第一所康复中心）时，在相关资料中发现"无障碍设计"概念。中国残疾人福利基金会、北京市残疾人协会、北京市建筑设计院联合在北京召开残疾人与社会环境研究会，发出"为残疾人创造便利生活环境"的倡议，这是中国建筑史上第一次使用这个词语。1986年7月，建设部、民政部和中国残疾人福利基金会共同编制了我国第一部《方便残疾人使用的城市道路和建筑物设计规范（试行）》（1989年颁布实施）。

为帮助下肢残疾者和视力残疾者，《方便残疾人使用的城市道路和建筑物设计规范（试行）》对城市道路、建筑物、公共场所等地方的无障碍设施情况进行了详细规定：城市道路设施要考虑视力残疾者的不同要求，商业街和重要公共设施附近的人行道应设触感块材，在城市人行交通繁忙的路口和主要商业街应设音响交通信号，视力残疾者自行操作的电梯，应采用残疾人使用的标准电梯等。该规范于2001年修订为《城市道路和建筑物无障碍设计规范》。2012年6月，国务院通过并颁布《无障碍设计规范》（GB 50763-2012），规定残疾人通行道路、建筑物、公共交通工具、交流信息、获得社区服务等建设无障碍，规定了具体组织实施的部门，无障碍建设的具体内容等，对不符合无障碍设施工程建设标准的，由住房和城乡建设主管部门责令改正，依法给予处罚。

2002年，全国无障碍设施示范城市创建活动开始举办，《创建全国无障碍建设示范城市（县）考评标准》构建了包含安全便捷、健康舒适和多元包容的内容体系。2009年首次统一全国无障碍通用标志，2012年颁布的《无障碍环境建设条例》将无障碍环境建设纳入国民经济和社会发展规划以及城乡建设规划。

"十三五"时期，我国无障碍环境建设法规规划政策标准体系不断完善。《中华人民共和国民法典》等法律法规强化了无障碍环境建设内容，《国务院办公厅关于全面推进城镇老旧小区改造工作的指导意见》（国办发〔2020〕23号）将建设与改造无障碍设施作为老旧小区改造的重要内容。住房和城乡建设、工业和信息化、交通运输、民政、教育、公安、网信、财政、文化旅游、老龄、残联等部门出台了一系列促进无障碍环境建设的政策措施，推动无障碍环境建设水平大幅提升。无障碍环境市县村镇创建工作深入开展，共命名146个无障碍建设城市（县、镇、村）。积极推进残疾人家庭无障碍改造，助力脱贫攻坚。北京冬残奥会、杭州亚残运会的筹办，助推提升了城市无障碍环境建设水平。相关高等院校、研究机构积极提供了智力与人才支持。

2021年，中国残疾人联合会等9部门印发了《无障碍环境建设"十四五"实施方案》，任务目标是到2025年，无障碍环境建设法律保障机制更加健全，无障碍基本公共服务体系更加完备，信息无障碍服务深度应用，无障碍人文环境不断优化，城乡无障碍设施的系统性、完整性和包容性水平明显提升；并对城市道路无障碍设施建设率、公共建筑无障碍设施建设率、困难重度残疾人家庭无障碍改造、居家适老化改造、与民生密切相关的互联网网站无障碍改造、与民生密切相关的手机App无障碍改造等6项指标的具体要求进行了规定和解释，并对具体工作措施也进行了规定。

我国第一部无障碍环境建设专门性法律《中华人民共和国无障碍环境建设法》，于2023年6月28日在十四届全国人大常委会第三次会议通过，2023年9月1日起开始实施。

我国无障碍环境建设仍存在较多困难和薄弱环节，主要表现为：全社会无障碍意识不强；法律法规政策标准体系不完善；无障碍设施质量不高，部分无障碍设施设计不合理、建设不规范、管护不到位；信息交流无障碍比较薄弱；残疾人家庭无障碍改造任务艰巨、改造水平有待提升；无障碍环境建设不平衡、不充分、不系统特征明显，与人民群众日益增长的无障碍环境需求仍有差距。

三、无障碍环境建设的内容

我国《无障碍环境建设条例》规定，无障碍环境建设是指为便于残疾人等社会成员自主安全地通行道路、出入相关建筑物、搭乘公共交通工具、交流信息、获得社区服务所进行的建设活动。《中华人民共和国无障碍环境建设法》也规定，国家采取措施推进无障碍环境建设，为残疾人、老年人自主安全地通行道路、出入建筑物以及使用其附属设施、搭乘公共交通运输工具，获取、使用和交流信息，获得社会服务等提供便利。

可见，我国的无障碍环境建设内容可以归纳成无障碍设施、无障碍交流信息和无障碍社会服务三类。

（一）无障碍设施

无障碍设施是指，城市道路应满足坐轮椅者、拄拐杖者通行和方便视力残疾人通行，建筑物应在入出口、地面、电梯、厕所、房间等处设置可使用设施方便残疾人通行。

我国《无障碍环境建设条例》规定，城镇新建与改扩建道路、公共建筑、公共交通设施、居住建筑、居住区等，均应当符合无障碍设施工程建设标准。乡村的建设和发展应当逐步达到该标准。无障碍设施工程应当与主体工程同步设计、同步施工、同步验收投入使用，新建无障碍设施应当与已经使用的其他无障碍设施相衔接，不能相互独立。城镇已建成却不符合无障碍标准的公共设施、居住区等，县以上人民政府应当制订改造计划并组织实施，具体改造工作由上述设施所有权人或管理人负责。改造项目应当优先开展针对四种机构与场所，即特殊教育、康复与社会福利机构，国家机关公共服务场所，文化、体育、医疗卫生等单位的公共服务场所，交通运输、金融、邮政、商业、旅游等公共服务场所。国家允许视力残疾人携带导盲犬出入公共场所或乘坐公共交通工具，但应当遵守相关规定，

条例还规定，城市主要道路、商业区和大型居住区，残疾人集中就业单位和集中就读学校的周边，应当设置盲道，人行天桥与地下通道，应当配备升降梯等无障碍设施，人行横道的交通信号设施，应当安装过街音响提示，以适应残疾人需要。大中型公共场所和居住区的停车场应当专门设置无障碍停车位（肢体残疾人驾驶或乘坐机动车专用车位），并在显要位置设指示牌，方便有需求者辨认以及使用。其他行动不便的残疾人、老年人、孕妇、婴幼儿等驾驶或乘坐的机动车，在条件允许时也可以使用无障碍停车位。

客运列车与船舶、汽车、轨道交通，以及民航等公共交通工具，应当逐步完善并实现无障碍。政府将逐步建立城市无障碍公交导乘系统，规划配置适量无障碍出租汽车。

上述公共服务机构、公共交通系统工作人员，有义务按照相关规定，向需求者提供无障碍服务。

对无障碍设施建设与使用情况，国家鼓励相关部门邀请残疾人、老年人代表以及残疾人联合会、老龄协会等组织，参加意见征询和体验试用等活动。

（二）无障碍信息交流

无障碍信息交流是指任何人在任何情况下都能平等地、方便地、无障碍地获取信息、利用信息。我国《无障碍环境建设条例》和《中华人民共和国无障碍环境建设法》明确规定，无障碍信息交流是无障碍环境建设的重要组成部分。

无障碍信息交流建设应该纳入县以上政府的发展规划，政府及相关部门应当为残疾人、老年人获取公共信息提供便利，比如语音、文字提示或手语、盲文等；发布自然灾害、事故或灾难、公共卫生事件、社会安全事件等重大突发事件信息时，应同步使用语音、文字、盲文、手语等方式进行发布。

政府网站、公益活动网站应逐步达到无障碍标准，残联及相关组织网站应当符合无障碍标准；其他官方网站、平台或应用程序，以及各类新闻资讯、社交通信、生活购物、医疗健康、学习教育、交通出行等领域的网站也应逐步达到无障碍标准。

使用国家财政资金设立的官方广播电视台应当在节目中配备字幕，并开播手语新闻，且每天不少于一次。鼓励公开出版发行的影视、音像作品以及网络视频节目加配字幕、手语或者口述音轨，公开出版发行的图书、报刊等配有声、大字、盲文或其他电子无障碍版本，以方便视力残疾人、听力残疾人、老年人及其他有感知障碍的人阅读。

视力残疾人参加国家举办的升学、职业资格或任职考试时，应当有盲文试卷或电子试卷，工作人员按照规定可以给予适当帮助。市级以上公共图书馆应当为视力残疾人提供盲文读物与有声读物。有听力残疾人集中参加的公共活动，举办方应提供字幕或手语翻译。

（三）无障碍社会服务

我国《无障碍环境建设条例》将社会服务内容称为"社区服务"，《中华人民共和国无障碍环境建设法》则修改为"社会服务"，一字之差，范围和深度均有很大差异。

《无障碍环境建设条例》强调社区的作用。规定社区应逐步完善无障碍公共服务设施，政府应当完善报警、急救等呼叫系统。对需要无障碍改造的家庭，政府给予补助。

《中华人民共和国无障碍环境建设法》则强调全社会对残疾人的意义。提出公共场所应当配备无障碍设备和辅助器具，并醒目标注；而涉及医疗健康、社会保障、金融业务、生活缴费等事项的部门、机构或平台，应当在现场设置人工指引方式。

政府机关与社区面向广大民众设立的服务平台，以及涉及基本民生的供水供电供气供热等服务机构，都应当设置低位服务台或无障碍窗口，并配置适当的电子显示屏、手写板、语音提示等设备。

国家司法机关与仲裁、法律援助机构，都应当为残疾人、老年人及其他特殊人群参加诉讼、仲裁活动等提供无障碍的出行、交流服务。国家鼓励律师事务所、公证机构、司法鉴定机构等逐步提高无障碍服务水平。

交通设施和公共交通运营单位应当为残疾人、老年人及其他特殊人群设置无障碍窗口、专用区域及通道等。

政府和各级各类学校应当加强无障碍环境建设，为残疾师生提供服务。国家举办的考试、招录招聘考核以及学校考试，都应为残疾考生提供试卷、作答等便利。

国家鼓励文旅、交通、商业、餐饮、体育等场所提供辅助器具、咨询等无障碍服务，鼓励邮政、快递企业为残疾人、老年人提供上门收寄服务。应急避难场所应该设置语音、大字、闪光字体等提示。

第二节 常用辅助器具

一、辅助器具概述

（一）辅助器具定义

辅助器具在我国通常简称为辅具，也有人称为康复辅具。

我国的辅助器具称谓是1988年国务院批转的《中国残疾人事业五年工作纲要》中提出的，只是没有得到推广。1992年国际标准ISO 9999 *Technical aids for disabled persons——Classification*第一版发布后，由民政部假肢所和中国康复研究中心共同翻译，经国家标准化管理委员会反复推敲后决定将Technical aids译为"辅助器具"。1996年《残疾人辅助器具分类》（GB/T 16432-1996）发布，"辅助器具"正式代替了原先的"残疾人用品用具"，得以广泛应用。

在《残疾人辅助器具分类》国家标准中，辅助器具是指由残疾人使用的，特殊生产的或通常可获得的用于预防、代偿、监测、缓解或降低残疾的任何产品、器具、设备或技术系统。可见，辅助器具的属性是提供给残疾人使用的，而且可以是"任何"产品，只要能帮助残疾人克服障碍即可。

在2004年修订版《残疾人辅助器具分类》中，辅助器具是指由残疾人使用的，特别生产或一般有效的，用于防止、补偿、减轻、抵消残损、残疾或残障的任何产品、器具、设备或技术系统。简单地说，凡是能够有效减轻残疾影响，提高残疾人的生活质量和社会参与能力的器具，普通到轮椅拐杖及自制的工具，高级到植入式电子耳蜗等都是辅助器具。《分类》强调了以残疾人为服务对象，同时明确了目的，即防止、补偿、减轻、抵消残损、残疾或残障。最后，还明确了辅助器具的类别，包括任何产品、器具、设备或技术系统等。

2011年发布的第五版ISO 9999《残疾人辅助器具分类和术语》对辅助器具的定义是"功能障碍者使用的，特殊制作的或一般可得到的任何产品（包括器械、仪器、设备和软件）"。该定义简洁而明确，已经摆脱了辅助器具仅仅为残疾人所用的情况，服务对象得到拓展，对象也更加宽泛，虽然标准依然使用"残疾人辅助器具——分类和术语"，但名词界定却显示，辅助器具的使用者已经转变为功能障碍者，即除有功能障碍的残疾人外，还可能包括有功能障碍的老年人、障碍者、体弱者等；定义也不再具体讨论辅助器具对人的意义是防止、补偿功能问题，还是减轻障碍的影响，只要是功能障碍者需要使用的，"任何产品"都属于辅助器具。该标准还强调使用结果，即用于活动和参与，或为保护、支撑、训练、测量或替代身体功能（结构），或为防止损伤、活动或参与限制。

2014年公布的物理医学与康复名词中，康复辅助器具（Rehabilitation Assistive Appliance）与上述辅助器具具有相同的含义，即为改善残疾人功能状况而采用适配或专门设计的任何产品、器具、设备或技术。只是学科与应用领域不同，名称不同而已。

（二）使用辅助器具的意义

辅助器具的开发与使用，大大减轻了残疾所带来的功能障碍，并极大地提高了功能康复与训练的效果，对于残疾人功能改善与恢复，具有非常重要的意义。因此，辅助器具的功能就是通过替代或补偿，改善甚至恢复相应功能，减少使用者的障碍，使其融入健全人的正常生活中。

1. 辅助器具的选配具有差异性

由于个体之间的差异较大，残疾类型、程度不同，辅助器具的选配差异很大，甚至同样的残疾类型、程度，但由于个体之间有性别、年龄、耐受性、生活习惯与环境等不同，所需的辅具会有很大差异。因此，辅助器具的需求与选配，具有差异性和特殊性，这既是辅助器具的最大特色，也是最大的难点。

2. 辅助器具的选配具有普遍性

按照上文所述，辅助器具是指功能障碍者使用的，特殊制作的或一般可得到的任何产品（包括器械、仪器、设备和软件），人们在日常生活中，不仅有功能障碍的残疾人、行动不便的老年人需要辅助器具，因伤因病产生相应功能障碍的人在一定阶段也需要辅助器具，甚至我们一般所理解的"健全人""正常人"在某些时候、某些场景可能也会因功能障碍或特殊情景而需要辅助器具，比如：健全人在过度劳累后，行动吃力可能需要拐杖的协助；视力下降或视觉障碍不严重的人，平时可能不需要助视器，但在夜间行动、驾驶车辆等特殊情境下，需要佩戴眼镜等。因此，辅助器具的选配具有普遍性，不仅仅局限于残疾人，广大社会公众在某些情景下也可能会需要辅助器具的帮助。

3. 辅助器具的选配具有多样性

由于选配辅助器具具有差异性，所以辅助器具的种类与型号，就变得非常多样而复杂，以满足个体多样的需求。辅助器具分类国际标准从1992年的622种发展到2011年接近800种，市场上辅助器具有成千上万种，美国ABLEDATA详细介绍了4万多种类的辅具。因此，在实际工作中，能够购买现成型号辅助器具的情况并不多见，更多的情况是技术人员根据需求者的实际需要，设定辅助器具参数进行定制或改制。

4. 辅助器具的选配具有时间性

选配辅助器具，应该早发现、早介入、早使用，越早使用辅助器具进行功能补偿，康复效果就越好。这一点与社会上一些人对辅助器具的认识有很大不同。所有功能障碍者，不论导致其需要辅助器具的原因是什么，在医疗康复开始时就应该进行辅助器具介入，不仅可以减缓伤残所导致的障碍进一步加重，而且还可以防范发生二次伤害，可以减轻障碍影响，并提高患者积极进行康复训练的自信心。因此，辅助器具的选配具有时间性，在伤残发生后应该尽早选配合适的辅助器具。

（三）辅助器具的类别

辅助器具使用广泛，品种多样。按照不同的分类方法，可以将辅助器具划分为很多类型。

按照使用人群的不同，辅助器具可以简单分为：肢体残疾人辅助器具、视力残疾人辅助器具、听力残疾人辅助器具、言语残疾人辅助器具、智力残疾人辅助器具、精神残疾人辅助器具六类。具体地说，肢体残疾人辅助器具还可以分为生活辅助器具，包括饮食辅助器具、穿着辅助器具、盥洗辅助器具、排泄辅助器具、日用辅助器具、移位辅助器具、各类扶手、专用床桌垫子等；行动辅助器具，包括拐杖、轮椅车、助行架、学习与工作辅助器具等；假肢与矫形器，包括假肢、矫形器、移动设施等。视力残疾人辅助器具还可以分为生活辅助器具（简易放大镜等），行动辅助器具（包括盲杖、盲道、扶手板等），助视器（包括垫子、光学助视器、非光学助视器等），学习与工作辅助器具（包括盲文打字机、复印机、盲用键盘、读频软件等）。听力残疾人、言语残疾人辅助器具还可以分为生活辅助器具（如话筒、耳机、音箱等），学习与生活辅助器具（如助听器等）。

按照所使用的功能、用途不同，辅助器具可以划分为：个人医疗辅助器具、技能训练辅助器具、矫形器和假肢、个人生活自理和防护辅助器具、个人移动辅助器具、家务辅助器具、家庭和其他场所的家具及其适配件、沟通和信息辅助器具、操作物体和器具的辅助器具、环境改善和评估辅助器具、就业和职业培训辅助器具、休闲娱乐辅助器具，共12个主类、130个次类、781个支类，这也是国际标准ISO 9999的分类（表6-1）。也有学者按照功能与用途，将辅助器具划分为生活辅助类辅助器具、行动辅助类辅助器具、交流与沟通类辅助器具、训练类辅助器具、休闲类辅助器具、助视类辅助器具、助听类辅助器具等。

康复工程学将辅助器具划分为十大类，即治疗和训练辅助器具，矫形器和假肢，生活自理及防护辅助器具，个人移动辅助器具，家务管理辅助器具，家庭及其他场所使用的家具及配件，通信、信息及信号辅助器具，产品及物品管理辅助器具，环境改善辅助器具和设备、工具及机器，休闲娱乐辅助器具。

按照国家标准《残疾人辅助器具分类和术语》对残疾人辅助器具的分类，辅助器具可以分为11大类135个分类743个支类，常用产品超过3000种。包括个人医疗用辅助器具类、技能训练辅助器具类、矫形器和假肢类、生活自理和防护类、个人移动辅助器具类、家务管理辅助器具类、家庭和其他场所使用的家具与配件、通信信息和信号辅助器具类、产品和物品管理辅助器具类、环境改善辅助器具类、休闲娱乐辅助器具类。该分类方法最大的优点是辅助器具都有唯一的6位数字代码（前两位是主类、中间两位是次类、后两位是支类），反映功能联系和区别，方便统计和管理。

表6-1　ISO 9999-2011《残疾人辅助器具分类和术语》

主类	次类与支类
主类04　个人医疗辅助器具	下分18个次类和64个支类
主类05　技能训练辅助器具	下分10个次类和49个支类
主类06　矫形器和假肢	下分9个次类和101个支类
主类09　个人生活自理和防护辅助器具	下分18个次类和128个支类
主类12　个人移动辅助器具	下分16个次类和103个支类
主类15　家务辅助器具	下分5个次类和46个支类
主类18　家庭和其他场所的家具和适配件	下分12个次类和72个支类
主类22　信息沟通辅助器具	下分13个次类和91个支类
主类24　操作物体和器具的辅助器具	下分8个次类和38个支类
主类27　环境改善和评估辅助器具	下分2个次类和17个支类
主类28　就业和职业培训辅助器具	下分9个次类和44个支类
主类30　休闲娱乐辅助器具	下分10个次类和28个支类

资料来源：ISO 9999-2011《残疾人辅助器具分类和术语》

为推进我国康复辅助器具产业发展，加强康复辅助器具行业管理，规范化引导康复辅助器具产品及服务，2016年，国务院颁布《关于加快发展康复辅助器具产业的若干意见》（国发〔2016〕60号），据此，民政部于2023年修订了《中国康复辅助器具目录》，该目录的2023年修订征求意见稿共12大类101次类428支类，12个大类分别是矫形器和假肢、个人移动辅助器具、个人生活自理和防护辅助器具、家庭和其他场所的家具和适配件、沟通和信息辅助器具、个人医疗辅助器具、技能训练辅助器具、操作物品和器具的辅助器具、环境改善和评估的辅助器具、家务辅助器具、就业和职业训练辅助器具、休闲娱乐辅助器具。

二、肢体残疾常用辅助器具

虽然辅助器具种类繁多，甚至有点让人眼花缭乱，但在日常生活中，残疾人日常生活中经常使用和需要的辅助器具并不复杂。

肢体残疾人最常用的辅助器具，主要有以下五种。第一种，最常用的就是轮椅，包括普通轮椅车、可躺式轮椅车、手摇式轮椅车、电动轮椅车等，适用于因胸部以下截瘫、偏瘫、下肢截肢等原因导致步行困难的残疾人，或行动不便的老年人；可躺式轮椅车对于高位截瘫或躯干肌肉功能差，不能久坐的残疾人或身体非常虚弱的老年人更加实用；手摇式轮椅车，俗称手摇三轮车，可以用手操纵机械传动装置驱动车向前运动。随着生活水平和环境的改善，电动轮椅车日益成为需求者的首选，多数电动轮椅车不仅集合了上述优点，还能够通过电力提供动力，方便使用者行动。第二种，肢体残疾人使用较多的是拐杖，包括单点拐杖、多点拐杖、肘杖、腋杖等，适用于任何原因导致步行不稳定者，使用拐杖可以减少患侧下肢承重的20%—30%；多点拐杖因其更高的稳定性，更加适合于偏瘫者使用；肘杖、腋杖特别适合于下肢损伤者，尤其适合于术后训练、扭伤等。第三种是助行器，帮助使用者稳定步伐、支撑身躯。第四种是生活自助器，如拾物器、进食辅助器、床上空横杆等，方便使用者的日常生活。第五种是假肢，对肢体残疾人而言，选配合适、运动自如、功能完备的假肢（义肢），能够给予他们更多的自信和方便，只是很多残疾人因为假肢的用材和信息化水平还不高，在日常生活中很多人宁可放弃不用。

三、视力残疾常用辅助器具

视力残疾人最常用的辅助器具，主要有盲杖、盲文点字板和点字笔、触摸式手表、电子语音报时钟（表）、各种助视器、专用学习用具等。

助行辅具是专门针对视力残疾人行走和定位服务的各种辅助产品，如普通盲杖、智能盲杖、GPS装置、智能眼镜、手机、电脑等，便于盲人出行，独立工作及日常生活。

1. 普通盲杖

盲杖（图6-1）一般由腕带、手柄、杖体和杖尖四部分所构成。腕带是固定在盲杖顶端的一个宽窄适宜或有松紧的套带，将其套在手腕上以防脱落，不用时可以将盲杖悬挂起来。盲人持杖时手握之处是手柄，位于盲杖上端，长约20厘米，扁平状。杖体是由重量较轻的硬质铝合金材料制成，直径约13毫米的长杖体，上接杖柄，下连杖尖。盲杖远端与地面接触的部分是杖尖，用耐磨硬质尼龙或塑料制成，长约8厘米、上粗下细。

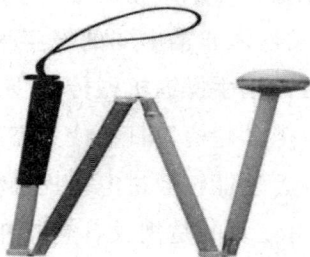

图6-1　盲　杖

2. 智能盲杖

智能盲杖（图6-2）内置GPS系统、障碍物检测超声波传感器、泥水检测器、沟渠检测器、信号转语音系统、扬声器等，给盲人方位定向、行走带来了便利，还可以连接到智能手机。

图6-2　智能盲杖

3. 盲人指南针

盲人指南针（图6-3）以语音形式输出，简单便携，给盲人外出提供方向指导，但随着GPS等其他定向辅具的使用，语音指南针使用率不高。

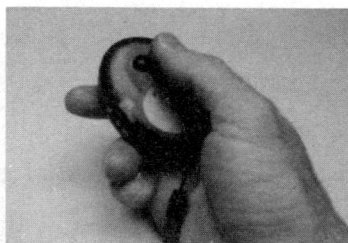

图6-3　盲用语音指南针

4. 发声信号装置

最常见的发声信号装置是安装在道路上的交通信号灯语音提示（图6-4），以提示红绿灯情况；在电梯内等公共场所设语音提示，可以提示盲人所到楼层。

图6-4　交通信号语音提示装置

5. 盲用地图

随身携带盲用地图（图6-5）可以为盲人外出与行走指引方向。常见的盲用地区有3D打印的触觉地图（图6-6）、公共场合盲用地标。

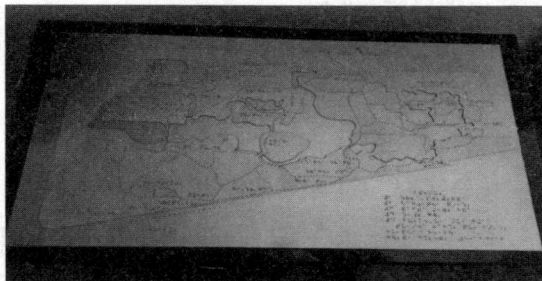

图6-5　盲用地图

图6-6　触觉地图

四、听力残疾常用辅助器具

听力残疾人最常用的辅助器具就是助听器，包括耳背式（长钩形，放于耳背后）、耳内式（全耳甲腔助听器）、耳道式和深耳道式（体积小、最具隐蔽性）等。

五、残疾人辅助器具服务

（一）辅助器具服务内容

知识普及、需求调查、评估适配、使用训练、跟踪回访、维修服务、转接服务、信息服务、贫困补贴、质量监督。

（二）辅助器具适配流程

接待残疾人、全面评估、辅助器具设计、配置辅助器具、使用训练、配置效果评估、跟踪回访。

（三）选配辅助器具原则

没有最好，只有最适合。对每个辅助器具需求者来说，选配辅助器具不是技术含量越高越好，功能越全越好，价格越贵越好；重要的是适合自身需求，有益于残余功能利用和改善。如脊髓损伤者能够使用手动轮椅，则有助于锻炼和增强上肢功能，而不适当地选择电动轮椅，会削弱上肢功能的锻炼。

　　因人适配。每个残疾人功能缺失的情况不同，对辅助器具的要求也各不相同。因此，要像配假牙和眼镜一样，应经过专业机构服务人员对使用者进行功能评估，选配最合适的辅助器具。

第七章　残疾人工作部门与组织

2023年3月，中共中央、国务院印发《党和国家机构改革方案》，组建中央社会工作部，省、市、县级党委组建社会工作部门，负责统筹推进党建引领基层治理和基层政权建设，指导城乡社区治理体系和治理能力建设、拟订社会工作政策，指导社会工作人才队伍建设等。

第一节　残联及其下属机构

按照2022年全国人口普查结果估算，我国约有残疾人超8000万，数量众多、类型多样。直接、间接涉及的家庭数量超全国家庭数的一半。残疾人事业一直是党和国家各项事业的重要组成部分，从中央到地方，各级党委和政府部门均十分重视残疾人工作，直接涉及残疾人工作的是民政部门和残联系统。

一、残疾人工作委员会

为加强党和政府对残疾人工作的领导，协调各政府部门之间的关系，我国自上而下实行残疾人工作委员会制度。

残疾人工作委员会（简称残工委）全面负责残疾人就业、教育、社会福利等各方面的工作，负责人由政府机构的重要领导人兼任，我国最高级别的残工委是国务院残疾人工作委员会，国务院议事协调机构之一，负责协调国务院有关残疾人事业方针、政策、法规、规划的制定与实施工作；协调解决残疾人工作中的重大问题；组织协调联合国有关残疾人事务在中国的重要活动。国务院残疾人工作委员会主任由国务院副总理或国务委员担任，副主任和委员为各部委副职领导担任，负责本部门、本系统残疾人工作，残工委具体工作由中国残疾人联合会承担，残联副主席兼任秘书长。各省（自治区、直辖市与新疆生产建设兵团）政府残工委主任则由地方政府副职领导兼任，副主任和委员为各厅局副职领导，负责安排、协调本部门或系统残疾人工作，政府副秘书长兼任残工委秘书长，具体工作由相应残联承担。省政府残工委在省残联设办公室，残联主席兼任办公室主任，负责日常工作。

二、中国残疾人联合会

中国残疾人联合会简称中国残联，成立于1988年3月，是国家法律确认、国务院批准的由残疾人及其亲友和残疾人工作者组成的人民团体，是全国各类残疾人的统一组织。宗旨是弘扬人道主义精神，发展残疾人事业，促进残疾人平等、充分参与社会生活，共享社会物质文化成果。中国残联具有代表、服务、管理三种职能：代表残疾人共同利益，维护残疾人合法权益；团结帮助残疾人，为残疾人服务；履行法律赋予的职责，承担政府委托的任务，管理和发展残疾人事业。

中国残联的最高权力机构是全国代表大会，每五年举行一次。全国代表大会闭会期间，主席团负责领导全国残联工作。各级地方组织按照国家行政区划设立，社区居民委员会、村民委员会、残疾人集中的企业事业单位等，建立残疾人协会或残疾人小组。

中国残联领导盲人协会、聋人协会、肢残人协会、智力残疾人及亲友协会、精神残疾人及亲友协会等专门协会，代表、联系、团结、服务本类别残疾人，反映特殊愿望及需求，维护合法权益，争取社会帮助，开展适宜活动，参与国际交往。

（一）中国残联内设机构

办公厅综合协调机关重要政务、事务，负责工作会议组织及督办，负责信息、统计、文秘、档案、机要、保密、保卫和机关行政事务等工作，承担国务院残疾人工作委员会日常工作。

研究室主要开展残疾人事业发展政策、理论与实践研究，重要会议文件、报告撰写，残疾人状况监测及报告发布，有关残疾人事业文献、资料编撰，《残疾人工作通讯》《参阅件》编写，联系、指导有关残疾人事业研究机构。

维权部协助有关部门研究拟定有关维护残疾人权益、发展残疾人事业的法律、法规草案，配合有关方面对法律、法规执行情况进行检查、督导；协助处理人大代表、政协委员有关残疾人的议案、提案；配合有关部门做好法律工作人员的培训和普法宣传工作，为残疾人提供法律援助和服务；负责残疾人的来信来访工作，负责无障碍设施建设的推进工作。

组联部负责残疾人组织自身建设；协助地方党委管理省、自治区、直辖市残联领导班子；组织制订并实施残疾人工作者培训计划；调查残疾人状况，管理和发放残疾人证；联络、教育、培养、表彰残疾人；指导基层和社区残疾人工作，组织志愿者助残活动；指导基层残联综合服务设施建设；承担各类残疾人专门协会的日常工作。

康复部组织制订和实施残疾人康复工作计划；指导和协调残疾人康复机构的业务工作；指导残疾人用品开发、供应、服务；推广高新科技成果在康复领域的应用；开展残疾预防辅导工作；指导残疾人康复协会工作，开展学术交流；组织康复人才培训。

教育就业部协助有关部门组织制订和实施残疾人教育工作计划；促进残疾人教育，开展残疾人职业培训；负责盲文、手语的研究与推广。协助有关部门制订残疾人劳动就业工作计划，指导残疾人组织兴办残疾人福利企业，组织实施残疾人按比例就业；负责残疾人劳动服务网络的建设与工作。组织实施残疾人专项扶贫；协助有关部门开展残疾人社会保障工作。

宣传文化部组织制订并实施残疾人事业的宣传和文化工作计划，宣传国家发展残疾人事业的方针、政策；负责为残疾人提供特需读物和精神文化产品，推动残疾人信息无障碍交流的协调工作；开展残疾人文化艺术活动；指导中国残联主办、主管的报刊、出版、文化机构的业务工作。

体育部研究拟定残疾人体育工作的政策法规和发展规划并监督实施；

指导并开展残疾人群众性体育活动，协助配合有关部门和单位承办重大国际残疾人体育赛事；指导中国残联主办、主管的体育机构的业务工作。

国际联络部组织协调残疾人事业的国际交流；开发和管理国际合作项目；开展对外宣传；办理日常涉外事务（包括组织开展与香港、澳门特别行政区和台湾地区残疾人工作的合作与交流）；指导地方残联外事工作。

计划财务部编制资金计划，管理事业经费、基建投资、物资配置和机关行政经费；负责残疾人事业的科技工作；开发、管理残疾人福利基金；承担残联系统内部审计，指导地方残联经费预算、基本建设和基金工作。

人事部管理机关和直属单位的机构设置、编制、人事和劳动工资；负责对中国残联直接管理的全国性残疾人社会团体进行监督管理；指导专业技术职务评审和聘任工作；开展职工培训。

直属机关党委、直属机关纪委负责直属机关党的工作，制定实施党的建设整体规划；负责党的思想、组织、制度和党风廉政建设，协调并指导直属机关精神文明建设；领导直属机关纪委工作；领导直属机关工会、共青团、妇工委和青联等群众组织；协调做好党组民主生活会和中心组理论学习的服务工作；协助做好统战工作。

（二）中国残联直属事业单位

中国康复研究中心是承担残疾人的康复、康复科学技术研究、康复人才培养及信息与社会服务的综合性康复机构和技术资源中心，是中国一流的综合康复机构。

中国听力语言康复研究中心是全国聋儿康复技术资源中心，是医学、教学、科研三位一体的国家级事业单位。负责全国相关专业人员的技术培训、聋儿语训、听力测试、助听器验配等。

华夏出版社是一家综合性出版机构，以专业出版为特色，兼顾大众出版与教育出版，在经济、管理、西方哲学、传播学、社会学、人类学、医学等专业出版门类形成主题系列，规模优势与品牌优势，在图书市场占据较大的份额，在读者中享有良好的信誉和阅读忠诚度。

华夏时报社为中国残联公益二类事业单位，华夏时报及华夏时报网等系列新媒体，承担着宣传党的大政方针和经济社会发展的重任，以"弘扬人道主义，为残疾人和残疾人事业服务，推动社会文明进步"为宗旨，定位于"人道、公益、民生"，版块内容包括人道慈善、时政民生、公益财经、深度调查、资本投资、文化评论等，突出残疾人事业宣传和财经报道两大特色，全力推动残疾人事业、公益事业和中国经济持续健康发展。

中国盲文出版社是为全国盲人出版制作盲人文化产品并提供综合性文化服务的公益性出版机构，目前有求真出版社有限责任公司、金钥匙视障教育研究中心、康艺无障碍影视发展中心、北京恒继技贸公司等4个成员单位，现有在职职工175人，下设盲文编辑部，盲文印制部，有声读物事业部，大字本事业部，出版部，读者服务部，材料供应部，公益文化部，音像出版部，盲人教具、学具事业部，总编室等14个部门。

中国视障文化资讯服务中心（中国盲文图书馆）是面向全国盲人提供公益性、综合性文化资讯服务的文化机构，现有在职职工120人，下设采编部、典藏借阅部、参考咨询部、文化教育部、盲人文化研究所、辅助技术研究所、数字资源部、信息无障碍中心等8个业务部门。

中国残疾人艺术团是国家专业艺术团体，隶属中国残疾人联合会。承担为残疾人艺术提供指导服务，残疾人演出组织，基层特殊艺术工作指导，特殊艺术后备人才培训等职能。诞生于1987年的中国残疾人艺术团是残疾人优秀人才成长的园地，国际交流的窗口和励志教育的基地。

中国残疾人体育运动管理中心受中国残联委托，组织开展残疾人体育活动；承担残疾人运动员的注册、分级等工作；承担国家残疾人体育综合训练基地的运行和管理工作；承担残疾人体育科研、反兴奋剂工作；承办残疾人体育训练、竞赛及培训任务。

中国残联就业服务指导中心负责协调组织残疾人劳动就业工作落实；承担对残疾人就业服务机构、人员队伍规范化建设的技术指导；承担残疾人失业登记、残疾人就业与失业统计工作，指导开展残疾人就业服务和就业援助工作；负责残疾人劳动就业岗位的开发和支持性服务工作的开展；监督检查残疾人就业保障金的管理、使用；承担全国残疾人职业技术培训规划、计划的落实、组织与协调工作；进行残疾人就业、职业培训领域的理论研究、信息统计及处理工作；承担农村残疾人扶贫服务工作；组织残疾人职业技能鉴定相关辅助标准的研究开发工作；负责全国性残疾人职业技能竞赛的有关组织工作，协助做好残疾人技能人才评选表彰和奖励的事务性工作；协助政府有关部门研究、制定和实施盲人按摩行业管理的法规、政策和管理办法，对全国盲人按摩工作进行行业管理。

中国残疾人杂志社是我国唯一一家全国性的为各类残疾人服务，并向全社会开放的新闻出版机构。杂志社的宗旨是：以宣传爱国主义、人道主义以及自尊、自信、自强、自立为己任，为残疾人平等参与社会和生活，为中国残疾人事业全面、健康、持续发展创造良好和谐的社会环境，主要刊物有《中国残疾人》《三月风》《盲人月刊》

中国华夏文化集团是经中央机构编制委员会办公室批准成立的事业集团。集团由华夏出版社、华夏时报社、中国康艺音像出版社、中国残疾人杂志社、中国盲文出版社等单位组成，具有独立事业单位法人资格。集团以弘扬人道主义，传承华夏文明为己任，努力为残疾人事业和社会经济文化发展作出贡献。

中国残疾人辅助器具中心是全国残疾人辅助器具资源中心，主要为残疾人提供辅助器具服务，组织开发、供应和推广残疾人辅助器具；开展残疾人辅助器具的知识宣传、使用指导、技术培训和质量监督；对贫困残疾人配置辅助器具实施救助。

北京按摩医院是一所以盲人医生为主体、医疗为中心、按摩为特色，开展临床科研与教学的专科医院，是中国盲人按摩医疗的发源地。

中国残联信息中心是中国残联直属事业单位，承担中国残联信息化建设领导小组办公室的行政管理职能；负责制定残联系统信息化发展规划并组织实施；负责制定残联系统信息化建设的管理制度以及网络建设和应用软件开发的标准和规范；指导地方残联的信息化建设工作；负责残联机关政务信息化建设工作；负责中国残联互联网站的运行和维护；承担残疾人事业数据统计工作，负责残疾人事业信息资源建设，为各级领导和部门提供信息服务。

中国残联机关服务中心负责机关治安、消防、保卫工作，协助有关部门做好保密工作，指导直属单位的保卫工作；负责机关财务管理；固定资产和各类物资管理；捐赠物品和礼品的存储、保管；负责机关房产管理；后勤服务的规划、协调与监督管理；计划生育、爱国卫生、交通安全、社会治安综合治理、绿化等社会事务管理。

（三）中国残联所属社团与组织

中国残疾人福利基金会是全国性公募基金会，成立于1984年3月15日。宗旨是弘扬人道，奉献爱心，全心全意为残疾人服务。理念是"集善"，即集合人道爱心，善待天下生命。工作目标是努力建设成为公开、透明、高效率和高公信力的世界一流基金会。

中国残奥委员会简称"中国残奥委会"，是为肢体残疾人和视力残疾人设立的全国性、专业性、非营利性群众体育社会团体，接受中国残疾人联合会、国家体育总局、民政部的业务指导和监督管理。主要职能是：认真贯彻国家有关残疾人和体育工作的有关法律法规和方针政策，动员、组织和指导肢体残疾人、视力残疾人开展体育活动，举办残疾人体育赛事；组织参加或举办国际残奥比赛，开展国际交流；协同有关部门组织开展残奥科学研究。

中国特奥委员会是为智商在70以下的智力残疾人设立的全国性、专业性、非营利性群众体育社会团体，接受中国残疾人联合会、国家体育总局、民政部的业务指导和监督管理。主要职能是：认真贯彻国家有关残疾人和体育工作的有关法律法规和方针政策，动员、组织和指导智力残疾人开展体育活动，举办特奥体育赛事；组织参加或举办国际特奥体育比赛，开展国际交流；协同有关部门组织开展智力残疾人体育科学研究。

中国聋人体育协会是为听力残疾人设立的全国性、专业性、非营利性群众体育社会团体，接受中国残疾人联合会、国家体育总局、民政部的业务指导和监督管理。主要职能是：认真贯彻国家有关残疾人和体育工作的有关法律法规和方针政策，动员、组织和指导听力残疾人开展体育活动，举办残疾人体育赛事；组织参加或举办国际听障体育比赛，开展国际交流；协同有关部门组织开展听力残疾人体育科学研究。

中国特殊艺术协会是中华人民共和国文化和旅游部、中国残疾人联合会共同创办的具有独立法人地位的全国性非营利性社会团体。中国特殊艺术协会接受中国残疾人联合会的业务指导，在民政部注册并接受其监督管理。它的宗旨是：更好地团结广大热心残疾人特殊艺术事业的文艺工作者，提高残疾人艺术演出水平，培养和选拔残疾人艺术人才，丰富残疾人文化生活，参与国际残疾人文化艺术交流，培养文明进步的社会环境，促进社会主义精神文明建设。

中国狮子联会是我国借鉴国际狮子会管理运作模式成立的全国性民间慈善服务团体，对内组织引导会员开展形式多样的慈善服务活动，对外统筹中国与国际狮子会的合作关系。中国狮子联会将遵循"自主建会、独立运作、坚持宗旨、依法办事"的办会原则，探索并形成具有中国特色的办会机制，建立符合中国国情的组织管理体系和服务活动方式。

中国残疾人事业新闻宣传促进会由中央有关新闻单位，各省、自治区、直辖市残疾人事业新闻宣传促进会组成，实行单位会员制，接受中国残疾人联合会、中华全国新闻工作者协会、民政部的业务指导和监督管理。

中国残疾人康复协会是由与残疾人康复有关的专家和专业技术人员组成的依法登记成立的全国性、学术性、公益性、非营利性法人社团，是中国残疾人联合会联系广大专家和专业技术人员的桥梁和纽带，是发展我国残疾人康复事业的重要技术力量。宗旨是根据《中国残疾人联合会章程》精神，团结广大康复工作者，遵守国家宪法、法律、法规，执行国家发展残疾人事业的方针和政策，弘扬人道主义。坚持学术研究与康复实践紧密结合的方向，坚持协会工作与残疾人康复工作互动的运作机制，坚持全面康复的理念，推动康复学术研究，促进康复事业发展，探索具有中国特色的残疾人康复道路，全心全意为残疾人服务。康复协会由业务主管单位中国残疾人联合会直接领导，接受民政部社团登记管理机关的业务指导和监督管理。康复协会的工作对象为视力残疾、听力残疾、言语残疾、肢体残疾、智力残疾、精神残疾、多重残疾和其他残疾的人。康复协会研究的范围为残疾预防、残疾治疗和康复。康复包括医疗康复、教育康复、职业康复和社会康复。

中国盲人按摩学会协助政府有关部门制定实施全国盲人按摩行业管理的法规、政策及管理办法，制定盲人按摩工作规划并组织实施、督导、检查；协调全国盲人按摩人员培养、培训工作及编写出版各级盲人按摩人员教材、教学大纲，开展国内外学术交流；为盲人按摩人员从业、就业提供指导与服务。

中国助残志愿者协会由助残志愿者、志愿助残服务组织以及关心支持助残服务事业的单位和人士自愿组成，按照章程开展志愿助残活动的全国性、联合性、非营利性的社会组织。宗旨为以培育和践行社会主义核心价值观为统领，普及志愿助残理念，弘扬人道主义精神，发展志愿助残服务事业，促进残疾人共享经济社会发展成果，培育残健共融、和谐友爱的社会文明风尚。

残疾人事业发展研究会是第一个全国性残疾人事业发展研究社团，主要由高等院校、科研院所和国家有关部委的专家、教授，以及残疾人专业工作者组成。日常工作由秘书处承担，秘书处设在中国残联研究室。

康艺无障碍影视发展中心旨在打造专业化团队，运用社会化工作方式，调动社会资源，积极开展合作，为全国视听残障人士制作、推广无障碍影视作品，满足视听残障人士对文化影视的需求。中心成立以来，围绕无障碍影视制作标准研究、无障碍影视学术研究、无障碍影视专业人才培训标准研究等方面积极开展工作。制作的无障碍影视作品涵盖电影、电视剧、动漫、科教片、少数民族影片、各级各类残疾人教育培训片等多个领域。中心以丰富视听残障人士精神文化生活为己任，努力推广无障碍影视服务，在全国各级图书馆、特教学校等机构提供丰富的无障碍影视资源，开展无障碍影视文化交流活动，打造人性化、便捷化的服务，让每一位残疾人都享受到富于时代感的文化产品。

三、省级以下各级残联

各省（自治区、直辖市与新疆生产建设兵团）残联是残疾人自身代表组织、社会福利团体和事业管理机构融为一体的残疾人事业团体，履行"代表、服务、管理"职能，代表残疾人共同利益，维护残疾人合法权益，团结教育残疾人，履行政府赋予的职责，管理和发展残疾人事业（图

7-1）。一般由省（自治区、直辖市与新疆生产建设兵团）人民政府领导。

残疾人证新办	详情 ⊙	残疾人证注销	
发放困难残疾人生活补贴和重度残疾人护理补贴	详情 ⊙	残疾人机动轮椅车燃油补贴	
为残疾人免费适配基本辅助器具服务	详情 ⊙	残疾人就业推荐	
残疾人就业保障金申报	详情 ⊙	全国残疾人按比例就业情况联网认证	

图7-1　残联网页

省级以下各级残联的内设机构一般均按照中国残联的模式进行设置，职能也基本一致。省级残联内设机构及其职责如下：

办公室负责综合协调工作；负责机关文秘、机要、保密、国家安全、档案、统计、会务、信息、督办、公产管理、后勤管理服务等工作；承担省残疾人工作委员会的具体工作；完成残联领导交办的其他工作。

组织联络部负责残疾人组织建设，协助市、县党委管理残疾人联合会领导班子，培训残疾人工作者；调查掌握残疾人状况，管理残疾人证，联络、教育、培养、表彰残疾人，了解促进残疾人福利措施的落实情况，帮助残疾人参加社会养老和医疗保险；指导基层和社区残疾人工作，组织志愿者助残活动；指导基层残联综合服务设施建设；承担省各类残疾人专门协会和省残联评议会的日常工作，办理有关涉外事务。

康复部负责组织和开展残疾人残疾状况、致残原因和康复需求调查，掌握协调残疾人康复技术资源；拟定和实施残疾人康复政策和工作规划、计划，指导和协调残疾人康复机构的业务；组织开展各类残疾人康复和各类残疾人辅助器具开发、供应、服务工作；指导残疾人康复行业协会的工作，开展学术交流，培训康复人才；开展残疾人康复专项统计，总结推广残疾人康复先进工作经验；承担残疾人康复工作办公室的日常工作。

教育就业部参与制订和实施残疾人教育工作计划，促进和开展残疾人学前教育、义务教育、职业教育、高级中等以上教育和成人教育，推广盲文、手语；制订残疾人劳动就业工作计划；指导残疾人职业技能培训和盲人按摩与盲人辅导工作；组织实施残疾人分散按比例就业和残疾人组织兴办福利企业；负责残疾人劳动服务网络的建设与业务指导工作；组织实施残疾人扶贫解困工作；协助开展残疾人社会保障工作。

宣传文体部负责宣传残疾人事业，组织开展助残活动；组织开展残疾人文化、艺术活动，管理和发展残疾人体育；指导残疾人文化、体育机构的业务工作；承担残疾人事业新闻宣传促进会和残疾人体育协会的日常工作。

计划财务部负责编制残疾人事业发展规划和资金计划，管理事业经费和基建投资；筹集和管理残疾人事业发展资金；管理机关财务，承担机关和直属事业单位的内部审计工作；指导残联系统的经费预算、基本建设和资金管理工作；负责残疾人福利基金会的日常工作。

人事部负责单位人事管理制度和人事管理改革方案的拟订并组织实施；承担机关机构编制、干部人事工作，指导直属事业单位机构编制、干部人事工作；负责机关干部职工招录、培训、考勤、考核、调配、请休假及退休手续的办理工作；负责管理机关干部职工工资、奖金、津贴、医保、公积金等工作；负责机关临时工的聘用和管理工作；负责党员领导干部民主生活会的相关工作；负责编制、人事劳资统计工作；负责机关退休干部的思想政治和服务工作；完成残联领导交办的其他工作。

社会保障与服务部综合协调残疾人社会保障体系和服务体系建设各项工作；组织制定有关政策措施，实施残疾人"两个体系"建设；健全残疾人服务体系，发展残疾人服务业；建立完善"两个体系"建设的服务保障机制。

机关党委负责机关和直属事业单位的党群工作。

第二节　民政系统

一、民政部

民政部是国务院组成部门，负责拟订残疾人权益保护政策，统筹推进残疾人福利制度建设和康复辅助器具产业发展。拟订儿童福利、孤弃儿童保障、儿童收养、儿童救助保护政策、标准，健全农村留守儿童关爱服务体系和困境儿童保障制度。为困难群众、孤老孤残孤儿等特殊群体提供基本社会服务，促进资源向薄弱地区、领域、环节流动。

民政部内设机构与残疾人事业直接相关的是社会事务司和儿童福利司。社会事务司参与拟订残疾人集中就业扶持政策，指导婚姻登记机关和残疾人社会福利、殡葬服务、流浪乞讨人员救助管理机构相关工作；儿童福利司拟订儿童福利、孤弃儿童保障、儿童收养、儿童救助保护政策、标准，健全农村留守儿童关爱服务体系和困境儿童保障制度，指导儿童福利、收养登记、救助保护机构管理工作。

与残疾人事业直接相关的民政部直属机构是国家康复辅具研究中心、中国儿童福利和收养中心。国家康复辅具研究中心是我国开展康复辅具和专用设备理论、临床应用研究、技术研发，康复辅具行业技术标准拟定以及相关培训与信息服务的机构。中国儿童福利和收养中心（英语缩写CCCWA），简称中国收养中心，是受政府委托，负责涉外收养具体事务，承担社会福利机构儿童养育和国内收养部分具体工作的组织机构。

中国康复辅助器具协会是民政部主管的社会团体，由康复辅助器具行业有关企、事业单位和社会团体以及从事和热心于康复辅助器具事业的工作者、医务人员、专家、学者等自愿组成的全国性、行业性、非营利性社会组织，是具有独立法人资格的5A级社会团体，国际假肢矫形器协会（ISPO）会员。协会坚持"为会员服务、为残障人服务、为行业发展服务"的宗旨，加强政府同国际国内行业机构及服务对象横向联系，团结和依靠国内外社会力量，开展技术交流与合作，维护国内市场秩序，促进公平竞争，提高行业整体效益，依法维护广大残障人和消费者的权益，推动我国康复辅助器具事业的快速发展。

为方便残疾人使用互联网，民政部网站较早实现了无障碍信息交流（图7-2）。网站设有残疾人福利窗口（图7-3），专门接受残疾人生活补贴和护理补贴申报。

图7-2　无障碍网页

图7-3　残疾人生活补贴和护理补贴申报窗口

二、省（自治区、直辖市和新疆生产建设兵团）民政厅

各省（自治区、直辖市和新疆生产建设兵团）人民政府设民政厅，负责贯彻落实中央、省（自治区、直辖市和新疆生产建设兵团）委关于民政工作的方针政策和决策部署，拟订全省残疾人权益保护政策措施，统筹推进全省残疾人福利制度建设和康复辅助器具产业发展。拟订全省儿童福利、孤弃儿童保障、儿童收养、儿童救助保护政策和标准，健全农村留守儿童关爱服务体系和困境儿童保障制度。为困难群众、孤老孤残孤儿等特殊群体提供基本社会服务，促进资源向薄弱地区、领域、环节流动。积极

培育社会组织、社会工作者等多元参与主体，推动搭建基层社会治理和社区公共服务平台。

（一）民政厅直接涉及残疾人工作的机构（以贵州省为例）

社会救助处：拟订城乡居民最低生活保障、特困人员救助供养、临时救助等社会救助政策和标准，健全城乡社会救助体系；承办中央财政下达和省级财政预算困难群众救助补助资金分配和监管工作；指导城乡居民最低生活保障、特困人员救助供养、临时救助等社会救助对象认定管理工作和城市低收入家庭认定工作；承担全省社会救助信息管理工作；参与拟订全省医疗、住房、教育、就业、司法等相关救助政策；承担扶贫开发相关工作。

社会事务处：推进全省残疾人权益保护政策措施；参与拟订残疾人集中就业扶持政策；指导残疾人社会福利相关工作。

养老服务处：承担老年人福利工作，拟订全省老年人福利补贴制度和养老服务体系建设规划和政策措施；协调推进农村留守老年人关爱服务工作，指导全省养老服务、老年人福利、特困人员救助供养机构管理工作。

儿童福利处：拟订全省儿童福利、孤弃儿童保障、儿童收养、儿童救助保护政策和标准，健全农村留守儿童关爱服务体系和困境儿童保障制度；指导全省儿童福利、收养登记、救助保护机构管理工作。

（二）民政厅涉及残疾人工作的直属事业单位（以贵州省为例）

省慈善总会服务中心：采取多渠道、多形式筹集慈善资金；组织开展安老扶孤、帮弱助残、助医助学、扶贫济困等慈善救助和各种公益援助活动；协调指导省内各地开展慈善活动，推动地方慈善事业的发展；开展与国内外、境内外慈善组织的交流合作活动。

省肢体康复中心（省肢体康复医院）：为革命伤残军人、伤残人民警察、机关伤残人员、参战伤残民兵、民工及其他肢体伤残患者提供综合性肢体康复医疗和功能训练服务；为肢体伤残患者生产、安装假肢和矫形器等肢体康复辅助器械；为肢体伤残患者提供假肢矫形器安装、咨询和鉴定服务；开展综合性肢体康复医疗、功能训练，达到代偿或矫治患者丧失的部分功能；面向社会为广大肢体伤残患者服务，做好相关经营服务。

省社会福利服务中心（省养老服务指导中心）：参与全省社会福利工

作的政策法规、发展规划和各类服务机构标准评定的调研和论证工作；配合开展社会福利机构从业人员培训；协助实施社会福利项目；受厅委托负责福利服务大楼资产管理和运营管理；推进养老服务标准化建设，受委托承办养老服务机构准入制度和等级评定体系建设相关工作；加强养老服务机构行业规范和业务指导；引导社会力量兴办养老服务机构；指导开展养老服务示范活动；组织开展养老服务行业管理培训和从业人员技能培训，会同有关部门开展职业技能培训鉴定工作，推动全省范围内养老服务从业人员持证上岗；指导全省养老服务网络化信息平台的组建和运行；协助或组织开展形式多样的为老助老服务活动，推动老龄产业健康发展。

省社会救助服务中心（省社会救助家庭经济状况核对中心）：为全省组织实施城乡最低生活保障、农村"五保"供养等社会救助工作提供政策、信息咨询；组织实施城市低收入家庭审核认定工作；指导农村"五保"供养机构建设和管理；组织实施城乡最低生活保障社会化服务管理规划和信息管理系统规划。

省未成年人保护中心：开展未成年人保护、儿童福利和收养相关研究；承担未成年人信息采集、风险评估、隐患排查和关爱救助保护等工作；承担未成年人保护信息系统运行维护、数据信息分析应用等工作；组织实施未成年人关爱保护公益项目；承担涉外收养登记、咨询等服务工作；承担未成年人保护、儿童福利和收养业务培训相关工作；承担省未成年人保护委员会办公室和省民政厅交办的其他有关工作。

省社会工作服务中心：参与拟制社会工作专业人才队伍建设发展规划；为社会工作专业人才队伍提供政策、信息咨询服务；负责社会工作专业人才登记管理工作；指导社会工作岗位开发。

各省民政厅的内部机构和直属事业单位设置不尽相同，相应的名称可能存在一些差异，但其职能基本一致。

三、省级以下各级民政局

市、县级人民政府民政局是政府主管社会行政事务的职能部门，负责贯彻落实残疾人权益保护政策，统筹推进残疾人福利制度建设和康复辅助器具产业发展。拟订儿童福利、孤弃儿童保障、儿童收养、儿童救助保护政策措施、标准，健全农村留守儿童关爱服务体系和困境儿童保障制度。市、县级民政局一般设社会事务科（社会事务和慈善事业促进科）、社会救助科等具体负责残疾人工作。直属事业单位一般有社会（儿童）福利院、社会福利厂等。

乡镇是我国最基层的行政机构，一头连着城市，一头连着农村，在农村乃至整个国家经济社会发展中发挥着基础性作用，是党和政府联系人民群众的桥梁纽带。街道办事处是市辖区人民政府或不设区的市人民政府的派出机关，受市辖区人民政府或不设区的市人民政府领导，行使市辖区或不设区的市人民政府赋予的职权。在乡镇、街道一般会设置社会事务办公室，负责所辖区域残疾人工作。

第三节 其他部门

一、人社部门

我国人力资源和社会保障部门的基本职责中，涉及残疾人工作的是完善工伤预防、认定和康复政策，组织拟订工伤与职业病致残等级鉴定标准。拟订促进妇女、残疾人等群体统筹就业的政策并指导实施，拟订对就业困难人员（含零就业家庭成员和残疾人）的就业援助制度和政策并指导实施。

二、教育系统

残疾人教育是国家教育事业的组成部分。国家保障残疾人享有平等接受教育的权利，禁止任何基于残疾的教育歧视。残疾人教育应当根据残疾人身心发展特征和特殊需要，积极推进融合教育，优先采取普通教育方式；全面提高残疾人素质，为其平等参与社会生活创造条件。

按照相关法律、法规规定，我国实行"普及与提高相结合、以普及为重点"的残疾人教育事业发展方针，保障义务教育，着重发展职业教育，积极开展学前教育，逐步发展高级中等以上教育。

国务院教育行政部门统筹规划、协调管理全国残疾人教育事业，县级以上人民政府教育行政部门主管本地残疾人教育工作。各级教育行政部门应当贯彻落实党和国家的教育方针、政策及法律、法规；拟订教育事业发展规划并指导、协调和监督实施；落实立德树人根本任务，努力构建德智体美劳全面培养的教育体系，把立德树人融入思想道德教育、文化知识教育、社会实践教育各环节；推进义务教育全覆盖，全面推进融合教育，促进医教结合。其他部门在各自职责范围内负责相关工作。

直接招收残疾人的学校是特殊教育学校（幼儿园、中专、高校等）。特殊教育学校要贯彻党和国家教育方针，根据学生身心特点和特殊需要实施教育，为其平等参与社会生活，继续接受教育，成为社会主义事业的建设者和接班人奠定基础。义务教育阶段特殊教育学校的学制一般为九年一贯制，并实行党组织领导下的校长负责制；应当推广使用全国通用的普通话和规范字，国家推行的盲文、手语。

学前教育机构、各级各类学校及其他教育机构应当依法实施残疾人教育，不得拒绝招收符合规定条件的残疾人入学。

三、卫生健康工作机构

2018年3月，根据第十三届全国人民代表大会第一次会议批准的国务院机构改革方案，国家卫生和计划生育委员会不再保留，组建国家卫生健康委员会。国家卫生健康委员会贯彻落实党中央关于卫生健康工作的方针政策和决策部署，在履行职责过程中坚持和加强党对卫生健康工作的集中统一领导。

各地卫健部门负责统筹规划资源配置，制定并实施推进卫生健康基本公共服务均等化、普惠化、便捷化和公共资源向基层延伸等政策措施，协调推进深化医药卫生体制改革，制定并组织落实疾病预防控制规划、国家免疫规划以及严重危害人民健康公共卫生问题的干预措施，制定检疫传染病和监测传染病目录。负责职业卫生、放射卫生、环境卫生、学校卫生、公共场所卫生、饮用水卫生等公共卫生的监督管理，负责传染病防治监督，健全卫生健康综合监督体系。制定医疗机构、医疗服务行业管理办法并监督实施。

各级各类医疗卫生机构具体负责残疾人相关医疗救治、康复训练等工作。

四、残疾人体育运动管理

残疾人体育又称特殊体育、伤残人体育、残障人体育，是指以在听力、视力、语言、智力、肢体等方面有缺损者为参与主体的体育活动，以强身健体、身体康复、恢复机能、培养意志品质和生活自理能力等为目的（图7-4）。

图7-4　残疾人体育项目

国际残疾人体育运动起源于第二次世界大战期间。因战争而致残的大量伤残军人通过适当体育活动获得康复，重新参与社会生活。残疾人体育运动开始受到社会各界的重视，逐步在世界范围内发展起来。

我国残疾人开展体育活动的记载，最早见于秦、汉时期成书的《黄帝内经》，书中记载有残疾人通过导引、推拿、按摩等方式，恢复生理机能、康体健身；民间也有古代名医用吐纳、五禽戏、八段锦及其他娱乐活动治疗肌肉萎缩的说法。创建于清末的北京盲校、山东烟台聋校等曾开展聋学生、盲学生踢毽、打拳等体育娱乐活动。但我国真正开展残疾人体育运动是在1949年中华人民共和国成立之后。

受中国残联委托，中国残疾人体育运动管理中心组织开展残疾人体育活动；承担残疾人运动员的注册、分级等工作；承担国家残疾人体育综合训练基地的运行和管理工作；承担残疾人体育科研、反兴奋剂工作；承办残疾人体育训练、竞赛及培训任务。

继1987年成立中国残疾人体育协会（中国残疾人奥林匹克委员会）之后，中国弱智人体育协会（中国特殊奥林匹克委员会）、中国聋人体育协会（中国聋人奥林匹克委员会）相继成立，是隶属于中国残疾人联合会的社团组织，接受中国残疾人联合会、国家体育总局和民政部的业务指导与监督管理。全国各省、自治区、直辖市也相继成立残疾人体育协会，开展了形式多样的群众性体育活动，动员组织残疾人参加体育锻炼，增进健康，促进康复，增强生活信心和勇气，使他们能同健全人一样参与社会，更好地为社会主义现代化建设做贡献。

我国还先后制定和颁布了一系列法律法规，为中国残疾人体育事业的发展提供了有力保障。国家和社会鼓励、帮助残疾人参加各种文化、体育、娱乐活动，残疾人的这些活动应当面向基层，融入社会公共文化生活，适应各类残疾人的不同特点和需要，使残疾人广泛参加。《中华人民共和国体育法》规定：全社会应当关心、支持残疾人参加体育活动，政府应当为残疾人提供方便，公共体育设施应当对残疾人实行优惠。

中国残疾人体育协会还相继加入了国际残疾人奥林匹克委员会（IPC）、国际残疾人体育组织（ISOD）、国际盲人体育协会（IBSA）、国际脑瘫人体育和休闲运动协会（CP-ISRA）、世界聋人体育联合会（CISS）、国际轮椅体育运动联合会（ISMWSF）、国际特殊奥林匹克委员会（SOI）、远东及南太平洋地区残疾人运动会联合会（FESPIC）等组织，使中国残疾人运动逐步走上国际舞台，竞技体育水平不断提高，在国际赛事中取得了骄人的成绩。

2022年3月3日，国务院新闻办发表《中国残疾人体育事业发展和权利保障》白皮书，中国残疾人体育活动逐步开展，残疾人参与社会生活的环境大为改善，各方面权利得到尊重和保障，走出了一条具有中国特色、符合时代潮流的残疾人体育发展之路。

五、残疾人文化艺术管理

中国特殊艺术协会（China Association Of Special Arts，CASA）是文化和旅游部、中国残疾人联合会共同创办的具有独立法人地位的全国性、非营利性社会团体，接受中国残疾人联合会业务指导，在民政部注册并接受其监督管理。其宗旨是团结残疾人艺术和文化工作者，贯彻执行党的文艺方针、研究残疾人特殊艺术理论、交流特殊艺术工作经验、培养特殊艺术人才，组织残疾人演出、展示，指导、辅助和支持基层文化艺术活动，开展艺术培训，组织文艺会演和比赛、评先、表彰，参与国际文化艺术交流等。其秘书处设在中国残疾人艺术团，由中国残疾人艺术团负责处理特殊艺术协会日常工作。

中国残疾人艺术团（中国残疾人特殊艺术指导中心）是中国残疾人联合会直属事业单位，我国唯一的国家级残疾人艺术院团。承担为残疾人艺术提供指导服务，残疾人演出组织，基层特殊艺术工作指导，特殊艺术后备人才培训等职能（图7-5）。

图7-5　聋人舞蹈：千手观音

艺术团于1987年9月27日成立，2002年加挂"中国残疾人特殊艺术指导中心"牌子，实行"两块牌子一套班子"的管理模式，同年进入市场、走向世界，创造了特殊艺术经典，被誉为"美与人性的使者""全球六亿残疾人的形象大使""人类特殊艺术的火炬"，被联合国机构指定为"联合国教科文组织和平艺术家"。

第四节　相关节日与纪念日

一、国际性残疾人纪念日

（一）世界盲文日：1月4日

2018年11月，联合国大会表决通过了设立"世界盲文日"的议案（图7-6），2019年1月4日是首个"世界盲文日"。设立宗旨是促进人们认识到盲文作为交流手段对于充分实现盲人和弱视者人权方面的重要性。

盲文是盲人使用的语言文字，世界各国通行的"六点制"盲文符号系统，是法国盲人教师路易·布莱尔（1809—1852年）于1829年创立的，他因此被尊称为"世界盲文之父"。

2018年7月1日，我国颁布《国家通用盲文方案》。

图7-6　世界盲文日

（二）世界青光眼日：3月6日

世界青光眼联合会（World Glaucoma Association，WGA）和世界青光眼

患者联合会（World Glaucoma Patient Association，WGPA）在2008年共同发起一项全球性行动，将3月6日定为世界青光眼日（World Glaucoma Day），旨在提高青光眼疾病的知晓率。

（三）世界唐氏综合征日：3月21日

2011年12月，联合国大会将3月21日定为世界唐氏综合征日，并从2012年起每年举办活动。各国与社会组织以适当方式举办活动，提高公众对唐氏综合征的认识。

1959年发现该病是由人体的第21对染色体的三体变异造成的现象。1965年将这一病症正式定名为"唐氏综合征"。它包含一系列遗传病，会导致包括学习障碍、智能障碍和残疾等高度畸形。

（四）世界提高自闭症意识日：4月2日

2007年12月，第62届联合国大会通过决议，从2008年起将每年的4月2日定为世界提高自闭症意识日（World Autism Awareness Day）。提高各国对自闭症的关注，呼吁人们对自闭症患者给予支持和关怀。鼓励各国政府组织举行活动，提高人们对自闭症的认识，宣传早期诊断和干预治疗的重要意义。这项决议是由卡塔尔常驻联合国代表纳赛尔提出，另有50个国家共同提案。

自闭症也称孤独症，是一种严重的精神发育障碍，其概念由美国约翰斯·霍普金斯大学专家莱奥·坎纳于1943年首次提出。自闭症的症状一般在3岁以前就会表现出来，主要特征是漠视情感、拒绝交流、语言发育迟滞、行为重复刻板以及活动和兴趣范围的显著局限性等。

（五）国际脊髓损伤关注日：9月5日

每年的9月5日为"国际脊髓损伤关注日"，鼓励更多的脊髓损伤患者摆脱身体障碍的束缚，通过努力重返社会。根据世界卫生组织发布的数据，脊髓损伤的发生率为千分之一。

（六）世界阿尔茨海默病日：9月21日

也称为世界老年性痴呆宣传日、世界老年痴呆日，是国际老年痴呆协会1994年在英国爱丁堡第十次会议上确定的。世界各国和相关社会组织举办宣传活动，使全社会都关注老年痴呆病。

老年痴呆是一种严重的智力致残症，病人从轻度记忆与认知障碍到最后的植物状态，要经历几年甚至几十年。多发生于中年或老年的早期，症状是短期记忆丧失，认知能力退化，逐渐变得呆傻，甚至生活完全不能自理。1906年，德国神经病理学家阿尔茨海默（Alois Alzheimer）首次报告了一例具有进行性痴呆表现的51岁女性患者，1910年这种病被命名为阿尔茨海默病。

（七）国际手语日：9月23日

据世界聋人联合会统计，世界上约有7200万名失聪者，其中超过80%生活在发展中国家。他们使用的手语共计300余种。手语是聋人群体进行交流的重要方式。

2018年12月，联合国大会第72届会议确定，从2018年开始每年9月23日为"国际手语日"（International Day of Sign Language，简称"IDSL"）。

（八）国际聋人节：9月第四个星期日

世界聋人联合会（World Federation of the Deaf）成立于1951年，是国际性非政府组织，每四年举行一次大会。联合会的宗旨是造福世界聋人、捍卫聋人权利、帮助聋人康复，总部设在罗马。

1957年，参加国际聋人联合会代表大会的代表倡议设立"国际聋人节"。1958年9月28日成为第一个国际聋人节，从此，每年9月的第四个星期日便逐步固定下来，成为"国际聋人节"。

我国1955年加入世界聋人联合会，1958年8月12日，中华人民共和国内务部、教育部、卫生部、文化部、国家体委、团中央、全国妇联、全国总工会和中国聋哑人福利会等9部委联合通知，要求各地以庆祝国际聋人节为契机，组织文艺会演、书画展览或者球类、棋类、田径比赛等多种形式的活动，激发全社会关心、理解和支持聋人，以支持残疾人事业发展。

（九）世界精神卫生日：10月10日

世界卫生组织认为，精神卫生是指一种健康状态，在这种状态中，每个人都能够认识到自身潜力，能够适应正常的生活压力，能够有成效地工作，并能够为其居住的社区做出贡献。

1992年，世界精神病学协会（World Psychiatric Association，WPA）决定，将每年的10月10日确定为世界精神卫生日。各国每年都为"精神卫生日"准备丰富而周密的活动，宣传精神健康、开设心理支持热线，提高公众对精神发育障碍疾病的认识，分享科学知识，消除公众偏见。1996年9月10日，卫生部印发通知，要求全国各地开展形式多样的"世界精神卫生日"宣传活动。

（十）国际盲人节：10月15日

世界盲人联盟（THE WORLD BLIND UNION）是一个国际性的非政府组织，成立于1984年，前身是国际盲人联合会和世界盲人福利会。联盟的宗旨是使全世界盲人以平等机会和权利参与社会生活。世界盲人联盟下设技术研究、康复就业、社会开发和妇女事务四个委员会，总部设在巴黎。

1984年，世界盲人联盟在沙特阿拉伯首都利雅得市召开成立大会，会议决定将每年10月15日确定为国际盲人节，也叫白手杖节（White Cane Safety Day）。从此，盲人第一次有了世界范围的统一组织和节日。

1989年9月18日，中国残疾人联合会要求各地在国际盲人节时，举行适当庆祝活动，以活跃盲人的生活，体现国家和社会对盲人的关怀。

（十一）世界视力日：10月的第二个星期四

世界视力日或称世界视觉日（World Sight Day），活动始于2000年，由世界卫生组织和国际防盲协会共同发起，日期为每年10月的第二个星期四。

世界视觉日宣传保护视力的重要性，由世界卫生组织主导，结合国际防盲组织、国际狮子会、奥比斯等全球多个国际志愿机构共同订立的全球医疗公益行动。

为了唤起人们关注和解决视力问题，世界卫生组织、国际防盲协会和其他机构早在1999年就联合发起"视觉2020"计划，强调视力是人的一项权利，并提出在2020年前力争消灭可避免的盲症。

世界视力日是"视觉2020"的主要宣传活动。每年世界视力日的宣传材料由国际防盲协会制作，具体的宣传目标包括提高公众对盲症和视力损害的重视；鼓励各国政府和卫生部长参与并资助全国性的盲症预防计划；向公众宣传盲症预防知识和"视觉2020"计划，以寻求广泛支持。

（十二）国际残疾人日：12月3日

1982年，第37届联大宣布1983—1992年为"联合国残疾人10年"，并通过《残疾人世界行动纲领》，以唤起公众对残疾人关注的意识，推动各国残疾人工作的进展。为纪念这十年及"行动纲领"获得通过，1992年10月14日，联合国大会第47届会议决定，将每年的12月3日定为"国际残疾人日"。各国政府及有关组织开展相关纪念活动，或者组织相关专项活动，以改善残疾人状况。该决议的其他主要内容包括：所有会员国和有关组织加强努力，为改善残疾人的状况采取持续而有效的措施；敦促各国政府及全国性、地区性和国际性组织在执行"国际残疾人日"决议中进行充分合作；倡导国际社会大力改善残疾人的处境，建立"人人共享的社会"。

（十三）世界弱能人士日：12月5日

世界弱能人士日是1990年联合国制定的节日，2003年开始执行。主要目的是让更多居民认识弱能人士，从了解、关注开始，进而接纳他们，并促进居民大众对弱能人士采取积极的开放态度。举办一系列的宣传活动，加深人民对弱能人士的了解，并借此团结各民间机构，交流为弱能人士服务的经验。

二、中国的残疾人节日与活动日

（一）全国爱耳日：3月3日

为了降低耳聋发生率，控制新生聋儿数量增长，针对我国耳聋发生率高、数量多、危害大、预防工作薄弱等现实，1998年，部分政协委员在政协第九届全国委员会第一次会议提出《关于建议确立爱耳日宣传活动》的提案。卫生部、教育部、民政部、国家计划生育委员会、国家质量技术监督局、国家药品监督管理局、国家广播电影电视总局、中华全国妇女联合会、中国老龄协会、中国残疾人联合会等10部委局共同确定，将每年的3月3日定为"全国爱耳日"（Ear Care Day）。

（二）全国助残日：5月的第三个星期日

1990年12月28日第七届全国人民代表大会常务委员会第十七次会议审议通过的《中华人民共和国残疾人保障法》第十四条规定：每年5月的第三个星期日为全国助残日。1991年5月15日是我国第一个法定全国助残日，是第一次在全国范围内统一行动的助残活动。

（三）心理健康节：5月25日

5月25日心理健康节的前身为"大学生心理健康日"。

1992年，世界精神病学协会发起，将每年10月10日定为"世界心理健康日"。2000年，北京师范大学心理系倡议，经有关部门批准，确定5月25日为"北京大学生心理健康日"。2004年，团中央学校部、全国学联共同决定将5月25日确定为全国大中学生心理健康日，"5·25"的谐音即为"我爱我"，提醒大中学生"珍惜生命，关爱自己"。节日核心内容是：关爱自我，了解自我，接纳自己，关注自己的心理健康和心灵成长，提高自身心理素质，进而爱别人，爱社会。

（四）全国爱眼日：6月6日

眼睛是人类感官中最重要的器官之一，不当的用眼习惯会导致眼部疾病，危害身体健康。1992年，天津医科大学眼科教授王延华与流行病学教授耿贯一首次向全国倡议设立爱眼日，并在天津召开了全国爱眼日第一次研讨会。倡议得到响应，并将每年的5月5日定为"全国爱眼日"。1993年5月5日，天津首次举办爱眼日宣传活动。受此影响，从1994年开始，北京、上海、广州等国内大中城市相继在5月5日举办义诊咨询活动，宣传保护眼睛的知识和意义。

1996年，卫生部、教育部、团中央、中国残联等12个部委联合发出通知，将爱眼日活动列为国家节日之一，并重新确定每年6月6日为"全国爱眼日"。

（五）全国特奥日：7月20日

为迎接2007年在上海举行的第十二届世界夏季特奥会，中国残疾人联合会、教育部、民政部、国家体育总局联合发文，将7月20日定为全国特奥日。2008年，中国残联又下发了《关于组织开展第二次"全国特奥日"活动的通知》。自此以后每年的7月20日，各地残联、特奥委员会、智力残疾人及亲友协会均举行不同形式的庆祝活动。

（六）全国肢残人活动日：8月11日

又称全国肢残日。20世纪90年代以来，我国部分省、市相继确立了肢残人活动日，参加活动的肢残人日益增多。为了提高社会各界对肢残人群体的关注与重视，培育肢残人"平等、参与、共享"社会生活的有利氛围，促进基层肢残人进一步活跃，团结广大肢残人参与、推动残疾人事业发展，并充分考虑全国各地的气候条件，经中国肢残人协会第五届委员会第三次全体会议讨论通过并报中国残联同意，中国残联办公厅印发了《关于开展全国"肢残人活动日"的通知》，规定自2010年起，将每年的8月11日定为全国肢残人活动日。8月11日的寓意是肢残人轮椅车的两个轮子和两根手杖。

（七）全国残疾预防日：8月25日

全国残疾预防日是每年8月25日，由国务院于2017年6月24日设立。

（八）中国预防出生缺陷日：9月12日

2005年9月11—14日，"第二届发展中国家出生缺陷和残疾国际大会"在北京召开。中国政府决定将本次会议正式召开日，即9月12日定为"中国预防出生缺陷日"。自2014年起，国家卫生健康委利用"预防出生缺陷日"，组织预防出生缺陷日主题宣传，普及优生知识、宣传惠民政策，推动出生缺陷三级防治服务和政策落实。

（九）中华老年痴呆防治日：9月17日

为了更好地普及宣传预防老年痴呆的基本知识，传播科学的生活方式，使"关爱健康、防治痴呆"的理念更加深入人心。2007年，根据中国科协普发综字〔2007〕28号文件精神，中国阿尔茨海默病协会（ADC）设立每年的9月17日为我国的"中华老年痴呆防治日"。

第二部分
残疾人社会工作实务篇

第八章　智力残疾人社会工作

第一节　智力残疾概述

一、智力残疾的定义

对于智力残疾，民间有很多日常的称谓，很多称谓都带有歧视性质，比如"傻子""傻瓜""傻帽""憨包""白痴""缺心眼""弱智"等。这些称谓一般来源于对这些明显具有智力问题的人，为人处世的状态、反应能力等的认识与评价，带有结果性评价或状态描述的性质。而学术界对智力残疾的正式称谓（科学称谓）其实也有很大差别，曾经出现的有智力残疾、智能障碍、智力障碍、智力落后、智能不足、发育迟滞等多种称谓，目前使用较多的称谓除智力残疾外，强调"障碍"的智能障碍或智力障碍较为多见。智力残疾这一称谓，是《中华人民共和国残疾人保障法》正式确认的，本书用智力残疾这一术语。

对于智力残疾的定义，国内外都有一个发展的过程，现介绍如下：

（一）中国对智力残疾的理解

在《中国残疾人实用评定标准》中是这样对智力残疾下定义的："智力残疾是指人的智力明显低于一般人的水平，并显示适应行为障碍。"其中，包括在智力发育期间，由于各种原因导致的智力低下；以及在智力发育成熟以后，由于各种原因引起的智力损伤和老年期智力明显衰退导致的痴呆[①]。

本书认为，智力残疾是由于各种原因导致智力发育落后于同龄人水

---

① 中国残疾人联合会. 第二次全国残疾人抽样调查残疾标准[J]. 中国残疾人，2006（5）：7–9.

平，并表现出适应行为障碍。其中，不同年龄是指任何一个年龄段，适应行为能力是以同年龄人群应具备的能力为标准。本书的第一章将人的成长发育分为八个年龄段，不同年龄段的人分别有相应的生活自理、语言、社会交往、学习、工作等能力，结合社会工作特殊性和中残联对残疾扶助的教育、康复、托养、就业等要求，我们对他们提供服务，尽可能使智力残疾人回归到主流社会，在最少受限制的环境中成长与生活，提高其生活质量，发挥人生价值。

（二）美国智力残疾的定义

美国学术界对智力残疾的认识也经历了一个较为漫长的过程。1876年，美国智力落后协会（American Association on Mental Retardation，AAMR）成立，该协会曾随着对智力残疾的认识不断变化、加深，而多次更换名称，包括美国智能不足协会、美国智力与发展障碍协会（American Association on Intellectual and Developmental Disabilities，AAIDD）等。1908年起，该协会多次尝试对"智力落后"概念进行修订，1908年版本的定义，强调智力残疾人适应社会和环境过程中所存在的困难。1921年，该协会发表《智力落后术语分类手册》，与全国心理卫生委员会联合界定了智力落后，这一次的定义将智商作为智力落后判断的唯一标准，将智力残疾分为愚鲁（Moron）、痴愚（Imbecile）和白痴（Idiot）三类[1]，反映了当时的概念研究是建立在病理与残疾统计基础上的。该手册虽然在1933年、1941年和1957年进行了修订，但以智商分数作为唯一的诊断标准这一点始终没有改变。随着智力测验在应用过程中所暴露出来的问题日益增多，越来越多的学者开始主张采用多重标准。《智力落后术语分类手册》（第5版，1959年）进行了重大修改，除用"智商"一词外，首次增加了"社会适应能力"，并将智力残疾定义为"生长发育期出现的一般智力功能低于平均水平，并伴有成熟、学习和社会适应等一种或多种的缺陷"[2]。从此以后，"智力发展明显落后"和"社会适应"成为智力残疾的两个重要标准。应

---

① 梁海萍. AAMR2002智力落后定义评析[J]. 中国特殊教育，2005（2）.
② 王波，康荣心. 智力落后定义的百年演变[J]. 中国特殊教育，2010（6）.

该说，1959年以前的各个版本，都属于早期的定义，具有明显的局限性。

1961年，该协会又对定义进行了修订，这一次的定义是"生长发育期出现低于平均水平的一般智力功能，并伴有适应行为的障碍"[①]，这次修订将出生至16岁明确为生长发育期，将"适应行为"概念引入，否定了智力残疾不可治愈理念，认为智力残疾只是功能暂时落后，而不是永久性状态。1973年，该协会发布的定义将"智力功能明显低于平均水平"确定为低于平均分数两个标准差，1977年版定义对适应行为测量进行了详细阐述。1983年，第8版智力残疾定义发生了一次重大变化，即将生长发育期年龄修改为18岁，将智力水平修改为智商在70以下。在这一阶段所修订、发布的定义，发展变化不大，具有过渡时期的特征。

1992年，第9版智力残疾定义发布，这一次的修订再一次发生重大变化，第一次明确了适应行为的具体内涵，包括沟通、自我照顾、居家生活、社会技能、社会运用、自我指导、健康安全、实用性技能、休闲娱乐及工作等[②]，并明确了应该是"有两种或两种以上限制"，该定义还确认了智力水平、生长发育和适应行为限制三个指标作为智力残疾的考量标准，但当时缺乏标准化的适应行为测量工具。2002年，又将适应性行为明确为概念性、社会性和应用性技能[③]。2010年，协会将"智力落后"的称谓正式改为"智力障碍"（Intellectual Disability）。这一称谓的变化，使得美国智力残疾研究机构与WHO、美国疾病控制中心、美国政府等官方用语完全一致，统一了名称，反映出学术界的认识发生重大变化。

2021年，该协会发布了最新的智力残疾定义。这一次的修订吸收了脑科学研究最新成果及支持系统的理念[④]，不仅将智力功能修订为认知功能，

① Heber R F. A manual on terminology and classification in mental retardation（Rev ed）. Monograph Supplement to the American Journal of Mental Deficiency，1961. 64.

② Luckasson R，Coulter D，Polloway E，etal. Mental retardation：definition，classification and systems of supports（9th ed）. Washington DC：American Association on Mental Retardation，1992.

③ 王波，康荣心. 智力落后定义的百年演变[J]. 中国特殊教育，2010（6）.

④ Schalock R L，Luckasson R，Tasse M J. An overview of intelleetual disability：Definition，diagnosis，classification，and systems of supports（12th ed.）. American Journal on Intellectual and Developmental Disabilities，2021，126（6）：439-442.

且认为限制是在22岁以前出现，将智力残疾发病年龄推迟到22岁；还提出在一段持续时间内，通过适当个性化支持，智力残疾人生活功能通常会得到改善；提出应该将智力残疾人置于支持系统中，为他们设计个性化干预措施、服务和支援，实施与个人及其家庭共同制订的个人支持计划，改善智力残疾人的状况[①]。

正如斯滕伯格所说，"智力是一个很难捉摸的概念"，我国心理学家潘菽认为，"智力是人人熟知的概念，却至今没有统一的定义"。什么是智力以及如何评估智力、如何发展智力，依然需要学术界努力探索。

二、智力残疾的分类

在国内外对智力残疾的定义与描述中，智力与适应行为水平成为划分智力残疾等级的标准，结合未来社会工作实际，本书在引导社会工作者了解智力残疾人智力发展水平的同时，还可以帮助其了解适应能力发展水平，以便提供更多、更有针对性的支持。以下介绍智力残疾的分类方法。

（一）按智力与适应行为受损程度分类

1. 世界卫生组织（WHO）的分类

世界卫生组织1993年在《国际疾病分类》（第10版）（International Classification of Disease，ICD-10）中将智力残疾分为六类。即轻度的IQ值在50—69之间（成人，智龄大于等于9岁小于12岁），在学校有一些学习困难，成人能够参加工作，能够维持较好社会关系并对社会有所贡献；中度的IQ值在35—49（成人，智龄大于等于6岁小于9岁），儿童期发展显著落后，多数人能通过学习在自我照料方面有所发展，并获得一定的沟通与学科技能，成人的生活与工作需要得到支持；重度的IQ值为20—34（成人，智龄大于等于3岁小于6岁），需要持续不断的支持性服务；极重度的IQ值小于20，智龄小于3岁，自我照料、自制、沟通和移动等都有严重局限。另外，因其他缺陷造成评定极为困难或根本不可能评估的，属于其他智力残

---

① 傅王倩，郭媛媛. 论智力障碍定义演变及其实践影响[J]. 中国特殊教育，2021（12）.

疾，因资料不足难以归入任何类别的属于非特异性智力残疾。

2. 智力残疾分级标准

我国在2006年进行残疾人抽样调查时，按照严重程度将智力残疾分为四级（表8-1）。该标准依据智力水平（IQ）和适应行为（AB）进行评估，0—6岁儿童以发展商（DQ）代替智商。一级智力残疾（极重度）的IQ在20（DQ小于等于25）以下，适应行为有极重度障碍，面容明显呆滞，生活全部由他人照料；运动感觉功能极差，如通过训练，只在下肢、手及颌的运动方面有所反应。二级智力残疾（重度）的IQ在20—34之间（DQ在26—39之间），适应行为有重度障碍；生活能力即使经过训练也很难达到自理，仍需要他人照料；运动、语言发育差，与人交往能力也差。三级智力残疾（中度）的IQ在35—49之间（DQ在40—54之间），适应行为不完全，有中度障碍；实用技能不完全，如生活能部分自理，能做简单家务劳动；具有初步的卫生和安全常识，但阅读和计算能力很差；对周围环境辨别能力差，能以简单方式与人交往。四级智力残疾（轻度）的IQ值在50—69之间（DQ在55—75之间），适应行为低于一般人的水平，有轻度障碍；具有相当的实用技能，如能自理生活，能承担一般的家务劳动或工作，但缺乏技巧和创造性；一般在指导下能适应社会；经过特别教育，可以获得一定的阅读和计算能力；对周围环境有较好的辨别能力，能比较恰当地与人交往[①]。

表8-1　第二次全国残疾人抽样调查智力残疾标准

级别	分级标准			
	发展商（DQ）0-6岁	智商（IQ）7岁以上	适应行为（AB）	WHO-DAS分值
一级	≤25	<20	极重度	≥116分
二级	26—39	20—34	重度	106—115分
三级	40—54	35—49	中度	96—105分
四级	55—75	50—69	轻度	52—95分

注：表中WHO-DAS只用于活动与参与评定，不作为智力残疾分级的依据。

---

① 阎国钢，王瑞敏. 常用社区护理技术[M]. 北京：人民卫生出版社，2015.

为做好智力残疾人社会工作，社会工作者需要了解各等级智力残疾人的身心发展特征与日常生活表现，及其生活自理、社会活动、理解与交流等方面的能力与实际表现，以下智力残疾人能力表现可供社会工作者参考。

一级智力残疾（极重度）：在个人的洗漱、穿衣、上厕所、进食、购物以及家务劳动等生活自理和家庭生活方面有极度困难，离家外出、使用公共交通等融入社会方面也同样有极度困难，上肢和手几乎完全丧失灵活性和运动能力，不能顺利举起、拿起或移动物品，需要完全的、长期的照料与监护；存在严重的交流障碍，几乎不能与他人进行言语交流，通过语言和肢体表达信息，或者通过听觉获取、理解语言及其他肢体信息，都有极大困难；即使是与关系最为亲密的亲人或不认识的陌生人，都一样不能正常相处，不能结交新朋友，不能参与任何社区或其他社会组织的娱乐休闲活动；不能到学校甚至不能到特殊学校接受教育，没有任何职业技能，不能就业。

二级智力残疾（重度）：不能一个人独立生活，不能外出采购生活物品，不能独立完成洗漱和上厕所，穿衣、进食及完成其他家务劳动有一定困难，需要他人的生活照顾；不能独自外出或使用公共交通工具，在家里移动物品有较大的困难；上肢和手的灵活性很差，举起或移动重物有困难；使用口头语言进行交流有困难，理解他人语言与非语言信息有较大困难；不能独立与陌生人相处，不能独自完成结交新朋友或保持友谊，与亲人日常相处有一定困难；接受学校教育有较大困难，基本不能就业，参与社区活动有较大困难。

三级智力残疾（中度）：独自外出购物和完成家务劳动有困难，洗漱、上厕所、穿衣比较困难，基本能够独立进食，无明显障碍，在适当监护下可实现部分自理，但不能独立生活；外出、使用交通工具比较困难，移动或举起重物无明显困难，手的灵活性比较差；与他人交谈有一定困难，能够听懂日常会话，非语言交流有一定困难。

四级智力残疾（轻度）：具有一定的实用技能，缺乏技巧和创造性，能承担一般的家务劳动或工作，基本能够独立生活，能够在监护下或他人协助下完成简单的操作劳动，能够在特定场所就业，各种社会适应行为明显低于一般人；在他人指导或陪伴下基本能适应社会，经过特殊的教育与训练，可以获得一定的阅读和计算能力；对周围环境有较好的辨别能力，能与人交往，但缺乏灵活性。

（二）按照支持程度分类

1992年，美国智力落后协会（AAIDD）在其所修订的智力残疾第9版定义中，提出了按个体需要的支持程度加以分类的方法（表8–2）。

表8–2 智力残疾的支持程度

类别	支持程度
间歇的	所需要的支持服务是零星的、视需要而定的（如失业或生病时）
有限的	所需要的支持服务是经常性的、短时间的（如短期的就业训练或从学校到就业的衔接支持）
广泛的	至少在某种环境中有持续性的、经常性的需要，并且没有时间上的限制（如需要在工作中或居家生活中得到长期的支持服务）
全面的	所需要的支持服务是持久的且需求度高，在各种环境中都需要提供，并且可能为终身需要

三、导致智力残疾的因素

社会工作者深入了解导致智力残疾出现的因素和各种具体原因，有利于开展社区宣传，开展优生优育宣传，开展残疾预防工作，还能够为社会工作联盟、团队的介入寻求专业支持奠定基础，提高社会服务专业化水平。

导致智力残疾的原因非常复杂，涉及医疗、卫生、心理与教育等各个领域。从发生的时间角度看，可以分为先天因素和后天因素；从影响的来源角度看，可以分为遗传因素、物理—环境因素、社会心理因素等。下面按照发生的时间，分别介绍各类因素[1]。

（一）先天因素

遗传。染色体异常和基因突变等是导致先天智力残疾的重要遗传因素，染色体异常又分为数目异常和结构异常两种。数目异常是指染色体数量畸变，包括整倍体和非整倍体畸变，染色体数目增多、减少，如21–

---

[1] 刘昌玉．儿童智力低下的中西医诊断与治疗[M]．北京：中国医药科技出版社，2000.

三体综合征是第21对染色体上有三条染色体，又称为唐氏综合征（Down's Syndrome）、先天愚型，再如13三体综合征（Patau综合征）、18三体综合征（爱德华斯综合征）。染色体结构异常包括染色体易位、缺失、重复、倒位等，如猫叫综合征（Cri-du-chat syndrome）是5号染色体短臂缺失所致，因婴儿时有猫叫样啼哭而得名。目前，已发现有60余种染色体异常，虽然发病率很低，但都会导致包括智力残疾在内的严重遗传病。

一般情况下，人的遗传基因十分稳定，能在细胞分裂时精确复制自己，但在一定条件下也可以突然改变，发生基因组成或排列顺序变化，从而在一个位点上突然出现新基因，即突变基因，于是后代就突然出现祖先从未有的新性状。比如ADNP综合征是一种基因突变引起的神经发育性遗传病，表现为智力残疾和自闭症谱系障碍。

先天性代谢异常。人体各种正常物质代谢过程在各阶段都由特定酶催化，参与代谢任何阶段的酶活性有缺陷、不能利用蛋白质，代谢会受阻而引发先天性代谢紊乱，并对全身多种器官和系统产生影响，对神经系统影响严重时会影响脑发育。比较常见的代谢异常类疾病就是苯丙酮尿症、甲基丙二酸血症、先天性甲状腺功能减退症等。

先天获得性异常。母亲在怀孕期间遭受到来自外界的物理、化学毒物损害，比如放射性损伤、药物中毒等，或者遭受到巨细胞病毒、单纯疱疹病毒、弓形虫及梅毒螺旋体病毒、风疹病毒等的感染，或者孕妇长期抽烟、酗酒等，都可能导致胎儿先天畸形。

（二）围产期因素

孕妇在生产期间，各种不利因素的出现会导致新生儿智力下降甚至出现智力残疾，这些致残因素被称为围产期因素。围产期因素一般包括早产、低体重儿、胎儿宫内窒息、新生儿窒息、新生儿产伤等。

（三）后天因素

儿童在出生后的发育与成长阶段，会因为遭遇各种感染、外伤等原因，导致智力残疾的出现，具体表现为以下几种情况。高热惊厥是全身或局部骨骼肌群突然发生不自主收缩，神经系统功能暂时紊乱，神经细胞异常放电的现象。癫痫是大脑神经细胞群反复超同步放电而引起的发作性的、突然的、暂时性的脑功能紊乱，是由多种病因引起的脑功能障碍综合征。中枢神经系统疾病包括脑炎、脑膜炎等脑神经病毒感染，脑损伤和一氧化碳中毒、铅中毒及其他化学物质中毒等。近年来学术界逐渐开始重视对儿童发育早期营养不良、社会心理环境影响的研究，认为儿童发育早期的营养不良、营养不均衡会导致智力发育迟缓，不良社会环境与心理环境也会影响儿童语言、思维的发展，从而影响智力发展。

第二节　智力残疾身心特征

智力残疾人的身心发展呈现出较大的个体间差异和个体内差异，甚至会伴随有某些生理缺陷，这些缺陷会随着残疾程度的加深而越来越明显、越严重。因而，社会工作者在设计、开展有针对性的介入、给他们安排适当的活动前，应了解智力残疾者的身心发展特点，有必要简单了解智力残疾的认知能力、语言能力、大运动与精细运动能力、社会行为能力等领域的发展特点。

一、智力残疾儿童发展与训练

（一）智力残疾儿童能力评估

智力残疾儿童认知能力、语言能力、大运动能力、精细运动能力、社会行为能力等五大能区，既是婴幼儿发展的主要内容，也是开展婴幼儿发展评估的主要内容，其发展水平是评价婴幼儿发展的基础，也是婴幼儿智力、体力、情绪等方面发展的内容。对于智力残疾人而言，如果这几项能力在婴幼儿时期就落后于健全孩子，再缺乏针对性训练或辅导，会导致多方面的发展落后。

婴幼儿发展能力评估的常用工具一般有以下五种[1]：

---

① 王辉. 特殊儿童感知觉训练理论方法设计[M]. 南京：南京大学出版社，2012.

1. 儿童发展筛检量表：该量表由语言与沟通、社会人格发展、粗大动作技能与精细动作技能、知觉与认知发展等五大能区分量表组成。

2. 格塞尔婴幼儿发展量表：该量表主要用于评价中枢神经系统功能。通过某项游戏或活动，检查儿童的适应行为（如分解、组合、手眼协调等）、大动作（如坐、站、走等）、精细动作（如握、取、捏、抓）、语言（如表达意愿与对接收到的语言或动作行为的理解）、个人—社交（如对熟悉人招呼的反应）等五个领域。

3. 中国儿童发展量表：该量表包括语言、认知、社会认知及运动四个方面16项。通过一些可操作的题目，如看图命名、看图补缺、照样子找图等评估儿童语言能力发展情况；通过在袋中摸物与判断、拼摆图形、跳远、左跳右跳、捡豆子等评估儿童语言、认知、注意、推理等发展情况。

4. 丹佛发育筛查测验：测验主要用于对6岁前婴幼儿的粗大动作、精细动作、语言、身边处理及社会适应能力等4大能区发展水平，进行检查。

5. Peabody运动发育量表：通过对婴幼儿的反射、姿势、移动、实物操作、抓握及视觉—运动整合等评估，评价他们在粗大运动、精细运动和总运动方面的发育情况。

通过简单了解上述评估工具，社会工作者能够了解儿童能力评估内容及筛查项目，能够了解评估报告关于儿童发展落后或发展不平衡的领域与内容，以便在帮助智力残疾儿童时，采用多种方法去训练或帮助他们恢复失衡、失能的地方。

（二）能力发展与训练

1. 智力残疾儿童运动能力与训练

人的运动能力可以分为粗大动作运动和精细动作运动。粗大动作是全身大肌肉参与的活动，主要表现为四肢与躯干的活动，如抬头、稳坐、站立、攀爬、行走、跳跃等动作，动作协调水平与智力发展水平相关。

一般情况下，智力残疾程度高的人会出现肌无力，具体表现为无力支撑头部，在可以翻身的月龄不能翻身，不能够独立稳坐与站立等。日常生活中，人们一般会按照婴儿"三抬、四翻、六坐、七滚、八爬、九扶立、周年会走"的发展规律，评价婴儿大运动发展情况，即婴儿在出生后三月龄能够抬头，四月龄会翻身，六月龄能够独立坐，七月龄能连续翻滚，八月龄会爬行，九月龄会扶物站立，满周岁时能够独立行走，这同时也是婴幼儿发展的基本过程与特点，提示人们及早关注孩子发展情况，尤其是否存在脑损伤等情况。对照上述发展标准，社会工作者可以通过指导父母开展相应亲子活动，引导父母和宝宝一起互动。

对于年龄稍大的智力残疾儿童少年，可以根据情况做一些与年龄、身体状况相应的体操，为防止练习枯燥，也可以配合音乐从慢节奏开始，逐渐加快节奏与速度，还可以在音乐内容、节奏以及动作等方面设计一些活动，如上肢与身体的组合，上下肢均参与的组合等，就像人们热衷于广场舞一样，在趣味性中提升其运动机能。

精细动作主要是手的动作，与手指力量、准确性、协调性和灵活性等相关，如用拇指与食指捏豆子，双手手指协调扣扣子、串珠子等，锻炼手部的抓、握、捏、取等精细动作。对于精细动作不佳的婴幼儿、儿童少年，一般可以利用他们感兴趣的玩具，练习手眼协调。比如家长或社会工作者手拿某物让孩子抓，通过手指拉拉钩活动训练儿童手指力量；也可以用手指在纸上顺着线条画圈；可以充分利用颜色、会移动的小玩具等，练习儿童抓、捏等动作，比如一起玩泥土，捏、搓出不同的形状等；对于年龄稍大一些的智力残疾儿童少年，可以组织他们多做能够训练手的精细动作如串珠、穿针、穿洞等手工活动，提高手眼协调能力。即使是老年智力残疾人，以及在身体运动或移动方面有困难的人群，也可以按照这一思路设计一些手指操等活动。

家庭教养方式不当会影响婴幼儿运动能力的发展。有研究发现，婴幼儿各领域能力的发展具有性别差异，女婴儿在智力发展上比男婴儿早，但男婴的变异性比女婴大[1]。女婴在适应性、精细动作、语言等方面的发展优于男婴，这就告诉我们婴幼儿发育的早期，父母应该加强对孩子的感官刺激和教育训练，避免早期神经心理发育落后，避免因父母担心摔跤、受伤

---

① 王文丽，范果叶，张瑞芳. 呼和浩特市婴幼儿发育商筛查分析[J]. 中国妇幼保健，2010（11）.

或不卫生等，出现过分保护、限制太多等，导致婴幼儿运动发展落后①。

上述一些训练，可以迁移到生活自理能力训练方面，如他们的进食、盥洗、穿着、排便、睡眠、折叠整理床铺等基本自理能力，都可以通过运动练习得到提升。

2. 智力残疾儿童感知能力与训练

感知觉是感觉和知觉的总称。感觉是人脑对直接作用于视觉、听觉、嗅觉、味觉、触觉、皮肤觉、温度觉等感觉器官的事物个别属性的反应，如冰的、粗糙的、甜的、香的等，关系色彩、声音、气味、味道等内容。知觉是在感觉的基础上对事物整体属性的反映，是多种分析器协同活动的结果，依照知觉过程中起主导作用的分析器来划分，知觉可以分为视知觉、听知觉、嗅知觉、味知觉和肤知觉等，复杂知觉是综合的知觉，需多种分析器同时参与，知觉对象和内容也更复杂，如时间知觉、空间知觉和运动知觉等。

智力残疾儿童感知缓慢和迟钝，尤其对痛觉、温度觉等反应慢、不敏锐，比如对某一声音刺激非常排斥，或对某一频率声音没有反应等。社会工作者可以根据智力残疾人年龄特征，设计不同的感官刺激。如果他们某感觉阈限值太高，感受不到较低的刺激，可以通过不同情境的刺激训练提高其感受性，比如视觉，主要体现在视物、追视、观察等方面，智力残疾人观察的速度与内容等不如健全人，在呈现任务时应该注意控制呈现速度与时间，同时指导、训练的观察方法，按照从上到下、从左到右的顺序进行观察。智力残疾人一般还存在区分相近刺激困难现象，比如不能区分粉红和红色。

正常人耳能听到的声音频率在16—20000Hz之间，低于或高于这个频率范围的声音，人耳都听不到，最为敏感的声音在1000—4000Hz之间。人类听觉的感受性和年龄有关，20岁以前随年龄的增长逐渐提高，因此对于这个年龄段的智力残疾人而言，当出现充耳不闻现象时，可以考虑为其改变声音频率和强度。另外，智力残疾人常会对某特定阈限值范围内的声音不

---

① 倪勇，倪钰飞，王飞英，等. 243例0—6岁婴幼儿神经心理发育迟缓的五大能区测查结果[J]. 中国妇幼保健，2016（11）.

敏感，60岁以上老人普遍会出现听觉下降，对某一频率声音听不清或听不到。有时，听觉对外界声音的敏感度会随情绪的变化而变化，所以需要在交流过程中，根据他们的需要调整说话的语速、声强等。

对于触觉异常敏感的人，如不能忍受拥抱、碰撞等单纯敏感问题，可以通过情境活动降低感受性，如果是生理、心理等多种原因导致，可先干预心理再进行练习。

3. 智力残疾儿童认知能力与训练

智力残疾儿童认知训练在每个阶段内容和形式有所不同。同健全儿童相比，智力残疾儿童知觉速度缓慢；更容易找到不同事物间明显的不同，但对相近或相似特征的辨识困难；有意注意差且持续时间不长，工作记忆容量小，以形象思维为主，想象力缺乏。因而，社区在对他们帮助过程中，首先需要了解同年龄健全人在该年龄阶段应该熟悉的内容，通过观察、访谈了解残疾人能力，找到他们存在的差距，这是认知能力帮助的第一步，在此基础上制订一些符合年龄特点的活动计划。

婴幼儿认知能力训练，一般以游戏、活动形式为主，在寓教于乐的过程中进行训练。康复机构开展训练时，经常会运用训练仪预先设定好的程序，教师根据认知评估结果设定训练主题、内容与进度、方式，并引导儿童逐一进行训练。社会工作者也可以开展一对一的个案训练或小组工作，根据帮助对象特点与需求，以及医疗、康复机构要求，和家长一起辅导儿童完成训练。社会工作者可以开展的训练项目有语言练习、专注力练习、观察力练习、记忆力练习、数字游戏等，每个项目都可以日常生活为主要内容，就地取材，融训练于日常生活中。

对于学龄期智力残疾儿童少年，同样可以结合日常生活进行相关训练。学龄阶段的智力残疾儿童少年，需要在日常生活中加强思维能力、判断能力、表达能力、记忆策略等方面的练习，不断提高思维品质。通过多次重复巩固常用知识，通过不断的实际操作和重复练习掌握动作技能，甚至形成肌肉记忆。因此，社会工作者为智力残疾儿童少年制订的学习与康复训练计划一定要细，内容的衔接性要强且与生活融为一体，训练方式尽量突出可视化、可操作和娱乐趣味性。

社会工作者应多了解智力残疾人在家庭活动中能够完成的事情，鼓励家人多训练与指导，从早上起床到晚上睡觉，一日生活的所有内容都是对他们进行训练的内容。

案例一：剪指甲能力的脱敏介入

张×，女，第一次接触时15岁，中度智力残疾，已经完成小学学业，有一定语言表达能力，没有数字概念，不能计算简单的加减法，认识的字非常少，连自己的名字都不认识，生活基本不能自理。父母经商，平时由爷爷奶奶照顾，家庭收入稳定。在她三岁左右时，康复训练中曾使用针灸治疗，每周都要在头部施针两到三次，导致小女孩出现对锋利的东西害怕的现象，后来基本泛化到刀类，当接触到类似工具时，会全身发冷、出汗。了解这一现象以后，笔者决定运用系统脱敏原理训练小女孩克服对修剪指甲的恐惧心理。

原理：去做害怕+喜欢的事，整个过程保持心情愉悦。

她喜欢的事情是：画画。

不喜欢的事情是：使用剪刀、指甲刀等。

活动安排：

第一次：接触器皿。在纸上画自己的手，并将画里的指甲涂上自己喜欢的颜色。活动过程中，故意将指甲画长一些，并在指甲尖上涂上黑色，引导她认为有黑色的地方像污渍一样不好看，需要她画上自己喜欢的颜色。然后请她帮忙，将画上的指甲剪短一些，用手工剪刀很容易剪下来。这一步是训练她接触剪刀等锋利器皿。

第二次：做美甲。接着，用矿泉水瓶训练剪指甲。先准备一个矿泉水瓶，指导她在瓶子上画很多手指，老师把手指一个一个地剪下来，引导她说是美甲，需要她在指甲上涂喜欢的颜色。然后要求她将自己喜欢的指甲剪下来，由于材质变了，手工剪刀剪不动，于是引导她在桌上的工具中自己选择一个。她先选了指甲刀，可是由于把控技术不好，总会剪坏；她又选择了剪刀，并请我帮助她，我便教她左右手协调拿好剪刀，握剪刀的拇指、食指等几个手指协调用力等，再握着她的手先尝试剪了几个，帮助她掌握力度和技巧，形成自信心。最后让她自己尝试剪，刚开始时剪得并不好，但不再惧怕看到、接触剪刀，恐惧心理明显减弱。经过多次训练以后，能独立剪出形状基本正确的指甲。接下来又让她用指甲刀反复在塑料上剪出我画出的图形，并一起欣赏每一片指甲的形状、颜色、图案等，提升自信心和成就感，以减轻对刀具的恐惧。

第三次：体验。引导她欣赏在此以前所做的每一片指甲，激发其成就感和自豪感，树立自信心，增强敢于尝试新手工训练的内驱力。在喜悦中，我告诉她我的指甲太长了，如果不修就会有细菌，问她怎么办，她很爽快地回答当然是剪掉，我便真诚地请她帮忙剪掉，并询问她敢不敢尝试一下，她很得意地说："没问题！"于是我们先练习指甲刀的使用，等到她说可以了，就用我的指甲做实验。这是她第一次使用指甲刀，手还有点抖，动作也很笨拙，除大拇指外，其他手指甲基本可以剪下来，虽然不会修圆，缺乏技巧灵活性，但她已经敢于拿指甲刀剪指甲，这一次训练的目的就已经达到了。训练结束后的任务是回家帮助爷爷、爸爸和妈妈修剪指甲，并拍照片发给我。

第四次，发来的作业图片显示她已经有了一定的自信，敢于在家里给家人剪指甲。第四次主要是训练技巧，恐惧心理已经基本消失。第四次训练时，她已经可以独立剪较长的指甲，短指甲还是需要帮助。本阶段的训练目标基本达成，教学进入下一步，即给自己修剪指甲。

修剪指甲这一行为，有大运动、精细动作、意志力、感知觉等多种能力参与。这些能力是对接收到的知识信息进行加工、处理、储存，以及在生活工作中使用该知识的过程，与知觉、注意、记忆、思维、想象等能力有关，因而对这些能力的训练，也就是对他们认知能力的训练。

4. 智力残疾儿童社会适应能力与训练

基本社会适应能力包括学会适应生活环境、学会与人相处，从参与日常生活活动逐步过渡到参与社会活动，直至适应社会。智力残疾儿童的身心发展特点，决定他们会在生活中经常碰壁。

案例二：通过言语训练改善人交往的训练

王×，男，第一次接触时18岁，轻度智力残疾，生理发育良好，具有一定的生活自理能力，有明显言语表达障碍（发音不准），有人际交往障碍，在一所职业中学学习。长期受到同学的欺凌，只能通过为同学买东西的方式保持朋友、同学关系。同学经常学他说话、做事，他的自尊心受到伤害，与那些同学经常有肢体冲突。他有强烈的被同学接纳的心理期待，却因无法改变现状，所以时常有退学的想法。

第一次与他接触以后，形成的第一印象是他很努力地想改变同学关系。他想与其他人一样，可以与同学进行正常交往，但由于自己言语表达能力不足，内心非常自卑，所以惧怕与他人交往，这样的心理冲突使他内心充满矛盾。他的现实表现是发音不清、不准，言语所表达的内容混乱，但能通过书写表达其内心想法；他还坚定地认为，和别人相处就是拿钱给别人，以为别人得到钱以后就不会欺侮他。

通过多方了解，找到他的主要问题，为提高其言语表达能力、改善人际交往状况，使用以下干预策略：

1. 开展发音训练，利用直观听声音、看图片等方式，开展发音部位与方法的训练；利用手机录音功能与微信留言方式，帮助他了解自己的发音问题；鼓励其在课外、公交车上与陌生人讲话，以获得自信。

2. 与其班主任联系、联动，建议多组织"爱心""互助""团结""品格"等方面的主题式班会与课外活动，于无声处引导其改变对人际交往的错误认知，纠正用钱可以获得友谊的错误观念。

3. 教授他一些日常表达的技巧，并安排大学生志愿者与他交流，带他一起参观校园、聊天，纠正其发音问题的同时，用交往现实改变他对人际关系的认知。

4. 鼓励他积极参与到班集体的劳动、活动中，积极整理宿舍床铺，参与同宿舍同学的活动。

通过学校、家庭等各方的努力，王×感受到了同学们的接纳与关心，树立了学习自信心，其学习与生活慢慢又回归正轨。

本案例的这位智力残疾小伙子所受到的社会待遇，也许就是大多数智力残疾人的缩影，他们担心不被接纳，他们想要和其他人一样，获得荣誉和自尊。甚至是也有自己心仪的异性朋友等，这些除了在安全引导的基础上，让孩子自身努力，更多的还是需要全社会对这一人群的理解、关爱与包容。社会工作者的"助人自助"价值在扶弱过程中要体现，也要进行大力的宣传，弘扬平等、公正、友善等社会主义核心价值观，帮助智力残疾人获得"回归"机会。

二、智力残疾成年人特征与训练

成年人由于因意外伤害、病毒感染等导致大脑受损，或因发育不良等导致智力低下，生理和心理功能都会不同程度地下降，出现认知障碍、语言障碍及适应能力低等问题。

（一）智力残疾成年人身心特征

1. 认知能力受限：智力残疾人的认知能力存在明显缺陷，感知觉迟钝，感受性低；注意力不集中，有意注意保持时间短；记忆力的识记速度慢、长时记忆差；思维能力有限，判断能力、抽象概括能力低于同龄正常人群，难以理解和应用抽象概念，对复杂问题的处理能力较低；无法掌握与年龄相符合的知识和技能。

2. 语言表达能力差：智力残疾人语言表达能力差，词汇量少，语法错误较多，说话速度缓慢、不流畅，不能准确表达自己的想法，不能够理解简单指令或复杂交流；语言理解和交流有困难。

3. 运动功能障碍：通常情况下，智力残疾人存在肌肉力量下降、身体平衡机能不足，会出现肌肉痉挛、肌张力下降、关节过度屈伸等，导致粗大动作不稳、笨拙，行走摇晃、姿态异常；手眼协调能力不足，无法完成精细动作，甚至会出现进食、穿脱衣物困难。

4. 情感异常：智力残疾人情绪不稳，易怒、易激惹，常出现表情异常，如不停地咯咯笑或大哭，会张嘴吐舌头、流口水、磨牙、吮吸手指、哭喊等；情感体验不深刻，缺乏深层次情感。

5. 社交困难：智力残疾人社会交往能力不足，难以适应社会环境，容易被孤立和排斥；交往中难以理解他人情感和意图，缺乏与他人建立和维持亲密关系的能力。

6. 适应能力不足：智力残疾人自理日常生活困难，包括个人卫生、饮食、穿衣和独立生活等方面，需要更长时间、更多次的训练才能掌握基本生活技能，并且可能需要持续的支持和指导。学习与遵守社会规则、熟悉社会环境以及使用公共设施，更加困难。

也可以根据智力障碍的严重程度，将智力残疾分为轻度、中度、重度和极重度，程度不同其日常表现有很大不同。社会工作者可以根据下列表现，初步判断其智力残疾程度。

轻度：一般会出现学习能力下降，但并不会产生明显的其他异常，适当的学习后能够适应社会。

中度：通常会出现生活和学习能力明显下降，会对日常的工作造成一定的负面影响，需要进行特殊的教育和训练，才能基本适应社会。

重度：通常会产生学习能力明显存在障碍、生活不能自理的情况，而且无法适应社会，无法参加工作。

极重度：通常会直接产生外观异常，比如面部表情呆滞、精神行为异常等，而且会出现明显的认知能力下降，无法适应社会，需要专人照顾。

当成人因各种原因导致智力残疾时，可以根据严重程度、具体表现及病因，针对性地选择治疗方案，可以通过专项训练、医疗手段进行治疗。如多进行饮食调理，多吃豆制品、奶制品或者新鲜的肉类；适当进行体育锻炼，并且保持良好的心态；进行针灸、按摩治疗。

（二）智力残疾成年人训练

成年智力残疾人因智力、能力、社会适应水平差异，以及生活需求的差异，所需要的认知训练与帮助也呈现多元化。对于轻度智力残疾人应该以职业认识、职业技能训练为主，帮助他们寻找不需要太多技术与智力活动的，简单重复性的工作岗位。对中度智力残疾人，则需要通过专业培训与训练，提高人际简单交流、表达需求能力，提高从事简单劳动工作的能力。对重度和极重度智力残疾人，主要提供生活照护和监护，但成年人的身高、体重对看护工作者要求更高，需要训练他们使用动作或简单语言、非语言方式表达需求，以实现居家生活、自我照顾。尤其是极重度智力残疾人，更需要在如厕、穿衣、自我进食、表达不舒服方面提出严格要求，训练他们通过一定的方式提出诉求。一旦妥协、放松训练与要求，已经获得的能力将会退化。如训练他们表达意愿，当需要上厕所时，不断重复训练"上厕所"或"厕所"。也可以按照结构化训练的方式分解吃面条、做饭等，一步一步地不断训练，尽可能提高其日常生活能力。

三、老年智力残疾人特征与训练

除儿童在生长发育期因各种原因导致的智力残疾外，步入老年后的智力残疾称为阿尔茨海默病（Alzheimer's Disease，AD），又称老年痴呆，是最常见的一种。老年痴呆是发生在老年期及老年前期的一种原发性退行性脑病，即人在没有意识障碍的状态下，随着年龄的增长而出现记忆、思维、分析判断、视空间辨认、情绪等方面的障碍。其生理性病变就是大脑皮层萎缩，并伴有 β-淀粉样蛋白沉积、神经元纤维缠结，以致出现记忆神经元数目大量减少，不仅会严重影响生活质量，甚至会导致死亡。截至目前，人类还没有找到能够有效治疗或逆转老年痴呆的药物。因而，老年痴呆已经成为继心脑血管病和癌症之后，影响老人健康的"第四大杀手"。美国食品药品监督管理局（FDA）把老年痴呆称为"毁灭性疾病"，目前，全世界的老年痴呆患者超过5000万人，到2050年预计将达到1.52亿，其中约60%—70%为阿尔茨海默病患者[①]。

（一）阿尔茨海默病的病因

阿尔茨海默病是一组异质性疾病因素，包括自身生物因素和外部社会心理因素共同作用下发作的疾病。这些因素包括：

家族史。流行病学研究显示，家族史是阿尔茨海默病的重要危险因素。遗传学研究已经证实，该病可能是常染色体显性基因所致，所以该病患者的家属罹患该病的比例，远高于一般人群，他们罹患先天愚型的危险性也很高。

某些躯体疾病。流行病学调查显示，甲状腺功能减退、癫痫病人罹患阿尔茨海默病的相对危险度较高；而抑郁症特别是老年期抑郁症也是该病更易发作的危险因素；精神分裂症和偏执性精神病等功能性精神障碍也与

---

① 中国伤残医学杂志编辑部. 阿尔茨海默病（一）[J]. 中国伤残医学，2021（22）.

该病的发作有关；饮用水铝元素含量超标与老年痴呆患病率呈正相关。

头部外伤。已经有很多报告提出，伴有意识障碍的头部外伤、脑外伤是导致阿尔茨海默病发作的危险因素之一。

另外，人体免疫系统的进行性衰竭、解毒功能的削弱，以及其他病毒感染等，丧偶、独居、经济困难、生活颠簸等社会心理因素，都可能成为阿尔茨海默病的发病诱因。

（二）阿尔茨海默病发展阶段

阿尔茨海默病的症状表现主要是认知功能下降、精神症状和行为障碍、日常生活能力的逐渐下降。有学者根据病人认知能力和身体机能的恶化进程，将阿尔茨海默病的发作分成三个阶段。

第一个阶段：轻度痴呆期（1—3年）。表现为记忆减退，对近事遗忘突出；判断能力下降，病人不能对事件进行分析、思考、判断，难以处理复杂的问题；工作或家务劳动漫不经心，不能独立进行购物、经济事务等，社交困难；尽管仍能做些已熟悉的日常工作，但对新的事物却表现出茫然难解，情感淡漠，偶尔激惹，常有多疑；出现时间定向障碍，对所处的场所和人物能做出定向，对所处地理位置定向困难，复杂结构的视空间能力差；言语词汇少，命名困难。

第二个阶段：中度痴呆期（2—10年）。表现为远近记忆严重受损，简单结构的视空间能力下降，时间、地点定向障碍；在处理问题、辨别事物的相似点和差异点方面有严重损害；不能独立进行室外活动，在穿衣、个人卫生以及保持个人仪表方面需要帮助；不能计算；出现各种神经症状，可见失语、失用和失认；情感由淡漠变为急躁不安，常走动不停，可见尿失禁。

第三个阶段：重度痴呆期（8—12年）。患者已经完全依赖照护者，严重记忆力丧失，仅存片段的记忆；日常生活不能自理，大小便失禁，呈现缄默、肢体僵直，查体可见锥体束征阳性，有强握、摸索和吸吮等原始反射。最终昏迷，一般死于感染等并发症。

（三）阿尔茨海默病的治疗

控制焦虑、激越、失眠等精神病理症状，可服用抗焦虑药，剂量应小且不宜长期服用。警惕过度镇静、嗜睡、言语不清、共济失调和步态不稳等副作用。增加白天活动有时比服安眠药更有效。同时应及时处理其他可诱发或加剧病人焦虑和失眠的躯体病，如感染、外伤等。

抑郁症状较轻且历时短暂者，应先予劝导、心理治疗、社会支持、环境改善，即可缓解。必要时可加用抗抑郁药。

抗精神病药有助于控制病人的行为紊乱、激越、攻击他人、幻觉和妄想。但应使用小剂量，并及时停药，以防发生毒副反应。

益智药或改善认知功能的药，目的在于改善认知功能，延缓疾病进展。脑代谢赋活药物促进脑细胞的恢复，改善功能脑细胞，从而达到提高记忆力的目的。

由于发病因素涉及很多方面，绝不能单纯地用药物进行治疗。临床细致科学的护理对患者行为矫正、记忆恢复有着至关重要的作用。对长期卧床者，要注意护理，定时翻身擦背，防止压疮发生。对兴奋不安患者，应由家属陪护，以免发生意外。注意患者的饮食起居，不能进食或进食困难者给予协助或鼻饲。加强对患者的生活能力及记忆力的训练。

（四）失能智力残疾老人

失能是指日常生活能力丧失或受限。从智力残疾分类中我们可以发现，极重度和重度的智力残疾人均存在日常生活自理能力严重下降情况。先天因素导致的重度以上失能，一般与神经中枢相关，但后天导致的失能除脑神经受损外，与个体自身健康状况有一定联系。有学者对失能老人进行研究，发现不健康的生活方式，各种慢性病等都是致病因素，程度在中度以上的失能率最高，尤其是视力、疼痛、睡眠、行走等问题会随年龄的增加而增加[1]。同时研究还发现，每周进行体育锻炼发生失能风险低，社会工作者对老年人开展体育活动可以帮助他们进行失能预防[2]。

---

① 张妍，袁红，金亚清，等. 上海市嘉定区社区老年人的失能现状及其影响因素[J]. 中华疾病控制杂志，2022（7）：784–789.

② Buchner DM. Physical activity to prevent or reverse disability in sedentary older adults[J]. Am J Prev Med，2003，25（3 Suppl 2）：214–215.

第三节　智力残疾人的困境

本书作者为准确了解残疾人生活状况，开展了残疾人事业发展调查。调查采用中国残疾人联合会统一的标准问卷，问卷包括27项，调查内容包括残疾人婚姻、家庭等人口学变量，以及住房、受教育程度、就业、社会保障、基本医疗与康复、无障碍、文化体育等项目，调查结果如下。

一、调查对象基本情况

本次调查共有956名残疾人参与，其中，智力残疾113人，80.5%的调查对象是青年和中年人，年龄在19—59岁之间的有91人，没有年龄超过70岁的老人。

被调查者婚姻状况普遍不好，未婚率高。除年龄小于20岁、不参与婚姻状况调查的人之外，受访者有58人未婚，有配偶的仅24人，离婚和丧偶的各4人，显示智力残疾人的婚姻状况普遍不好，独身者达半数左右，仅四分之一的人有配偶。

居住条件以自建房为主。被调查的113名智力残疾人中，74人住自建房，比例高达65.49%，显示智力残疾人主要是生活在农村地区，有自己的自建房。其他人的居住情况是4人居住在机构，16人居住在保障房，10人住在临时住房中……

教育水平偏低。调查显示，半数以上的智力残疾人没有接受过任何教育，有过小学学习经历的仅36人，有过初中学习经历的只有12人，2人有高中学习经历。教育水平低的直接后果就是文化知识素养不高、缺乏劳动技能，所以这些智力残疾人的就业率非常低。

二、融入社会差

在人际交往和社会融入方面，智力残疾人除家庭成员之间的人际交往外，几乎没有朋友，更没有家庭之外的人际交往。智力残疾人社会适应能力普遍不高，缺乏参与社会需要的知识和技能，所以他们基本不参与社区、街道、村寨、小区等任何事务。社区、村委等基层组织主动关心这些智力残疾人也不多，传统节日、残疾人相关节日的慰问活动关注这些智力残疾人的也不多，他们普遍缺乏来自社会、组织的关心。

有学者在研究智力残疾人社会融入时，使用了"脆弱性"一词，认为智力残疾人面临的脆弱有内部和外部两个方面的原因。内部原因包括低经济融入、低人际融入和低社区融入三种；外部原因包括社会包容度不高、就业支持力度不大等。在社会工作者帮助中，可以使用反脆弱性行为策略，比如帮助轻度智力残疾人改变对自身困境的认知，从而改变其行为，通过开展"人际交往""我喜欢我自己"等小组活动，提供自我接纳，通过开展课程"管理情绪""自救自护"知识的学习，逐步学会控制自己的情绪；通过一些可操作的手工等技能性活动，提高他们的动手能力，同时也让他们的劳动成品成为"商品"，进行出售、义卖，让他们享受到劳动成果带来的成就感、经济收入的增加，帮助他们体验自己的社会价值。

三、就业困难

（一）就业率低

智力残疾人就业率低是不争的事实。与其他类型的残疾人相比，智力残疾人的就业有更多的限制，困境会更多。虽然也有部分学校从地方特色入手，如贵州省很多特殊教育学校都根据本地经济发展水平和产业特色，给智力残疾学生开设编织、豆腐制作、蜡染、洗车、面点、木雕、制陶等职业类课程。但特殊教育学校毕竟不是职业教育专门学校，存在很多问题，比如职业类课程开设单一，就某一学校而言开设的专业少，教学内容简单、雷同，没有形成严格意义的职业教育课程体系；职业教育课时不足，教学时间远远不能满足教学需要；师资和教学设备、实训场地严重不足，影响了学习与训练成效。所以，智力残疾人毕业离校以后，文化知识水平和基本素养低、职业能力不够，工作岗位的选择非常单一，社会也没有更多的岗位适合他们，他们的就业竞争力非常低，甚至可以说根本没有任何竞争力，只要不是政策要求，基本没有企业、公司愿意聘用他们。

（二）就业机会少

由相关职能部门进行的用岗登记需要远远小于求职的需要。国家制定、颁布了相关文件要求机关、企业、事业单位等按照比例安置残疾人就业，也出台了税费优惠政策，残联、民政等相关政府部门也做了大量残疾人就业政策宣传工作。但贵州整体经济水平不高，就业承载力不足。仅靠一些小型企业或福利型企业解决广大残疾人就业问题只能是杯水车薪，难以全面解决。因而，大量研究呼吁，从特殊教育学校开展多种职业能力训练开始，政府部门应该发挥更大的资源调配作用，引导全社会各行各业增加智力残疾人就业岗位。

（三）政策推进的困境

2016年，国务院印发《"十三五"加快残疾人小康进程规划纲要》，提出残疾人的就业工作包括按比例安置、集中就业、就业渠道、就业形势和劳动权益等6个方面的举措。

1. **按比例安置就业制度的困境**

按比例安排残疾人就业工作在我国东部经济发达地区最早实行，各地都推出了很多岗位，但政策本身及其施行效果都受到公众质疑，如民众对残疾人职业能力持怀疑态度，对残疾人的履职能力存在偏见，甚至有的单位以单位与职员形象、工作的便捷性等为理由，拒绝按比例安置残疾人就业。这样就出现了很多社会机构、企业、公司等，甚至部分政府部门、事业单位宁可按年度上交残疾人就业保障金，也不愿聘用残疾人员工，尤其不愿聘用智力残疾人。

2. **智力残疾人工作监护制度缺乏**

由于智力残疾人普遍存在基础知识缺乏，抽象逻辑思维水平低、缺乏灵活性，在工作中经常存在注意力不集中、工作意愿不强、工作效率低等问题，其所在工作岗位更容易产生残次品，更容易出现责任事故或人身伤害，不仅会影响产品的优秀率、合格率，还会使相关部门、机构的管理与运行效益，以及企业的生产效益下降而成本增加，导致用工单位出现更多的损失。

在促进残疾人就业相关实践中，人们提出要加强对助残组织、机构管理的同时，还要加强与残联、民政部门的联动，打破助残机构之间的壁垒、恶性竞争，强化合作以实现资源优化、均衡；丰富服务链供应，为就业单位与残疾人架起信息桥梁，最大限度优化人才资源配置；同时，鼓励残疾人创业，为其搭建平台，提供空间，提供信息与资源支持，尤其是提供政策与资金支持，大力扶持残疾人福利企业；对只能居家就业的残疾人，提供职业技能培训，为其提供居家就可以完成的创业或就业项目，比如编织、雕刻、缝纫等，并通过互联网等现代信息技术，帮助残疾人推销其产品。

（四）就业培训少

职业、就业与生活来源是息息相关的。调查显示，智力残疾人的生活来源以家庭供养和社会救助为主。他们的生活保障水平低、收入拮据，虽然能够解决温饱问题，但也会出现日常消费品匮乏现象，加上智力残疾人的认知水平低、适应能力不强等原因，导致他们自身从知识水平、智力水平到职业素养上，都难以承担社会提供的相应职位，因而在求职推荐、技能培训上也不能与社会需求接轨。这一点在本次残疾人就业扶持需要调查结果中也得到印证。参与调查的113人中，有18人次在职业技能（3人）、职业介绍（7人）、农村实用技术培训（5人）和资金扶持（3人）方面有扶持需求。

四、社会保障现状

（一）智力残疾人社会保险参与率不高

智力残疾人参与养老保险、失业保险、工伤保险、生育保险等社会保险的积极性不高。社会保险是社会保障制度的重要组成部分，国家社会保险相关优惠政策能够保证智力残疾人普遍受惠，部分或大部分保费均由国家代缴，如为参加新农村合作医疗和城市基本医保的贫困残疾人，代缴个人承担部分的部分或全部费用，对符合条件的失业残疾人足额发放失业金等。但是，本调查显示，智力残疾人参与社会保险的仅7人次，参与率极低。

（二）智力残疾人基本医疗保险参保率较高

虽然参加养老保险、失业保险、工伤保险以及生育保险等社会保险积极性不高，但智力残疾人参保城乡基本医疗保险却是非常积极的。调查显示，90.3%的智力残疾人参与城乡居民基本医疗保险，70.8%的智力残疾人享受过基本医疗保险个人缴费补贴。这一结果与冯振宁等人的研究结果一致，他们通过自制问卷采用一对一调查的方式，发现残疾人的基本医疗保险参保率较高，为93.4%[1]。也与彭虹等人在对北京市74 795名残疾人的抽样调查中获得的，567位智力残疾人获得过基本医疗保险帮助（76.83%）的数据基本一致。这一结果也提示我们需要加强反思，一方面，需要反思为什么智力残疾人对参加城乡基本医疗保险的积极性远超参加养老保险、失业保险、工伤保险以及生育保险的积极性。另一方面，需要反思这些社会保险如何改进，才能真正让智力残疾人理解、接纳，并通过参保享受国家的惠民政策。

（三）智力残疾人的社会救助

发展残疾人社会救助是我国发展社会事业的重要部分，其工作的主要内容是通过物质、精神等方面的援助，提升残疾人生活水平。目前，我国社会救助工作存在的主要问题或困难是政府财政投入渠道受阻、残疾人社会救助标准较低、残疾人就业扶持体系不健全等。

但这些救助的落实情况差距很大。智力残疾人康复和医疗方面的费用一般由政府、社会和个人共同承担，医疗救助、住建部门开展的农村危房改造和其他特殊救助政策，由于政府财政投入及相应配套资金不足，落实情况并不一致。本调查显示，贵州省安顺市落实情况从高到低排列为医疗救助（58.4%），特困人员救助供养（20.4%），教育、住房与就业救助（8.8%），农村危房改造（3.5%）。这一结果显示，救助的落实水平总体较低，在这些较低的救助中依然是医疗救助最高，这一现象与前文介绍的

---

[1] 冯振宁，黄琦瑜，姬超琴，等. 健康扶贫背景下残疾人基本医疗保险与疾病负担分析[J]. 公共卫生与预防医学，2021（1）.

智力残疾人参加城乡基本医疗保险积极性最高是有内在联系的，反映出残疾人对医疗方面的政策较为了解，认可度最高，但对其他方面的保险与救助等惠民政策，缺乏了解，需要进一步加强宣传。

（四）智力残疾人的托养服务

我国的残疾人托养服务是2007年开始在全国逐渐推广开展的。残疾人托养服务是家庭和机构合作，以居家服务为基础，机构开展日间照料和寄宿托养服务；以机构为主，限制民事行为能力的重度及以上的智力残疾等群体，在监护人的同意下到相关机构中托养。这一服务既能够减轻残疾人家庭的经济与心理负担，又能够充分体现社会公平正义，是政府通过残联与相关社会机构实行的扶残助残的重要民生举措之一。目前，我国残疾人托养服务模式依然还在摸索中，2019年，国家标准《就业年龄段智力、精神及重度肢体残疾人托养服务规范》颁布实施，成为残疾人服务领域中的第一个国家标准。也是对"温馨家园""阳光之家""康园工疗"服务以及遍布全国的"慧灵机构"等相关机构，在部分地区成功实践后，所形成的行业规范。

托养服务具有一定的特殊性。它所针对的群体都不具备完全民事行为能力，如重度智力残疾人，他们在相关的庇护所中生活、劳动，在性质上属于康复训练，在过程上是通过劳动与学习提高相应能力。他们与托养机构的关系非常特殊，双方不是雇佣关系，所得报酬也不是工资。有研究发现，25年来，某特殊学校毕业的学生高达200人，但成功就业的只有10人左右[①]，研究者提出对特殊教育学校的学生，不论是轻度、中度残疾，还是重度残疾学生，都应该从入学时的低年龄段就开始进行职业教育与训练，逐渐培养相应职业素养、职业能力，以增强就业能力、提高就业率。但残疾学生尤其是重度残疾学生，一毕业就面临失业，这一现象既反映了全社会接纳残疾人就业的意识不足，也反映了托养服务机构数量发展跟不上需求，而特殊教育机构与数量不多的托养机构之间也缺乏联系、转衔工作缺失，托养机构在特殊教育之后没有及时跟进提供相关服务。

目前，残疾人托养服务的需求多样化，而托养机构数量少、床位少，

---

① 叶航. 福州：毕业生无处去 智力残疾学生就业堪忧[J]. 中国残疾人，2014（4）.

缺乏专业管理与服务人员。中国残疾人联合会统计数据显示，2007—2015年间，我国托养机构工作人员数量少且专业杂乱，社会工作者、特殊教育、心理健康与辅导等专业人员入职托养机构的不多，而现有人员流动性大，对残疾人所提供的服务质量也良莠不齐。比如，2015年全国进入托养机构的残疾人不到五万人，其中95%左右还仅仅是日间照顾，辅助性就业和支持性就业人数合并计算也不足10%。

学者调查显示，智力残疾人托养服务需求多样化。有研究结果显示，智力残疾人所需服务按照从高到低顺序排列，分别是居家服务（31%）、日间照料和寄养托养（8.8%）。本书作者对智力残疾人托养服务需求调查的结果是，113名智力残疾人中，有10名采取寄宿托养、10名采取日间照顾，35名采取居家服务，这一结果既显示出智力残疾人照顾模式逐渐多样化的同时，也显示有很大一部分家庭放弃机会。在养老服务需求中，956名调查对象中有898名残疾人无需求，仅52名残疾人需要家庭成员照顾，2名需要社区照料、3名需要寄宿制养老服务，智力残疾人只有1位有托养需求。

我国《"十四五"残疾人保障与发展规划》提出，"强调困难和重度残疾人的基本民生需求、深化残疾人和托养服务"。各地应根据地方特色和优势，加强残疾人基本公共服务均等化，加快残疾人基础服务设施建设方面的推进。有的地方为提高托养质量，针对不同程度残疾人开辟了服务空间，如对重度智力残疾"行动障碍""安全感缺失""情绪消极""依赖性强"等，在住宿单元及其内部功能、布局形式与装饰等设计方面功能逐渐多样化，除基础的残疾人居室外，还建设了细化的功能区。

五、智力残疾人的康复需求

（一）医教结合师资缺乏

本书作者曾组织人员，统计了贵州省安顺市智力残疾人过去一年得到的医疗服务、康复训练服务、辅助器械服务、支持性服务等服务情况。结果显示，智力残疾人所需要的教育康复，需要各相关专业领域的专业人员参与，尤其需要医疗、教育专业人员。随着行业发展对于从业人员要求的逐步提高，不仅需要有特殊教育相关素养，更需要有保健知识、医疗救治知识。但在实际工作中，能够实现两方面结合的专业人才实在不多。同时，现有人员对特殊康复训练设备操作不熟练，智力残疾人需求各异，开展康复训练需要的设备较多，而学校教师、医疗机构的医务人员都属于任务较重的工作岗位，所以在实际服务过程中，这些器材与设备因操作不熟练而未能充分发挥其应有的功能。同时，落实医教结合理念，需要根据残疾人特点，进行有针对性的、专门定制的教育与康复训练，但机构或学校制订的训练目标和训练方案，存在针对性不强问题，训练不能有效提高相关能力、改善状态，导致智力残疾人未得到良好的康复训练。

（二）家庭康复能力薄弱

家庭康复是医疗康复、社会康复和学校教育康复的有效延伸和补充，对于提高残疾人能力具有重要意义。但残疾人家庭普遍存在收入较低现象，高昂的康复训练费用使得家庭负担过重，难以购买合适的康复训练器材。也有部分家长通过学习，基本能够开展家庭康复训练，有的甚至在训练家人基础上创办康复机构，虽然辛苦，但是能够进行家庭康复的同时还增加了收入。但仍有大部分家长缺乏康复知识与能力，不能开展家庭康复，有的甚至从来没有意识到家庭康复的重要意义，要么失去康复训练的信心与主动性，要么完全依赖社会力量，没有开展家庭康复。

（三）康复需求远超支持能力

调查研究显示，我国智力残疾人康复需求与获得的康复服务之间存在一定差异。李安巧等人用25 654名智力残疾人在2019年接受的康复需求与康复服务实名制数据，了解残疾人康复需求[①]。结果显示，智力残疾人的康复需求从高到低排列，依次为护理（47.8%）、药物（37.2%）、功能训练（26.1%）、辅助器具（19.8%）和手术（1.3%），他们获得的康复服务水平从高到低依次为护理（43.5%）、药物（29.3%）、功能训练（27.2%）、辅助器具（19.6%）和手术（0.8%）。本书作者在调查中也发现，51.3%智

---

① 李安巧，等. 智力残疾人康复需求与康复服务发展状况Logistic回归分析研究[J]. 中国康复理论与实践，2020.

力残疾人有康复需求，其他需求按照比例从高到低排列，分别是支持性服务（康复知识培训、康复护理、心理护理）23.9%、医疗康复（含手术、药物）10.6%、康复训练8%、辅助器械0.9%。在过去的一年，获得性需求上有高达46.9%的人群选择不需要项，他们实际得到的服务，按照比例从高到低排列，依次是支持性服务20.4%、辅助器具10%、康复训练8.8%。本研究样本具有明显的地方特点，虽然可能存在量的问题，但服务需求与获得服务基本反映了地方差异，反映了城市居民对康复知识、康复护理等知识层面的需要，以及应对残疾的不足。

六、智力残疾人的无障碍环境建设

在本书第六章《无障碍环境建设与辅助器具》部分，介绍了无障碍环境建设相关内容。与社会环境、交通条件等公共场所无障碍环境建设相比，个人居住场所，即家庭生活所处的空间"小环境"，对于智力残疾人而言，意义更加重要。本书作者的调查显示，有8.8%的智力残疾人家庭进行了无障碍改造，内容包括厨房改造（2.7%）、卫生间改造（1.8%）、卧室改造（0.9%）和出入口改造（0.9%）等。对于重度智力残疾或极重度智力残疾人而言，这些能够帮助他们实现生活自理、提高活动能力的器具或改造，不仅帮助他们实现了日常生活的自理，减轻了家庭养护的负担，而且还可以提高他们的自信心，提高自尊与自立能力。

七、智力残疾人的文化体育活动

文化体育活动不仅是精神文明建设的一种体现，更是智力残疾人能力的体现。有调查研究显示[①]，过去一年有12.4%的残疾人常参加文化体育活动，不能参加文化体育活动的原因中，没有特定指向的其他原因占了一半以上

---

① 常为民. 河南省加快推进残疾人小康进程战略实施研究[M]. 西安：西安交通大学出版社，2018.

（56%），显示出智力残疾人在体育运动方面，积极性不足、运动能力不高。其次是没有适合自己的活动项目占比较高（18.6%），没有合适的场所和设施（15%）也是很重要的原因。在了解这些文化体育参与的困境以后，社会工作者要设计有针对性的活动以适应智力残疾人的需求，工作使命和责任重大。

第四节　智力残疾人社会工作的具体内容

我们对智力残疾人各方面的需求进行了初步的了解，在对残疾人开展工作中，不仅会涉及法律法规、社会政策，还会涉及人力资源、物质资源调配、寻找与重组。在帮助模式上，除了有组织有领导地开展"介入工作"、提供支持，还可以个人、志愿者或专业同盟等诸多方式进行。

一、社会工作者以多重身份帮助智力残疾人

社区、居委会、村委等是最基层的、直接服务民众的组织，智力残疾人作为社区成员的一种，在遭遇各类困难时申请帮助，这些组织有义务提供相关支持与服务。但事实上，很多残疾人家庭在面临困境时，首先选择的是自己处理或向亲友求助，而不是向上述基层组织申请或求助。只有在自身实在无力解决时，才会向相关组织、部门开口、伸手，提出诉求。显示出我国的基层组织建设、社会工作还没有得到广大民众，尤其是有实际困难的残疾人群体接受。社会工作者有必要在以下方面提高工作成效与扩大影响。

（一）组织者与资源整合者

社会工作者在了解智力残疾人基本情况以后，通过评估了解其当前最需要解决的问题，寻找或组织专业工作同盟对智力残疾人进行帮助，分别提供医疗、特殊教育、心理辅导、康复训练等方面的专业支持。相关专业人员能在支持性服务中，培训残疾人家人学习康复知识、康复内容、康复方法与手段以及心理辅导等，以便在社会工作者离开以后，其支持性工作能够得到延续。同时，为适应由残疾等多种原因、多领域支持带来的挑

战，社会工作者自身也要积极提高素养，全面了解残疾人康复、教育基础知识，残疾人生活知识，残疾人社会知识等，以便能根据不同年龄、不同残疾程度智力残疾人的独特需求，设计出适合他们的活动，如对于因各种原因不能参加文化体育活动的智力残疾人，社会工作者可以充分发挥自己的优势，做好活动设计，以社会工作的三大方法，做好智力残疾人的个案活动、小组活动和社区项目活动。

（二）督导与咨询者

社会工作者需要熟悉与残疾人相关的法律、政策，需要了解智力残疾人需要解决的问题，以及需要联系的部门、组织等，把自己所掌握的解决问题途径与智力残疾监护人进行沟通。同时，社会工作者在社区工作中，要主动了解、及时掌握智力残疾人家庭情况，及时向他们普及相关知识、及时反馈相关政策与信息，让这些家庭在面临一些实际问题时能够及时得到帮助。比如有研究发现，智力残疾儿童如果能及时得到早期康复，在学语关键期得到及时的干预训练，对其语言能力、社会适应能力的发展都会收到事半功倍的效果。但也有很多家长迷信于传统的"贵人语迟"，或盲目自信于"开智较晚"，其实这都是不科学的侥幸心理，没有及时开展儿童早期干预，最终可能影响儿童发展，影响其一生。

（三）资源链接者

社会工作作为一种职业或身份，代表一个社会组织或某种价值观，在面临智力残疾人的具体困难时，未必能够解决所有问题，需要寻求多方资源、多家组织的支持，需要激发社会有关方面和人员的力量，达到助人目的。如智力残疾人需要的教育康复辅助器具、医疗器械、智力残疾人需要的维权资源、需要的托养服务，以及医疗民间众筹活动等。这里不再对这些活动展开详细组织进行介绍。

二、协助智力残疾人家庭开展相关工作

社会工作者在进行残疾人社会工作中，需要了解残疾人基本信息、住房、教育、就业、社会保障、基本医疗与康复、无障碍、文化体育等方

面的基本状况和服务需求，以及村（社区）的残疾人服务和残疾人工作情况。对疑似残疾人主要了解其是否符合办证条件。

（一）持证残疾人基本状况调查信息的采集

1. 基本情况调查表调查内容

残疾人基本信息的采集任务，主要由社区或村委根据当地残联部门的要求，进行相关事项的申请或填报。残联系统中需要录入的基本信息共27项，这些内容的每一项都可能是社会工作者帮助的内容，因此，本书将其进行详细介绍。

具体包括姓名；残疾人证号；婚姻状况；联系人姓名；本人或联系人电话号码；居住地；家庭住房；受教育程度；是否就业；未就业生活来源；目前就业帮助；参加职工保险情况；是否参加城乡居民医疗保险；是否享受基本医疗保险个人缴费补贴；过去一年内社会救助及住房改善情况；目前托养服务需求；残疾人养老服务现状与需求；养老残疾基本情况；个人或家庭是否签订家庭医生服务协议；针对自身残疾，过去一年内是否得到服务；是否还需要以下服务；过去一年内是否进行过无障碍改造；过去一年内进行过的无障碍改造项目有哪些；有哪些无障碍改造需求；是否参加体育活动；不能参加的原因等。

由上可知，残疾人基础信息调查表，包括人口变量学的基础特征，还包括一些民生政策、福利的惠民实施。如对生活来源的调查，村委或居委会是最了解残疾人生活状况的基层组织，在填报时可以进行指导，如果情况确实困难，也没有享受任何支持，那么可以根据情况在最后的补充问题一栏反映；如对于智力残疾人的托养服务，根据其生活自理情况，对适龄的残疾人进行照顾与康复模式的选择。笔者通过残联系统填写情况发现，根据残疾人家庭现状、残疾人的残疾程度以及填报的项目，许多地方存在不合理的现象，一方面确实可能事实如此，另一方面，也许就是填报时没有将申报内容对残疾人收到的惠民政策吃透或填报中存在敷衍现象。针对这些问题，社会工作者将来在开展基层工作时要做到对申报内容吃透和对残疾人家庭的全方位了解。

2. 了解当下某些残疾政策，给残疾家庭提供服务项目的建议。

信息采集的目的是反映残疾现状，是上级主管部门与残疾人沟通的桥梁。因此，在帮助残疾人进行资料上报的过程中，除了如实上报，还需要对相关项目知识了解，需要对残疾人症状了解，针对残疾类型与程度，在反映需要帮助或服务的项目方面提出宝贵的建议或意见。部分残疾人家庭由于受知识文化的限制，对于调查表中能提供的帮助等，基本不能掌握，只能在有"无"选项上进行选择。有的残联项目不是连续性的，如果残疾人提前表达了需求的意愿，需要的人群多了，那么国家在政策方面也会想办法去解决。

调查表中，"参加职工社保情况""参加城乡居民医疗保险和缴费补贴情况""特困供养、低保、困难生活补贴情况""重度残疾人护理补贴情况"等重点民生指标和"享受托养服务情况""无障碍改造情况"等残联业务指标继续由问卷模式改为核实模式，一些民生填报信息的判断，也需要社会工作者帮助；"托养服务"模块、残疾人家庭无障碍改造情况录入"无障碍改造"模块都要进行数据比对。

对于智力残疾来说，托养需求、教育康复需求在完成填报时，需要积极付诸社会工作实务中，不能被动等待政策。

在实际工作中，还需要相关的培训。培训内容除填报信息外，还要进行伦理培训、保密工作培训。

3. 残疾人基本信息填报方式

目前，各地在对残疾人信息采集时，以入户信息采集为主，对于在外务工可以使用电话、微信和QQ等方式进行调查，也可以使用手机App下载"阳光平台"进行信息采集。对有能力的残疾人，可以自我填报，但对智力残疾人而言，大部分均需要监护人帮助。目前，由于网络的便捷性和时效性，越来越多的残疾人家庭使用该平台进行申报。基于此，社会工作者更需要在联系家庭进行填报信息前的一些指导，并进行数据比对，核实等工作。

（二）帮助残疾人办证

1. 帮助残疾人了解办证条件

智力残疾人，智力明显低于一般人的水平，并显示出适应行为障碍者的特征。因此，智力残疾者要符合残疾程度的四个分级标准之一，残疾人证的申请，有新证申请、挂失申请、变更申请、残损换新、到期换证、资料更新、注销和迁移等类别，由于部分残疾人及其家庭存在知识与操作上的困难，社会工作者可以帮助他们实现办证的要求。

2. 申报残疾证程序

残疾人申领残疾人证，需要按照以下程序办理：向属地残联提交申请，残联审核申请并指定评定机构，残疾人个人到指定机构进行评估，残联公示评估结果，残联在申领系统录入残疾人基本情况，批准并打印残疾人证，发放残疾人证。

三、教育康复工作

1. 帮助残疾人与由残联指定机构或民间开办的一些医疗、特殊学校、康复机构进行联系，让残疾人接受及时的康复教育。

2. 培训家长，给家长介绍相关的康复知识、残疾的预防知识、教育及心理相关知识。

3. 社会工作者自身通过智力残疾教育、康复相关知识的学习，将理论运用于实践中，定期或不定期地指导、帮助残疾人，促进他们在教育、康复中的进步。

四、维权工作

帮助残疾人在面临家庭的、社会的、婚姻的、医疗的、就业等各种事务中出现的让残疾人受到损失的事件进行维权工作。

五、文化体育工作

前文提到，社会工作者可以利用三大方法开展残疾人的文化体育工作。但是在开展中，需要在一定的价值观基础上进行，既保护残疾人的尊严，体现自我价值，丰富其文化生活，又能让残疾人开发潜能获得自信，在体现和谐的社会主义核心价值观的同时，又要体现个人的价值。如社会工作者可以发现智力残疾人的特殊才能，如特奥会相关的体育项目日常练习，与人际交往相关的联谊活动，与书法、手工等相关的操作能力展示，与生活技能挑战相关的能力竞赛等，于乐于赛于展示中让智力残疾人回归社会主流，增加群众对他们的正确认知，消除偏见。

六、帮助残疾人完成想办事项

（一）残疾人托养育补贴申报
（二）残疾军人康复辅助器具配置
（三）残疾人就业推荐

符合以下申请条件的残疾人就可以获得相关推荐：有就业要求和就业能力；持有《中华人民共和国残疾人证》；在法定就业年龄阶段。

贵州省人社厅规定，失业保险可以用于支持参保职工提升职业技能。贵州省的《省人力资源和社会保障厅 省财政厅关于执行〈人力资源社会保障部 财政部关于失业保险支持参保职工提升职业技能有关问题的通知〉》（黔人社厅发〔2017〕11号）第二条，规定"职工应在职业资格证书或职业技能等级证书核发之日起12个月内，到本人失业保险参保地失业保险经办机构，申领技能提升补贴"。申领人只需要提供个人银行账户信息（如为社会保障卡领取，则不需提供）、职业资格证书或职业技能等级证书即可。

（四）伤残待遇申领——工伤保险

参保职工发生工伤，经劳动能力鉴定委员会鉴定为一至十级的，可以一次性领取伤残补助金、伤残津贴和生活护理费。伤残待遇申领相关规定，可以详细阅读《中华人民共和国社会保险法》《工伤保险条例》《关于印发工伤保险经办规程的通知》等附件。

附1：《中华人民共和国社会保险法》

第三十八条：因工伤发生的下列费用，按照国家规定从工伤保险基金中支付：……（五）生活不能自理的，经劳动能力鉴定委员会确认的生活护理费；（六）一次性伤残补助金和一至四级伤残职工按月领取的伤残津贴。

第三十九条：因工伤发生的下列费用，按照国家规定由用人单位支付：（一）治疗工伤期间的工资福利；（二）五级、六级伤残职工按月领取的伤残津贴；（三）终止或者解除劳动合同时，应当享受的一次性伤残就业补助金。

附2：《工伤保险条例》（中华人民共和国国务院令第586号）

第三十五条：职工因工致残被鉴定为一级至四级伤残的，保留劳动关系，退出工作岗位，享受以下待遇：（一）从工伤保险基金按伤残等级支付一次性伤残补助金。（二）从工伤保险基金按月支付伤残津贴。（三）工伤职工达到退休年龄并办理退休手续后，停发伤残津贴，按照国家有关规定享受基本养老保险待遇。基本养老保险待遇低于伤残津贴的，由工伤保险基金补足差额。

第三十六条：职工因工致残被鉴定为五级、六级伤残的，享受以下待遇：（一）从工伤保险基金按伤残等级支付一次性伤残补助金。（二）保留与用人单位的劳动关系，由用人单位安排适当工作。难以安排工作的，由用人单位按月发给伤残津贴。经工伤职工本人提出，该职工可以与用人单位解除或者终止劳动关系，由工伤保险基金支付一次性工伤医疗补助金，由用人单位支付一次性伤残就业补助金。一次性工伤医疗补助金和一次性伤残就业补助金的具体标准由省、自治区、直辖市人民政府规定。

第三十七条：职工因工致残被鉴定为七级至十级伤残的，享受以下待遇：（一）从工伤保险基金按伤残等级支付一次性伤残补助金。（二）劳动、聘用合同期满终止，或者职工本人提出解除劳动、聘用合同的，由工伤保险基金支付一次性工伤医疗补助金，由用人单位支付一次性伤残就业补助金。一次性工伤医疗补助金和一次性伤残就业补助金的具体标准由省、自治区、直辖市人民政府规定。

附3：《关于印发工伤保险经办规程的通知》（人社部发〔2012〕11号）

第六十八条：业务部门根据劳动能力鉴定结论、工伤职工本人工资或统筹地区上年度职工月平均工资，核定一次性伤残补助金、伤残津贴和生活护理费。

案例三：

一、初识绿儿

绿儿名字的由来，是她出生那天正好是六月初六，所以家里人都称呼她为绿绿（安顺话陆陆的谐音），这是爱称。绿儿的父母朋友与单位同事熟识，所以我们相遇了。

第一次见到绿儿，可能是她父母在家就已经多次强化了的，让她和我见面时一定要给老师留下一个好印象，因而绿儿一见我的面，还没有摘取口罩，就很大声地说了一声"老师好"，然后又很害羞腼腆地靠在还没有坐下的妈妈身旁。那一声"老师好"一定是她鼓足了勇气才喊出来的！

据她父母介绍，绿儿因为新生儿黄疸导致智力损失，IQ值只有33，小时候也曾做过康复，本地能够开展的康复服务绿儿都尝试过，如针灸治疗、感统训练、认知训练等，也曾在本地普通小学接受了三年教育。但因为没有特殊照顾，又总是被调皮的同学欺负，绿儿不愿意去学校。其父母也曾多次与特殊教育学校联系，但学校以绿儿能力超过其他学生为由不予接收。到与我见面时，绿儿已经辍学在家三年了。

看过绿儿父母带过来的相关鉴定资料以后，我问了绿儿关于节气、日常生活、数的概念等内容，发现她基本能够进行日常交流，已经掌握了生活日常用语、学校日常用语，能够通过《识字量入学测试表》测试，能认识不到50个字。基本没有数的概念，不能数数，不能数手指，比如伸手问有多少个指头，她会随意回答；指导她一个一个点数到5后再问，她会说3个。

绿儿父母的意愿是帮助她学习常用识字、简单数学并提高独立生活能力。虽然绿儿的智商不高，但那是她3岁时所测的结果，目前的认知和社会适应能力其实已经远超相应等级智力残疾儿童水平。结合其父母的意愿，我拟用根据培智学校义务教育课程标准（2016年版）编制的《自编培智课程四好评量表》（重庆市江津区向阳儿童发展中心2019年编，以下简称"四好标准"），对绿儿进行测评并制订训练计划。"四好标准"，即好公民、好帮手、好家人和好照顾，是针对智力残疾儿童生活适应而制订的一套评估与训练方案。

二、与家长一起商讨

测评结果显示，30项三级指标中，我与绿儿父母一致率为66.7%。在"倾听与说话"部分，有10项指标父母评分高于我。针对评价不一致的10项内容，我与其父母进行了讨论与分析，讨论家长与教师视角的差异，并分析原因（表8–3），期望能为制订个别化教学计划提供依据。

表8–3　《生活语文》家长与教师评量不一致指标及原因分析

三级指标	家长与教师评分不一致的原因	家	师
1.1.1.1能在别人对自己讲话时注意倾听	此题家长评4分，我评2分。差异在于家长不能把握"注意、专注"的含义。 绿儿注意力得到一定发展，能保持集中2分钟左右；没有提示前提下能维持注意；基本能实现视听结合、手眼结合；一般能够识别别人是否在和她说话；视觉追踪自主性不强。 需要采取多种手段进行有意注意训练。	4	2
1.1.1.3能听懂简单的句子，并做出适当回应	此题家长评4分，我评2分。差异在于对"适当回应"的理解。 绿儿基本能围绕与她相关的内容进行交流，对与自己相关的话题可以做出适当反应；但在听故事交流时，听一遍后只能回答很少信息，如知道人物或动物名称等，不能将关键内容抽象出来，不能做应变与交流。 思维发展处于形象思维阶段，需要进行各阶段的思维训练。	4	2
1.1.1.4能听懂生活中的常用语言	此题家长评4分，我评3分。差异在于对"知道"与"掌握"或"运用"的理解。 绿儿的长时记忆得到一定发展，但只能再认不能再现。语言理解与运用只是浅层次的。 绿儿的认知得到了发展，但水平很低。需要大量强化训练。	4	3

三级指标	家长与教师评分不一致的原因	家	师
1.1.2.1能模仿运用生活中的常用语言	此题家长评4分，我评3分。差异在于对"模仿""运用"的理解。 能表达个人需要，显示了最低水平的认知，只能进行与生活高度相关的简单语言交流。 要求给个理由就满足她时，只能简单重复个人需要，不能解释原因。我告诉绿儿想要洋娃娃时可以说"这是我想了好久的礼物，我特别喜欢她的大眼睛"，但不能模仿，不能完整复述。 训练只能运用简短的语句；需要从一个指令到多个指令的练习；需要训练模仿能力；需要训练造句能力；需要训练理解与运用复杂语句的能力。	4	3
1.1.2.2能用简短的语言表达个人基本需求	此题家长评4分，我评3分。差异在于对"表达"的理解。 水平与训练内容同上。	4	3
1.2.3.1能按从左到右的格式书写	此题家长评1分，我评0分。差异在于对"书写"的理解。 绿儿不能正确握笔，不能在大方格或要求的空格中书写。 绿儿不排斥拿笔书写活动，但不能按规则、更不是书写，只是在用笔随意画。 此项考查的是观察能力、空间能力、协调能力、精细动作等。家长评价的1分实际是给了"不排斥"和"能画"。	1	0
1.3.2.2知道图片上的文字和画面是对应的，文字是用来表示画面意义的	此题家长评3分，我评1分。差异在于对"对应"的理解。 家长认为绿儿知道图片文字是表示画面意义的，但孩子识字量特别少，虽然知道绘本上有文字和图片，但她基本不识字，不能正确将每一句话与画面联系在一起，也不能正确读出来。	3	1
1.3.3.1能用普通话朗读简单句子	此题家长评4分，我评2分。差异在于对"朗读"的理解。 家长认为绿儿能够说普通话就是能用普通话朗读，能够得到4分。但本题的要求是"朗读简单句"，而不是"说简单句"。绿儿识字量太少，在没有领读的时候不能自己"朗读"句子，只能有模有样地指着书本"跟读简单句"。	4	2
1.3.3.2会诵读诗歌（例如：儿歌、古诗）5—10首	此题家长评4分，我评3分。差异在于对"朗读"的理解。 家长认为她会背的诗歌超过10首。实际是她学过的诗歌超过10首，能够诵读的却不到5首。参照家长对她的训练可以评3分。	4	3

续表

三级指标	家长与教师评分不一致的原因	家	师
1.5.3.1能参加班级、学校活动（例如：听故事、看动画片等），在活动中初步养成良好的语言行为习惯（例如：不大声喧哗、听从指令、有礼貌等）	此题家长评4分，我评2分。差异在于对"参加"的理解。家长认为绿儿能做到在听故事、看电视时不喧哗、不捣乱，有礼貌。从现象上看确实如此。我观察发现绿儿大部分时间都是低着头，根本不知道故事与电视节目情节和人物等，虽然没有捣乱，但注意力其实并没有集中于活动，即没有参与活动。	3	2

与日常接触的大部分家长一样，特殊儿童家长往往在评分中尽量找孩子优点。因为我们知道，对普通儿童而言某些习以为常的能力，对特殊儿童而言可能是家长用辛勤汗水浇灌出来的！所以，家长会无意之中放大自己孩子的进步和现有水平，评分出现一些偏差，不能苛求家长完全客观、正确地评价儿童发展水平。

科学评估儿童对于开展教育训练活动具有重大意义。通过评价可以准确把握教育起点和终点。科学评价可以帮助教师和家长更加准确地把握儿童现有能力与水平，有利于制订个别化教育计划，有利于准确把握教学内容和进度。教师和家长一起进行评估，既尊重家长，更方便收集家长信息，还可以与家长进行讨论，在评估的同时就实现了对家长正确认识残疾、正确认识孩子水平与发展、如何开展家庭教育训练等指导，同时还可以讨论教育训练途径与方法，以及可能需要的支持，保证方案的可行性，正所谓一举两得。

通过讨论，绿儿父母完全接受了我的分析，绿儿"倾听与说话"的最后评价结果（表8-4）如下：

表8-4　绿儿倾听与说话各条目评分表

二级指标	三级指标	4分条目	3分条目	2分条目	1分条目	0分条目
倾听与说话 （共10项）	倾听	2、5	3、4	1、3		
	说话		1、2、4、5	3		
识字与写字 （共6项）	识字		2	1、3	4	
	写字				1	
	书写习惯和技巧					1
阅读 （共11项）	阅读习惯				2	1、3
	阅读理解				2、3、5	1、4、6
	朗读		2			1
综合性学习 （共3项）	获取有关信息		1			
	参与语言活动		1			
	参加班级学校的活动		1			
各级评分总分		8	33	10	6	0
总分		57分				

注：图中数字代表评估表中相应的序号内容。

从表8-4可以了解到，绿儿《生活语文》总分共57分，其中4分条目2条共8分；3分条目11条共33分；2分条目5条共10分；1分条目6条共6分；0分条目7条。

"四好"评量标准分为4个等级。以《生活语文》为例，共评量3个维度11个指标共30个测题，达到"好公民"标准的评分应在91—120分区间，"好帮手"得分应在61—90分区间，"好家人"得分应在31—60分区间，"好照顾"得分在0—30分区间，绿儿《生活语文》得分57分，其得分位于"好家人"位置。理论上，绿儿应是家中稳定的一分子，其生活质量主要表现在自理和独立性方面，和家人一同居住，情绪稳定，行为不过激，家人可放心短暂外出，不至于有饥饿或安全的顾虑；在社会融合方面，可以在广泛支持下使用大部分社区设施、能和人互动，能独立使用少数特定社区资源，可以被接纳为社区一分子；在社会生产方面，能完成大部分生活自理，能够基本独立完成技术性不强的操作性劳动和大部分家务。但这些能力，是需要结合其他内容一起进行考评的。比如在社会生产方面，评量中有这些说法"照顾者能为他创造生活的重心，使对自己的生活有期待。若学生大多连起码级的2分都通不过，那至少应保障其生活尊严及照顾者的生活质量"。

从上表中我们也可以发现绿儿的优势，如11个子项目中，绿儿的倾听与说话能力最"好"，这为教学提供了相当扎实的基础，综合性能力也不错；而在认知方面也是有基础的，在思想观念上，可以介于意识与知道的层次，因而，教学可以直接选择培智学校课本。

生活语文课程的总目标在于提升学生适应生活的语文素养，而"四好评量表"通过对每一个孩子具体的、有针对性的评量，不仅能对生活语文的教学设计起到辅助和指导的作用，而且在帮助孩子提高其生活质量方面扮演了重要的角色。结合生活语文的课程领域目标，并根据"倾听与说话、识字与写字、阅读、写话与习作、综合性学习"评量情况去了解孩子，联系"四好"评量，绿儿总分57分，0分7个条目集中在阅读能力方面，大多与识字相关，因为其识字能力仅在10—50单个字的水平，在下一阶段中，增加其识字量是教学重点，其中之一口语表达水平与综合水平是整个能力中最强的，均达到了标准级别。在听方面，要多进行目标任务的倾听培养，进行有意注意力的培养，同时注意思维能力与记忆能力锻炼。下面是每个标准等级的说明，提供给家长朋友们对照检查。

评分等级：每个教学目标有四个等级，0分（未及）、1分（补救级）、2分（起码级）、3分（标准级）、4分（充实级）。说明如下：

标准级3分：此系该目标所欲达之标准，为老师教学/支持的主要目标。

起码级2分：如果学生经过教学/支持，亦达不到标准级，则至少需教导具有起码级的能力。

补救级1分：如果学生有生理方面的限制，实在无法达到起码级，则学校应关注其生活、心理的健康与权益，提供必要的康复或其他补救措施。

充实级4分：若有的学生能力已超过标准级的要求，为了方便班级教学，以及提升学生该项技能的品质，可以向充实级发展。

根据评分等级的标准说明，绿儿得分均数达到起码级，可以从培智生活语文第一册开始导入学习。如果对照检查，孩子的能力均数达到了充实级，可以选择下一个阶段的学习内容进行学习。这为制定个案教育训练提供了理论基础。

数是什么？什么是数，我的一个手掌我想它是多少就是多少，这是绿儿一开始在数学概念上给我的印象。

那天的见面，我是提前了解了她对数的认知的，因此，在互动中，我问她："你会数数吗，能不能数一个给我听一下呀？"绿儿毫不吝啬地大方地数起数来，数过10以后，开始出现顺序错误，且不能数到15。

于是我又对她说："绿儿真棒，数了那么多的数，现在伸出你的左手（没有分清左右，我用手去辅助的），能不能给老师数一下这只手有几个手指头呀？"

绿儿有模有样地用右手的食指指着左手的手指开始数了起来，1、2、3、4、5、6，一直到10，没有停下来的意思，还是照着第一次数那样说数。

"好，数完了吗？能告诉老师你刚才数的左手有多少个手指头吗？"

"嗯，数完了，有8个。"

"好好想一想，到底有多少个呢？"追问中，又开始数。

"4个。"

"7个。"

"干脆8个算了！"

从以上的对话中，可以了解到绿儿对数的意识。但一般在介入中，仅凭主观测评显然不够，还需要用客观标准进行说明。

下面是我们通过"四好评估标准"对绿儿生活数学的情况了解（表8–5）。

表8-5　绿儿生活数学各指标点上的分布

二级指标	三级指标	4分条目	3分条目	2分条目	1分条目	0分条目
常见的量	基本概念			1、3	2	
	金钱概念				1	
	时间概念				1	
数与运算	数的认识				1、2、3	
	数的运算				1、2、3	
图形与几何	图形认识			2	1、3	
	位置认识				1	
统计	分类统计				1	
综合与实践	金钱概念的运用			2		
	时间概念的运用			2		
	图形几何运算统计的运用			2	1、3	
各评分点得分		0	0	12	15	0
总分			27			

注：图中数字代表评估表中相应的序号内容。

从上表得分点的分布上看，《生活数学》共讨论五个二级指标，11个三级指标，由21个测题组成，没有达到4分、3分的测题，6项达到2分，15项达到1分，0项0分。21个测题共得27分。

按照"四好"评估标准，我们对生活数学的四个等级得分排列如下：

好照顾：0—21分；好家人：22—42分；好帮手：43—63分；好公民：64—84分。

根据以上参考，绿儿在《生活数学》上得分27分，处于"好家人"位置。从评估内容上看，绿儿从理论上应拥有以下能力：

1．能根据给定的一个标准（颜色、大小、形状），能对事物做初步的分类。

2．感知物体的有无、多少、同样多，会区分两个物体的多少、大小、长短、粗细、高矮、厚薄、轻重、宽窄等量的特点。

3．知道钱，认识早晨、中午和晚上，认识上午、下午基本概念。

4．能认读1—10的数，知道你已经有一个，再给你一个的实际意义，知道从你手里拿走一个以后你手里的东西会变少的概念；提示情况下，能指认"+"和"-"。

5. 知道前后概念，认识长方形、正方形、三角形、圆等简单的平面图形。

6. 能根据提示或操作模仿，将颜色、大小、形状一样的物体进行初步分类。

生活适应能力测评：

生活适应共58题，绿儿4分项目获9项，3分项目20项，2分项目15项，1分项目14项，0分项目无，根据项目数与"四好"评分标准，四好各维度得分分布为：1分 好照顾：0—58分，2分 好家人：59—116分，3分 好帮手：117—174分，4分 好公民：175—232分。绿儿总分为140分，位于好帮手范围，根据好帮手的思想，绿儿理论上应可以在家人委托下独自完成室内家务劳动，以及几项户外劳动，不能有危险，为了完成家务能使用小区资源等能力。也许是家人的过度疼爱，绿儿却很少独立户外活动，父母不在家时，可以自我照顾，完成简单的居家生活等。

在生活适应方面，绿儿拥有以下优势：

1. 能选择家人要吃的常见的食物；能认识常见的餐具，并能整理；与家人进餐时有良好的进餐习惯，或养成家人能接受的良好进餐习惯。

2. 能洗手、洗脸、刷牙，或步骤正确地洗手、洗脸、刷牙。能及时表达大小便意愿，或能正确处理如厕事项。

3. 能认识属于自己或他人的各种常见的衣物，能戴上帽子、手套，能穿上、脱下简便的衣服、鞋袜。

4. 能表达身体不适的部位或身体不适的感受，能用特定的方式向家长或老师寻求帮助，能认识身体各部位及功能，能认识自己的体貌特征，能知道三到五项自己的基本信息（例如：姓名、性别、年龄、年级）。

5. 能依需要对身边以外事物保持兴趣，能依事物的变化而产生需求，表达各种需求，可向他人表达需求，在社交场合或活动中，有交往的意愿。

6. 能正确称呼家庭主要成员，能知道家庭主要成员的姓名、性别等信息，知道自己与全部家庭成员的关系；能认识人民币，建立钱与物的交换意识。

7. 能配合爱惜家具和物品的行为，能不破坏居家环境，不排斥保持干净，能接受父母或某长辈的教导，表现出改变的行动；能愿意分担一两项力所能及的家务劳动（例如：倒垃圾、擦桌子、扫地、拖地、洗碗等），能知道各种家庭居室的名称及功能，能安全使用家庭居所内的各种基本设施；能知道自己的居家地址、电话及周边环境的信息。

8. 认识班主任、任课教师、学校工作人员，认识班级同学记住名字，能分辨同学性别、愿意和老师同学交往，使用礼貌用语，知道老师工作的辛苦，听从老师的教导。

9. 认识自己教室与自己相关场所，了解其功能，能了解有关学校（例如：学校地址、校长姓名、班主任姓名和电话）的几个重要信息中之一二种，能在要求下配合使用公共设施、保持校园环境整洁的简单行为（例如：垃圾放到垃圾桶，坐在椅上而不推倒椅子等）。

10. 能有上学意识，在学校一日安排中，愿意参与几种学校日常例行活动（例如：音乐活动、体育活动、点心活动、语文活动、课间活动、音乐活动、游戏活动等），能认识和爱护自己的常用的几种学习用品（例如：铅笔、橡皮擦、文具盒），能配合学习活动要求，不捣乱、不破坏（例如：上课不乱跑），能在少先队活动中，不干扰，不排斥。

11. 能认识邻里，主动/适当地向邻居问好，能运用社区周边重要标志物（例如：看到小区门口雕塑知道是自己家所在的小区），能知道自己家所属的社区（例如：知道自己家所属社区的名字、街道、位置、门牌号等），能从小区附近走到小区门口；能不乱扔垃圾，保护社区环境，能使用熟悉环境中几个公用设施（例如：电梯、公共卫生间、垃圾桶、游乐设施）；能接受自己作为社区的一员参与相关的活动，不排斥社区人员的靠近等。

12. 能了解社区环境中几个与自己有关的安全隐患（例如：排水井盖缺失、水管漏水、电梯失灵、施工勿近、悬崖、车祸等）；能不伤害他人，能在遇到与自己相关的几种危险物、危险环境的时候知道躲避（例如：躲避水、火，电，躲避悬崖，躲避动物狮虎，躲避深水池等）。

13. 能接受并配合一些活动的简单要求（例如：原地站好，举一下手等），不逃离、不排斥。

14. 能了解我国几个传统节日、民间活动与习俗的简单内容（例如：春节时放鞭炮、吃饺子、拜年），能接受、配合"建党日、建军节和国庆节等庆祝日"活动简单要求，不排斥，能接受、配合"儿童节、妇女节、劳动节和教师节等节日"活动简单要求。

15. 能了解大自然，知道并表现出爱护环境的几种行为（例如：不随地扔垃圾、看到垃圾能捡起来扔到垃圾桶里等）。

通过各项测评，绿儿各种能力见下图（图8-1）：

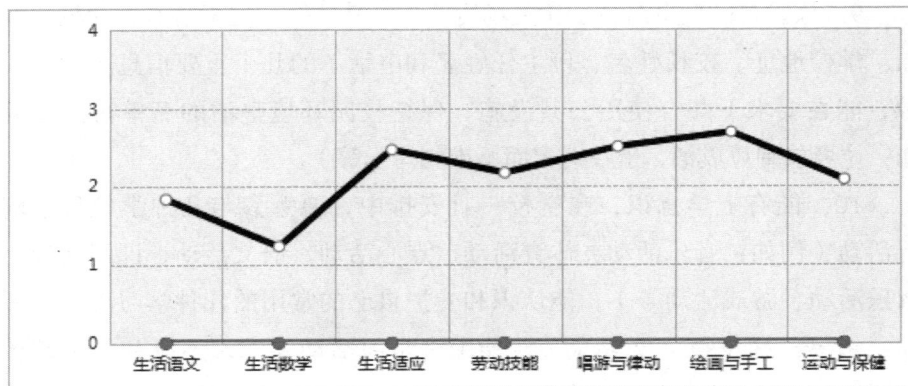

图8-1　绿儿《四好标准》各项测评能力情况分布图

从上面的总图观察各科之总分，绿儿除《生活语文》《生活数学》外，其他学科能力达到"好帮手"的生活质量的水平。其中项目量超过全部项目量的三分之二，则可将目标放在"好公民"的功能；且生活能力3分以上（含3分）的有高达29项条目，达到50%，基本可将下一步的计划提到"好公民"的功能。

根据量表研究者在研究中综合考虑的建议"平行原则""起码原则""发展原则""符合教科书原则"以及"重要原则"和"补救原则"等原则，结合家长意愿，继续按"四好标准"给绿儿在生活语文和生活数学两项内容上全面做了如下图各项能力评量（图8-2），其目的是希望家长能鼓励绿儿再接再厉提升自己。上图的七门学科中，每一门学科绿儿的优势、不足、家庭可利用资源、家长可辅导方法等均按IEP格式书写给家长，希望能利用"重庆市江津区向阳儿童发展中心"该资源，让家长受益，多了解特殊教育，在日常生活中随时对智力残疾人进行教育与帮助，使其终身受益，此处不再对绿儿其他评量情况进行讨论。

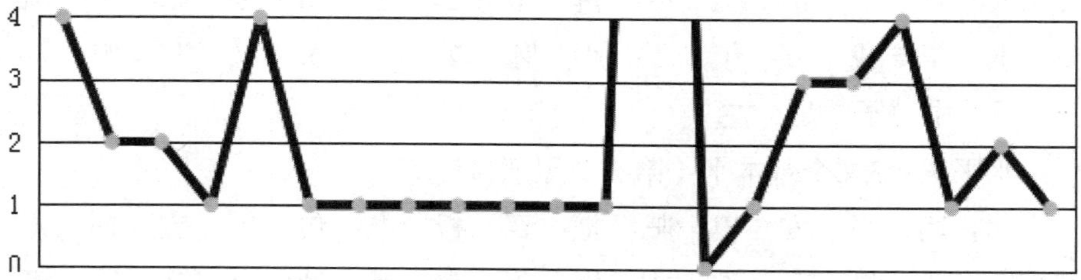

图8-2 绿儿生活语文各指标折线图

绿儿生活语文课程IEP教育长期制定：

生活语文课程是培智学校义务教育阶段的一般性课程，是一门学习语言文字运用的综合性、实践性课程。通过学习，达到以下学习目标：

（一）识字

能认读和书写一定数量的常用汉字（例如：个人姓名、家庭住址、小区名、医院、车站站牌、超市、商场等公共场所常用文字）；在日常教学中进行每日积累，从水平一到水平三逐步提高。

水平一：五类常用字（第一个短期目标）

1. 个人基本信息（例如：姓名、性别、家庭住址、父母姓名、学校名、班级名等）。

2. 公共服务行业名称（例如：商店、邮局、汽车站、医院等）。

3. 本地地名（例如：安顺、开发区、玉龙南路、小区等）。

4. 公共场所常见文字标识或指示（例如：出口、入口、售票处、收款处、派出所、挂号处等）。

5. 方位词（例如：前后、左右、里外、上下等）。

水平二：100个简单常用字（第二个短期目标）

如：八 爸 白 北 本 不 草 长 车 吃 出 大 刀 的
电 多 儿 耳 二 飞 分 风 干 个 工 公 共 瓜 关 果
好 红 后 花 回 火 几 家 加 今 巾 九 开 口 来 了
里 力 立 六 妈 马 门 米 名 木 目 男 你 牛 女 七
去 人 日 三 山 上 少 舌 十 手 水 四 他 她 天 田 月
头 土 王 我 五 午 下 小 牙 羊 一 衣 又 右 雨
云 早 中 子 足 左

水平三：300个基本字（第三个短期目标）

如：阿 爱 安 巴 吧 把 百 板 办 包 保 宝 杯 背
贝 被 比 笔 币 伯 才 操 茶 常 成 城 虫 穿 船 窗
床 次 从 村 粗 打 代 蛋 当 灯 低 底 弟 第 点 店
丁 东 动 都 豆 对 朵 发 法 饭 方 房 放 夫 服 父
赶 高 告 哥 歌 给 跟 姑 光 孩 还 海 喊 汗 禾 和
河 很 湖 画 话 坏 会 机 鸡 己 季 架 见 件 讲 角
叫 姐 斤 金 睛 就 看 可 空 哭 快 拉 老 乐 李 丽
脸 凉 两 林 楼 路 吗 买 卖 毛 么 没 每 美 妹 们
面 苗 明 拿 哪 那 南 能 年 鸟 爬 怕 拍 跑 皮 平
期 气 汽 千 桥 轻 请 求 区 全 如 伞 扫 什 师 石
市 书 说 它 台 汤 条 跳 听 停 同 卫 味 无 西 吸 再
习 洗 学 言 阳 要 爷 也 因 音 应 用 有 鱼 在
站 这 只 主 字 自 正 昨 坐 ……

（二）阅读（第二至第四个短期目标）

1. 具有初步的阅读兴趣。

2. 能阅读简单的绘本或儿童文学作品。

3. 通过对图片的观察，用自己的话理解图片。

4. 能认识标点符号。

（三）沟通（第三至第四个短期目标）

1. 有意注意、聆听能力今后将在任何情景中受到关注。

2．能静坐或等待到下一个指示，能用目光追随他人活动。

3．能围绕某一话题和别人讨论；能换一种说法表达自己的意思；能用语言、语调表达需求。

4．能理解别人叙述的一段话。

5．能理解常用动词、名词、代词。

6．能描述生活经验。

7．能针对不同情境的主题调整说话的内容。

8．能仿说一句话。

（四）写字（第一到第四个短期目标）

1．能认识并书写偏旁部首。

2．能写简单汉字。

3．能写一段话。

4．能填写简单的表格。

5．能有良好的书写习惯。

以上长期目标制定，由若干个短期目标组成，前一个目标达成后才能进入下一个目标，每一个目标不同，教学侧重点不同，在执行下一个目标时，上一个目标作为一般常规教学任务执行，在执行过程中，学习到的内容尽量在生活中应用，由家长和教师一起执行。

生活中的数学教学目标：

1．区分常见的概念：有无、大小、多少、长短、高矮、粗细、厚薄、轻重、宽窄、人民币、时间、长度、质量等。

2．数的认识：数字、大小、顺序和倒序、唱数和点数；能认识10以内的数、20以内的数、百以内的数等。

3．运算：加法的认识，减法的认识；20以内加法、减法的认识；加法的生活运用。

4．生活中的数学运用：识别购物、付款、支付、收入、总和等内容，理解加法与减法；认识人民币面值，进行1元、5元、10元等兑换；能使用现金支付；能认识日历上的年月日；认识手机、钟表上的时间，认识一周、一月、一年等时间的表达方式。

生活中的数学，教学内容按照由浅入深，由感性到理论，由动作思维到具体形象思维阶段发展。教学时，结合生活数学与日常生活中相关内容进行（图8-3）。

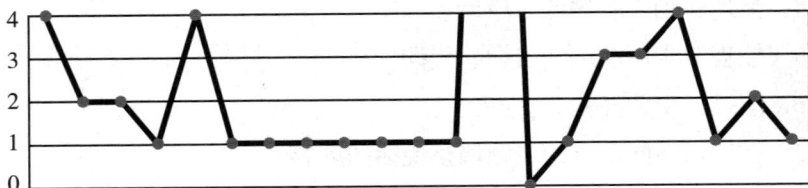

图8-3 绿儿生活数学各指标折线图

生活适应领域长期目标：

1. 能认识生活中亲戚与她的各种角色关系；能认识各种角色的权利与义务。

2. 能逐渐消除畏难情绪时的非言语活动。

3. 能在情景中表达情绪，能辨识他人情绪。

4. 能使用公共场所资源与服务，了解居住地附近的公共设施。

5. 了解使用家电、水、用气、用油等安全知识；认识人际交往中存在的危险；有交通安全意识，遵守交通安全规则；了解简单的预防常识。

6. 能在他人帮助下，应付生活所需要的简单烹饪技能，吃、穿、如厕、清洁、就寝等能力；打理家务、整理家居、学习扫地、清洗物品、晾晒物品等能力，如"清洗并整理碗盘、筷子等餐具并清理地板卫生"；卫生意识的培养，学会梳头、洗头、洗澡、剪指甲等基本技能，学习处理青春期相关事宜；春夏秋冬四季衣服，根据季节、场合合理着装；会穿脱较复杂的衣服、鞋袜。

家长教学培训：将每日教学内容与家长共享，同时要求家长利用家庭日常对部分内容进行巩固、深化。坚持每次辅导后记录当天的教学情况，并和家长分享。家长同样把绿儿当天回家后的各种学习情况以及学习后的应用情况以视频返回给我们，我们会根据她的反应及时调整辅导进度。

日常教学常规内容：

每日必练：每次10—15分钟，可以进行专注力训练、认知能力训练、动作协调能力训练，每次根据情景设计，内容根据绿儿状态选择。训练内容有：

（一）动作能力

1. 引导操作物品的能力（串、拧、剥、撕、搓、涂、拼、盛）。

2. 借用积木块进行协调能力的练习（食指拇指配合、拇指与中指配合、拇指与无名指配合、拇指与小指的配合）。

3. 能进行姿势的控制。

4. 平衡能力练习，从事日常活动的体力、动作、协调、平衡及技巧的练习。

5. 使用工具的练习，如厨房炊具、打扫卫生类工具、文具粘贴类工具的练习。

（二）认知能力

1. 记忆能力练习，从感知觉（视、听、嗅、味）角度去回忆物品、声音、动作、人物、事件等。

2. 判断能力、比较能力的练习。

（三）专注力的练习

1. 注意力的练习，从听、视入手设计的视听动作练习。

2. 从图片到物品的练习。

每日一读：根据绿儿目前掌握的情况，我们建议家长买了绘本，培养绿儿阅读习惯的同时，对学习内容也是一个巩固。有时在辅助教学最后一环节也会陪她一起阅读，听她说故事里的内容。刚开始时是看图，说图中的内容，逐渐地到看图看文字。在阅读形式上，刚开始时是一起看，在教师的指导下一起读，学会翻页，从上到下，从左到右，从句到段地用手指着看，手把手做到指认中不跳字、不跳行以后才逐渐放手。

课时目标：根据《四好标准》，参照培智学校课程与普通学校课程内容，结合长期目标与短期目标，我们设定了周目标，根据周目标的制订，每周目标的完成需要5个学时的时间来完成。如果因其他外力或绿儿自身情况未达成周目标，那么周目标就要进行及时调整或进行额外的补救学习。

教学辅助过程列举：

每日一练（10—15分钟）：

1．双手交替抛接

左右手协调，将左手里的如橡皮一样的小物件抛入右手手掌，右手手掌再将其抛入左手手掌，如此反复操作，不熟练时左右手掌可以合拢，随着熟练程度的提高，左右手逐渐分开，越来越远，形成抛物状态。

2．沿着箭头方向画直线

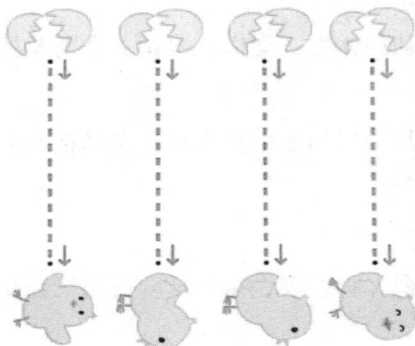

课堂教学（30分钟左右）

学习内容与要求：

1．能按球队衣服的颜色进行分类。

2．指认颜色：红、黄、黑；按颜色依次指出图片中穿红色、黄色和黑色衣服的运动员。

3．认读数字1、2、3、4、5、6、7、8、9、10；在图中找到穿黄色衣服和红色衣服队员身上标识的数字。

4．认识方位：上、下、左、右、中，在图中最上面一排中，指出双手抱在胸前的运动员的左边运动员运动服上的数字是多少，右边运动员又是多少号等。

5．按1、2、3、4、5、6、7的顺序分别指出黄队和红队运动员分别在哪里。

6．分类思想的培养。

7．想象、思维、倾听与注意的培养。

教学方法：观察法、图片法、启发式教学法、谈话法、讨论法。

教学辅助：电脑、卡片、不同颜色的粉笔、彩笔、不同场景篮球场图片。

每日一读：

1. 看图说图中画的是什么，在看图过程中手能将说的内容同时指出来。

2. 在辅导老师的辅助下，用食指点指图中文字，按文字编排，不跳指、不跳行。

教学主题：篮球比赛

学习过程线索：

记忆力的培养：告诉老师，昨天学习了什么。

1. 自主观察

出示电脑中的图片，让绿儿去观察，尽可能多地让其说出她观察到的内容。

2. 围绕课题，在自主观察的基础上，设计以下内容进行教学。

（1）按照衣服的颜色，球场上的人分别穿着红色、黄色和黑色三种颜色的衣服，根据平时你在电视上看到的内容，现在我们来给他们取一个名字，你从以下的名称中选择：

小黄、小红、小黑、红队、黄队、裁判

（2）把图片中/球场上红队（黄队）的队员都指出来。

（3）先从1数到10，然后从1开始，从图中找到相应穿一样数字衣服的队员，用手指指出在哪里，然后用红色的粉笔在黑板上的相应数字上画一个标记。按红队服上的数字点数红队队员，边数边在小黑板上画掉。你发现了什么？

3. 球场上，穿黑色衣服的是裁判员，看看有几个裁判员？

4. 运用球场上队员服上的数学，进行数字学习、颜色学习、方位学习。

5. 裁判有几位？穿什么颜色的衣服？

6. 读数字：1，2，3，4，5，6，7，8，9，10（按顺序读、任意指读）。

今天和绿儿第二次见面，上次见面后她家长告诉我跟我学习以后，今天一见面就大声地喊了我"老师好"，和妈妈简单聊了几句，妈妈正要带着妹妹去其他老师那里补课，绿儿看到妈妈要走，眼泪马上掉了下来，要和妈妈一起走，妈妈耐心地告诉她要和我一起学习一会儿就来接她，我感觉到了她的分离焦虑，主要是绿儿感觉到了我和环境的陌生所带来的不安全感，也缘于孩子与陌生人接触较少不会应对的缘故，于是，我试探性地拉着她的手说，要不我们一起送妈妈和妹妹坐电梯好吗，这样妹妹完成任务以后，她们就能快些回来接你了，思索再三，绿儿同意了我的建议，拉着我的手一起出去。对于这一情况，相信在大部分的孩子身上都会发生，在此建议家长可以提前做以下工作：

任务进行以前给儿童介绍要去做什么的流程，让儿童心理上有一个适应或过渡；

培养儿童和除家人以外的人的相处能力，提前做好分离准备；

尽量培养儿童独立能力，鼓励孩子大胆独处。

课后总结：

从今天教学情况看，绿儿认识"上、下、中"三个字，知道颜色，但不认识"黑、红、黄"，认识数字1、2、3、4、5、7、8，分不清"6与9"，不明白数的顺序，不知道数与实物一一对应的关系。

在观察图片的教学中，绿儿能描述图片中的主要场所，有哪些人，他们在干什么等；不能按照一定的顺序、方位等进行观察，能将球队队员按颜色归类；知道"前、后"的概念；能指出某号队员的前面的内容；能识别生活中的前、后，"左、右"分不清楚，容易混淆字形和方位。

围绕内容在指认、说、读的教学中，我发现绿儿从总体上性格比较大方，语言较流畅，在鼓励她自由说时，容易分心、跑题，但会联系内容说她感兴趣的。

当我的指令不超过二步或二步以上时，完成任务的情况会较好；当我让她完成任务以前，先复述我要求她去做的任务时，有意注意较好。

行为：当有回避问题倾向时，绿儿会出现揉眼睛，挖鼻孔现象。

努力方向：

1. 初步经历从场景图中抽象出数的过程。

2. 初步认识按顺序数数的方法。

家庭拓展：家长找机会和孩子一起看体育节目，培养孩子对体育、运动的热爱，同时，对比赛规则等内容进行适当的培训。

教学主题：《穿鞋子》

每日一练：手眼协调能力练习

该训练也称舒尔特方格训练，其目的是提升训练者手眼的协调能力；练习时可以促进所练手指的灵活性、配合性与腕部肌肉的疲劳感，提高精细动作的协调能力与空间知觉等能力。在练习中，除大拇指外的其他四指均可以轮流使用，以达到自然而然的感觉。训练时，一般从简到易进行。在规律性中呈现出变化性，如果孩子已经掌握了9个数字，可以自己设计1—12、1—15、1—18、1—21等内容，按逐渐递增的方法提高孩子的能力，也可以在同样的图例中，按照完成任务的时间来进行计时，每一次执行任务，可以采取下面的计时方式：

第一次练习用时： 分　秒，完全正确　是　否；

第二次练习用时： 分　秒，完全正确　是　否；

第三次练习用时： 分　秒，完全正确　是　否。

对绿儿的注意力训练的设计，下图中第一幅图显然是最简单的，首先需要她能按照顺序将1、2、3、4、5、6、7、8、9数字说出，然后再进行指数；刚开始数时不计时，只要能数出来都算正确，在数的过程中强调点到位置的数，先点后数，避免读"白眼书"，反而没有达到该设计的训练目的。在她掌握一定的方法以后，告诉她后面的数据都是混乱的，数的方法同刚才一样。可以给她示范一次。在数字大小的设计上，刚开始用一页纸呈现9个数字，因为这样可以让她在点数时点的位置要求准确性上较低，随着熟练程度的加强，到最后一页纸可以呈现6个左右。手指点的位置要求就更高了。读者朋友们掌握该规律以后，根据儿童的情况去设计，练习达到的目的也不是千篇一律的，仁者见仁。

1	4	7
2	5	8
3	6	9

1	3	8
2	5	6
4	5	9

1	7	9
4	2	6
5	8	3

教学目的：

1. 通过对绘本的学习，了解不同鞋子的穿法。

2. 学习系鞋带。

3. 学习白天、晚上、上午、下午、早晨、中午。

4. 比较"有和无""多和少"。

5. 数的概念的掌握，明白数与物一一对应的关系。

教学用具：

鞋柜里各种季节、各种款式的鞋子。

教学过程记录：

1. 每日必忆

回忆一下，昨天我们讲到你们一家去超市购物的过程，想一想你们去超市买了什么？

请运用时间——地点——人物——事件方式去描述。

还做了哪些事情？今天来老师这里时，坐在妈妈的车上向窗外看，你看到了什么？

先复述一遍，然后用上面的方法去说刚才描述的这一句话。里面要加上时间——地点——人物——事件等内容。

虽然有时候绿儿说话没有逻辑性，但要求她按照某一线索进行口语交流时，自评可达到60%通顺程度。有时候还发现绿儿会出现"吹嘘"现象，不论是实是虚，但这里我觉得是想象力在发挥作用，也不是坏事，当发现不实时，会在不觉中帮助她纠正。

2. 看看柜子里乱放的鞋子，需要穿时方便吗？

绿儿：不方便。

师：为什么不方便？

绿儿：乱，会穿错。

师：那你能把它们的另一半找到吗？

绿儿：可以。

师：你可以边找边描述一下这双鞋子的颜色、样式，什么季节穿它吗？

绿儿：可以。

就这样，鞋柜里的鞋子，绿儿花了15分钟也没有能够找对几双，样式和颜色很鲜明的基本没有问题，但是，因为绝大多数颜色是黑色，样式又基本相同，对她而言确实有难度；有时候觉得她是可以的，但她一直喊累，在我辅助下，感觉到她又有了干劲儿；在描述鞋子的款式中，不能分清是什么季节可以穿的（有的鞋子对本地而言，确实难以分辨，感觉到任何季节都有人在穿它）球鞋、凉鞋和大棉鞋的分辨基本没有问题。选择一双干净的我女儿穿的拉链样式的，让她套上塑料袋子穿，基本上都没有问题，但系鞋带就很难了，怎么试都没有成功，这也是我预料之中的事情，于是，拿出我花10元钱在小摊贩那里买的白色的系带子的胶鞋给她，在网上找到了系鞋带子的相关视频，一步一步地开始学习，最后在打结那里卡住了。

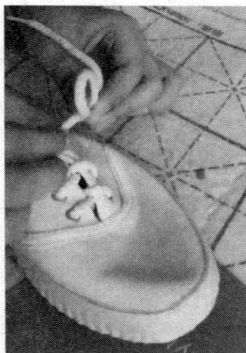

同时，呈现出礼物袋子上的结，衣服领口的结等等，让她欣赏，感觉到漂亮以后会更激发她学会系的动力。虽然表现出了对各种结的美丽的惊讶，但又回到系鞋带的主题时，她又表现出畏难情绪，不想干了，最后，就又找了一种不用打结的方法完成此次任务。今天一上午绿儿基本和我在一起。

3．数的认识

由于在今天的课中，贯穿数学理念机会不成熟，因此单独让她进行了数的概念的认识。

现在我手里有一盒糖，里面有好几种味道，都是你喜欢吃的，现在我们来玩游戏，你猜一猜糖在哪里，猜对了，都归你。

游戏规则：我把糖藏在杯子里，我藏糖的时候，你不允许看，如果猜到了，糖都归你，猜错了，我重新放，有三次这样的机会哟，但是，如果你偷看了，猜到了也不会奖励的，你明白要求了吗？

游戏中，以奖励为主，但不能让孩子得到更多。

设计时，数字按"有"与"无""多"与"少"规律在杯子中放糖。在游戏中渗透数的基本理论。

每日一读：

太阳公公眯眯笑，小朋友们起得早。

伸伸手，弯弯腰，一二三四做早操。

月亮婆婆窗外瞧，小朋友呀睡着了（liǎo）。

一觉睡到大清早，早睡早起身体好。

绿儿目前基本上知道白天和晚上的区别，虽然有"上午""下午"的概念意识，但容易出错。比如前一个主题中她曾经在星期六那天的活动中，说是上午去的，我当时就问她，现在是上午还是下午呢，她回答说是下午。说明对这一时间概念是模糊的。在读下面的绘本中，我让她观察上午、晚上、白天等内容中有哪些代表性的标志。

（图片来源于《生活语文》一年级上册）

通过观察，明白白天和晚上的区别，能理解白天和晚上最基本的状态，能理解白天和晚上从事的活动，也能指认哪些图中是白天或晚上的活动，但迁移到上午、下午就不明白了。明天的课继续今天的内容。

阶段性评估：见表8-6。

评估参与人员：家长、老师及社会工作者

表8-6 绿儿第二次教学效果评估结果

项目	评估目标	达成情况
每日练习	能注意与倾听，但在任务以前不提示仍不能主动行为；手眼协调、手口并用习惯逐渐养成，逐渐养成学习模式。	达70%
生活语文	识字：水平二：60%以上的字能读，40%能与生活中的事物联系在一起。能认读生活中常用汉字10—50个（例如：姓名、校名等）用来解决日常学校、家庭生活的问题。	80%以上
	能运用常用语言解决问题； 在不同情境灵活运用适当语言表达； 能关注常用汉字，萌发识字的兴趣与需求；初步理解你或你们、我或我们、他或他们，运用时60%正确率；能区别相近似的图形与汉字；能用铅笔描写或抄写特定笔画少量汉字；能在方格内书写或不排斥拿笔书写的活动；对书感兴趣并能初步参与看书的活动；能以基本正确的阅读姿势阅读，并且书不会拿反；愿意阅读，有一定的乐趣；能知道图片上的文字是表示画面意义的；能阅读特定的几本背景简单的图画，了解大意；能结合图片内容，理解少量的词句的意思。	80%以上
数学运用	1.建立数的意识； 2.感知物体的有无、多少、同样多，会区分； 3.1—5以内查小棒加法； 4.1—30按顺序数，1—10的倒数。	80%以上
生活适应	1.打扫卫生；2.系带子；3.做面条；4.参与家庭收拾；5.认识家庭相关信息；6.认识环境；7.初步的安全意识；8.过马路交通规则	少部分语言提示下可独立完成

第九章　视力残疾人社会工作

第一节　视力残疾概述

一、视力残疾的定义

视力残疾又称视觉障碍。2006年，我国第二次全国残疾人抽样调查制定的残疾标准规定，视力残疾是指由于各种原因导致双眼视力低下并且不能矫正或视野缩小，以致影响其日常生活和社会参与[①]。与视力残疾相关的概念有视力、视觉。

（一）视力

视力，一般意义上是指"辨别物体细节的能力"，即视敏度或称视觉敏锐度，具体指眼睛视网膜区分刺激的敏锐程度，尤其是指视网膜上黄斑中央凹分辨两个光点的敏锐程度[②]。视力包括中心视力和周边视力。法国人Monoyer于1857年提出关于视力的问题，1861年，荷兰生理学家弗朗西斯·唐德斯（Francisus Donders）首次使用视力这一概念，1909年，第11次国际眼科学会正式采用视力概念，从此，视力成为评价视觉能力的最重要的概念和指标。

1. 中心视力

中心视力包括远视力和近视力两种。

所谓近视力，就是眼睛看近处物体的能力，如阅读。眼科医生一般采取近视力表，评估人的近视力。近视力检查首先让受检者坐在离眼睛33cm的位

[①] 张跃. 残疾人工作基本知识[M]. 北京：中国书籍出版社，2013.
[②] 中国残疾人联合会. 第二次全国残疾人抽样调查残疾标准[J]. 中国残疾人，2006（5）：7–9.

置，如果能认清视力表上的符号，表示视力没有问题。社会工作者在日常工作中，特别要高度关注婴幼儿视力水平与发展，表9-1所示为婴幼儿视力发展一般规律。社会工作者可以依据表中特征，大致了解儿童视力发展情况，在做好宣传的同时，还可以借此初步判断儿童视力发展是否正常。

所谓远视力就是眼睛区分远处视物细节的能力。远视力就是远视眼。我们对视力残疾的界定依据就是按照远视力损失程度进行的，视力残疾分类当然也是以远视力为依据的。我国远视力检查的距离为5米，5米处可看清的视力值为5.0。

小于3岁的婴幼儿不能完全听从大人指令而顺利完成视力检查。对于这种不能配合、不合作的检查对象，需要耐心地与其互动，并不断仔细观察对象的反应。社会工作者在普及眼科医学知识或视力残疾相关知识时，可以及时提醒家长随时观察儿童行为习惯，是否已经出现与视力下降有关的行为特征，如有则需要及时到医疗机构进行专业检查。

表9-1　儿童各年龄阶段视力发展特征

年龄	视力
2月	左右眼会同时追视人的动作，光感到眼前手动
3月	可追视移动的小物体，大约为0.01—0.02
4月	会看自己的手，大约为0.02—0.05
6月	可以对准焦点，大约为0.06—0.08
1岁	0.1—0.2
2岁	0.3—0.4
3岁	0.5—0.6
4~5岁	0.6—0.8
6~7岁	0.7—1.0
8岁	≥1.0

2. 周边视力

周边视力即视野，是指眼球中心凹以外的视网膜周边部位视力，在离开中心凹5度以外都属于非中心视力，且敏感度迅速减弱[1]。正常人双眼视野270度左右，中间重叠60度；单眼视野水平150度左右，垂直120度左右。

----

① 沈家英，陈云英，彭霞光. 视觉障碍儿童的心理与教育[M]. 北京：华夏出版社，1993.

（二）视觉

视觉是眼睛辨别外界物体明暗和颜色特性的感觉，视觉对于掌握物体空间属性，比如物体大小、场景远近都起着非常重要的作用。视觉是整个视分析器协同活动的结果。

（三）视觉功能

人们通过视觉器官获得外部环境视觉信息的能力称为视觉功能。视觉功能是多种视觉能力的总称，一般包括以下几种能力：物体细节辨认（视敏度）、所视空间范围（视野）、颜色鉴别（色觉）、光线强弱变化适应（明暗适应）、注视点和注意点调节、立体感觉（三维空间识别）、错觉抑制（纠错）等。

二、视力残疾的分类

人的视力是否正常，需经过中心视力和视野的检查。2006年，我国第二次全国残疾人抽样调查时，将视力残疾分为盲和低视力两类，分为四级。表9-2是我国2006年第二次全国残疾人抽样调查中所执行的视力残疾分级标准。

表中所示的视力均为最佳矫正视力。所谓最佳矫正视力，是指人眼经过适当镜片矫正后所能达到的最好视力，或以针孔镜所测得的视力。视力残疾判断标准是以双眼中最好的一眼为准，检查工作一般通过眼科医生、家长和教师共同完成。

表9-2 视力残疾的分级标准

类别	级别	最佳矫正视力
盲	一级	小于0.02；或视野半径<5度
	二级	大于等于0.02，小于0.05；或视野半径大于等于5度，小于10度
低视力	三级	大于等于0.05，小于0.1
	四级	大于等于0.1，小于<0.3

三、导致视力残疾的因素

（一）先天性盲的致盲原因（占70%—75%）

（1）家族遗传：白内障、青光眼、高度近视、视神经萎缩、视网膜疾病等都有很大可能通过遗传发病。只要父母双方中有一个或两个同时带有显性或隐性致病基因，就会通过染色体遗传给子女，使子女患有相同的疾病。美国、英国、德国等国家统计数据显示，遗传原因致盲的人，数量占先天性盲人的一半。我国学者北京市盲人学校教师提供的经典案例显示，其学生郑某患眼疾的原因是来自家族遗传，该生的家族五代内有多达35人患有白内障，这就表明其家族具有白内障遗传基因。另有报道显示家住青岛市平度市的杨某，家里两代内有5人因患白内障致盲。这些家族遗传的方式有很多形式，比如代代传、隔代传、单性传、双性传、限龄传等。

（2）先天发育不足、不全：由于父母精子卵子质量下降，或者是由于孕妇在怀孕期间出现严重营养不足、烟酒中毒等，都可能导致胎儿相关器官的先天发育不足或不全，当影响到视觉器官的发育时，就会出现视力残疾。

（3）妊娠缺陷（胎伤）：这种类型导致的视力残疾数量，在先天性残疾中所占比例最高，具体原因有药物中毒、外伤、辐射、母病等，会对胎儿的发育造成伤害，当造成胎儿眼球、视神经发育不良等时，就会出现视力残疾。许多找不出原因的先天失明，大都是这个原因，只是到目前为止，还没有直接证据证明。

（4）近亲结婚：所谓近亲结婚是指具有直系血亲和旁系三代以内血缘关系的人结婚。近亲结婚夫妻所生育的子女出现先天畸形、死胎的概率大大超过非近亲结婚夫妻所生育的子女，是非近亲结婚夫妻所生子女发病率的4倍。关于上海"20岁以内死亡率"的调查研究显示，非近亲结婚夫妻所生子女的死亡率为1.7%，而近亲结婚夫妻所生子女的死亡率则高达13.9 %，后者是前者的8.2倍。也有报告显示，美国乱伦者所生子女中患有先天性疾病的占1/3；挪威的卑尔根市有近亲结婚这一种严重落后的传统、陋习，导致当地144位视力残疾人中，竟然有139人是近亲结婚夫妻所生，所占比例之高、发病率之高触目惊心。

（二）后天性盲的致盲原因（占25%—30%）

（1）外伤致盲：在人成长发育的过程中，可能会因事故、爆炸、擦伤或锐器刺伤、动物抓伤眼球，或者是腐蚀性化学物品、光电辐射等伤害眼球，当这些后天的外伤严重伤害到角膜、眼球时，往往会出现程度较为严重的视力残疾。同时，当某一只眼遭受外伤时，如果护理不当，另外一只眼发生继发性感染的比例相当高，严重者可能会导致视力残疾。很多著名人物的完全失明就是这个原因造成的，比如盲文点字的发明者路易·布莱尔就是这样失明的。

（2）眼病致盲：白内障、青光眼、角膜炎、眼底疾病等眼疾有进行性特点，会导致不可逆转的视觉障碍，程度严重时会导致视力残疾，严重的甚至会完全失明。

（3）其他疾病并发症或后遗症：海伦·凯勒就是罹患猩红热，没有得到及时有效的治疗，导致视力残疾。另外，诸如脑膜炎、糖尿病、痢疾等疾病，也可能会引发眼部并发症或后遗症，甚至间接致盲。

（4）严重营养不良：研究表明，人身体对某些维生素的缺乏，容易引起视神经萎缩、视网膜病变，最终导致视力残疾。

社会工作者可积极开展遗传知识、优生优育知识的宣传与教育，通过介绍现代医疗保健知识，以及生活条件改善知识等，向广大社会公众普及相关知识，提高公众思想认识和爱眼护眼意识与行动自觉，特别是广大农村地区，更加需要社会工作者去做大量的知识宣传与教育工作。

四、视力残疾人常见行为特征

一般地，婴幼儿看外部世界即使看得并不清楚、不完整，也不知道是自己的视力有障碍，往往会以为别人所看见的外部世界都和自己看见的一样。他们语言表达能力低，不能准确、完整表述自己视力的问题，所以主要依靠父母和监护人留心观察，以便及时发现儿童的视力下降。社会工作者可以通过向家长宣传一些视力出现障碍的儿童的表现，普及一些眼疾的前兆知识，帮助他们做好早发现、早治疗、早干预。

（一）观察儿童是否有眼外观异常

1. 观察容貌：在日常生活中注意观察儿童是否有斗鸡眼（俗称倒眼、斗眼、对眼），眼皮是否经常红肿，眼角是否经常发炎，还要注意观察儿童在没有哭时是否经常流泪水，眼球是否发红，眼睛是否经常无端疼痛或发痒，如果出现上述情况，应该尽快带孩子到医院进行检查。

2. 观察行为：在日常生活中注意观察儿童是否经常出现以下行为习惯，如果经常发生，应该尽快带孩子到医院进行检查。需要关注的行为习惯包括频频用手擦眼、揉眼，或者经常用手指挤、压眼睛，或频频眨眼；孩子看东西时是否常常低头、侧头，是否经常眯着眼睛看人，是否经常会皱眉头，或者看近处物品时是否过于靠近；日常生活中是否经常认错、拿错东西，是否常常被东西碰着、绊倒，等等。

3. 观察症状：家长或教师、社会工作者通过观察，如果发现孩子有以下表现，就可以初步认为有眼疾，需要进一步专业诊断：孩子是否经常抱怨自己的眼睛疼痛或者干痒，经常会说感觉眼里有东西、不舒服；孩子是否经常抱怨看前面的东西不清晰、总也看不清楚，或者说眼前的物品、人有复影（双影）；孩子集中眼力看东西时间稍长时，是否会感到眩晕、头疼或者恶心作呕等。日常生活中，当视力刚刚出现问题时，其视知觉的辨别能力与健全人差别不大，但非常容易疲劳。在完成形状辨别、空间关系以及知觉运动整合等较复杂的知觉任务方面，则明显逊于健全人。同时，过度使用眼球的调节功能，极易引起视觉疲劳，特别是在进行阅读或需要近距离看东西时，通常表现为眼球和眼眶胀痛、视物模糊，休息后可以好转。青少年患者视力疲劳症状较轻，但随着年龄的增长，症状会越来越重。如果孩子经常自述眼睛有上述问题，应该尽快带孩子到医院进行检查。

（二）观察盲态

盲态又称盲相，通常在视力残疾儿童发展早期就已经出现。常见盲态有走路时弓腰驼背，手脚动作不协调、摇摆身子，经常会有伸手摸或扶的动作，经常对别人亦步亦趋；走动时经常会出现磕磕绊绊，总是被绊倒或撞到其他物品，走路不能及时躲避障碍物；面部表情呆板、呆滞、不自然或虚笑，与当前所表达情感不一致，与他人交流时缺乏适当的表情；眼睛视物方向异常，常常会在面对某人某物时，眼睛却看向其他方向，或者出现漫无目的地乱转。随时留意并纠正儿童盲态，可以及时发现、矫正各种不良行为。

（三）空间概念的缺乏

视力残疾儿童的动作发展迟缓，从而影响其独立行走与精细动作能力，其运动能力也会比较差，一般会走动摇晃、手脚不协调，经常会绊倒或碰到东西，不能顺利绕过障碍物。拿东西时会经常出现手眼不一致现象。

（四）调节性内斜

有报道显示，远视眼患者一般会过度使用眼球的调节功能，过度调节与眼球的集合功能产生矛盾，他们一般会采取一只眼放弃注视的办法，非注视眼向内斜，引发调节性内斜视。斜视眼通常为远视度数较高的那只眼睛[①]。

（五）老花眼出现较早

老花眼是随着年龄的增长，眼球调节功能下降导致的视近物不清，但若长期用眼不卫生，或者长期注视电脑、手机显示屏，就会在中年甚至青年时出现"老花"现象，即俗称的"早花"现象，可能需要佩戴老花眼镜才能顺利进行阅读和做近处工作。

（六）对光比较敏感

如婴儿出现反射性闭目动作，这是正常的保护性反射。社会工作者本人或指导家长进行以下实验与观察，来判断儿童是否存在问题：将手电灯光快速移至婴儿眼前照亮瞳孔区，重复多次，两眼分别进行；将儿童放置在黑暗房间内，用手电筒射出一束光线，观察其是否有追视或寻找反应；将玩具放在离儿童前方约半米处，不能引起关注；或者喜欢一只眼看或贴近物体看；成年人教儿童做某一特定动作时，完全不能或部分不能模仿；不能盯着看运动着的光源、人或好玩的物体；目光呆滞、表情呆板，走路时遇到障碍物不停下来或不绕过去，因而经常碰撞路旁或身边的物体。出现上述现象，都可以初步判断儿童有视力下降现象，需要及时寻求医疗帮助。

总之，儿童的日常学习、生活会由于视力损失而受到一定影响，在儿

---

① 李平余. 近视远视散光老花防治300问[M]. 北京：金盾出版社，2004.

童的日常活动中会出现一些特殊的适应行为或癖好，家长在平时生活中应该通过观察及时掌握儿童的异常表现，及时对因受到各种伤害而视力下降的儿童进行检查，及时提出相应的训练方案。

五、初步视力检查

（一）检查时间与对象

正常儿童应当在出生后28—30天进行首次眼病筛查。然后，需要分别在第3、6、12月龄和2、3、4、5、6岁进行健康检查时，进行阶段性眼病筛查和视力检查[①]，对0—6岁儿童进行眼外观检查。

（二）检查内容

有条件的地区可增加与儿童年龄相应的其他眼部疾病筛查和视力评估。如对新生儿满月访视时，可以进行光照反应检查，以发现眼部结构异常；对3月龄婴儿进行瞬目反射检查和红球试验，以评估婴儿近距离视力和注视能力；对6月龄婴儿进行视物行为观察和眼位检查（角膜映光加遮盖试验），对1—3岁儿童进行眼球运动检查，以评估儿童有无视力障碍和眼位异常[②]。

对于被初步判断有视力下降现象的儿童，要进一步进行专业视力检查。但是，对身处边远地区、不方便立即到医院进行检查的，社会工作者可以凭借视力表和日常生活中常用的某些实物，对儿童远视力和近视力进行简易检查和初步筛查。所以社会工作者也需要了解一些常见视力检查方法，了解一些关于视力损伤症状，通过简易筛查及时对儿童监护人或本人提出建议，帮助他们联系相关医院，向医生进行案例概述等，让儿童获得及时帮助。

六、简易视力检查方法

通过以上观察和初步检测，如果确实可疑，社会工作者可用下面的这

[①] 项道满，贺平．关于新生儿眼底筛查的专家共识[J]．中国斜视与小儿眼科杂志，2018．
[②] 王洪建．托幼机构卫生保健工作指南[M]．济南：山东大学出版社，2019．

些方法来初步测试一下。

（一）视力表检查法

视力表检查法常用的视力表有《国际标准视力表》和《标准对数视力表》《儿童图形视力表》。由于国际标准视力表和标准对数视力表对视力进行描述的数值不同，社会工作者需要简单了解两种视力表数值的对应关系（表9-3），为简易检查判断打好基础。当然，我国当前出版和使用的视力表基本全部是《标准对数视力表》，而且在视标的左右两侧同时标注有《国际标准视力表》与《标准对数视力表》的视力值，社会工作者可以参照使用。

表9-3 《国际标准视力表》与《标准对数视力表》视力对照表

标准对数视力表	5.2	5.0	4.9	4.5	4.0	3.0	2	1	0
国际标准视力表	1.5	1.0	0.8	0.3	0.1	数指	手动	光感	无光感

标准对数视力表的视力记录采用5分记录法，即用0—5.2分表示整个视力系统。其中，0表示无光感，1表示有光感，2表示能看到5厘米处手动，3.0分表示在50厘米处能辨手指，3.0以上全部带小数点，3.0以下只有0、1和2三个数值，且不带小数点，以便与《国际标准视力表》的数值进行区分；4.0分表示《国际标准视力表》的0.1；5.0分表示《国际标准视力表》的正常视力1.0；超常视力可用5以上的数值表示。《标准对数视力表》有十四行视标，可直接测4.0（0.1）—5.3（2.0）的视力，且测低视力部分共有6行15个视标，比原《国际标准视力表》增加了9个视标，极大地改善了低视力测定的准确度，另外所有视力包括低视力均能以数值表达，视力统计更加方便[①]。

《标准对数视力表》的视标增率均匀，上一行视标总是比下一行大25%。使用《标准对数视力表》进行远视力检查的方法与步骤是：

1. 将视力表挂在光线充足、距离被检查者5米处，保证5.0视标与被检查者眼同高。检查时两眼分别进行，检查者先右后左、从上至下指示视标字母"E"，让被检查者分别说出视标开口方向，把说对的最小一行视标的视力数值记录下来，即为被检眼的视力，戴眼镜者必须先测裸眼视力再测

---

① 陈云英. 残疾儿童的教育诊断[M]. 北京：科学出版社，1996.

矫正后视力。

2. 视力不及4.0者，可让被检查者向前走，直至看清4.0行视标为止，记录距离然后查《远视力表变距校正表》（表9-4），计算校正值按下面的公式进行：

L=4.0+校正值

例如儿童走近到一米处能够看清4.0行，则视力L=4.0＋（－0.7）=3.3。

3. 视力低于3.3者，可用指数检查。检查者将手掌伸出，立于被检查者眼前50厘米处，手指间距离约同指粗，如被检查者能辨出手指数目，则视力为3.0；手指近到眼前5厘米处仍然分不清者，改为手在被检者眼前左右摆动，若能看到手动，则视力为2，不能看到手动者，可在暗室用手电筒（去玻璃罩）一开一关测其光感，可辨者视力为1，不能辨则视力为0。

表9-4 远视力表变距校正表

检查距离（M）	走近							5.0	后退		
	1.0	1.2	1.5	2.0	2.5	3.0	4.0		6.3	8.0	10.0
校正值	−0.7	−0.6	−0.5	−0.4	−0.3	−0.2	−0.1	0	+0.1	+0.2	+0.3

上述方法适应于学龄儿童，对于两岁以上的幼儿可使用《儿童图形视力表》或实物测量法，而对于两岁以下婴幼儿的视力检查，一般仅能根据其视觉发育的规律，对他们的视觉行为进行观察从而做出粗略的判断。

（二）实物检查法

实物检查法用于因年龄幼小而不能用视力表测试的婴幼儿，或在条件所限难以找到视力表、准确检查视力时，粗略了解其视力情况的时候所采用的检查法。

由于我国视力残疾的标准依然采用的是《国际标准视力表》的计数方式——小数计数法，本书以下涉及视力检查结果时均采用《国际标准视力表》的小数计数法。

我国将婴幼儿（3周岁以下）视力检查结果规定为视力残疾和非视力残疾两种类型，其判断的标准是，如婴幼儿眼部外观及反应正常、能追视测试目标，则属于非视力残疾；如婴幼儿眼睛不能追视目标，同时有眼部外观及反应异常，则定为视力残疾。

利用实物简单测定儿童视力，可根据下面的公式进行初步估算[①]：

$$视力 = \frac{1.5}{实物大小（mm）} \times \frac{实物距离（m）}{5}$$

实物检查法可以借助于乒乓球、硬币、卡片以及彩色绒线等物进行测试（表9–5），社会工作者可通过日常活动进行操作，熟悉这些方法的实施及相应的指标。

表9–5 实物检查法

测试方法	测试准备	对象	测试实施及判断
乒乓球测试	白色乒乓球直径40毫米	3岁以下婴幼儿	将白色乒乓球置于儿童前方3米处，如果儿童能看见则视力相当于0.05，若看不见则视力为相当于二级盲。放到2米处的深色背景下儿童能看见并上前拾起，则其视力大小约相当于0.02，若看不见则视力为一级盲。
红球试验	色彩鲜艳红球直径5厘米	婴儿	将鲜艳红球放在婴儿眼前20—33厘米距离缓慢移动，可以重复检查2—3次。婴儿出现短暂寻找或追随注视红球的表现为正常。如3月龄未能完成，6月龄继续此项检查。
硬币或纸片测试	硬币或纸片伍分硬币直径24毫米壹分硬币直径18毫米	3—6月婴儿	将伍分硬币置于儿童面前4米处的深色背景上，若儿童能看见并拾起则其视力相当于0.05；将壹分硬币置于儿童面前4米处，若儿童能看见并拾起，则视力相当于0.05，置于面前6米处，若儿童能看见并拾起则视力相当于0.1。
滚球试验法	6个白色小球直径分别为：1.9厘米、1.3厘米、0.95厘米、0.62厘米、0.47厘米、0.32厘米	对年幼儿童、智力低下儿童	测试的原理是白色球的直径相当于"E"字视力表查得的视力，具体测试的方法是先用一个白色小球做预测，让儿童和母亲了解测试方法，然后考查儿童能够看到的小球来判断其视力的水平。具体数据如下：1.9厘米直径小球=E字表视力0.05；1.3厘米直径小球= E字表视力0.08；0.95厘米直径小球= E字表视力0.125；0.62厘米直径小球= E字表视力0.15；0.47厘米直径小球= E字表视力0.25；0.32厘米直径小球= E字表视力0.3。

[①] 沈家英，陈云英，彭霞光. 视觉障碍儿童的心理与教育[M]. 北京：华夏出版社，1993.

续表

测试方法	测试准备	对象	测试实施及判断
卡片法	0.3E 边长2.5厘米 正方形 0.1E 边长7.5厘米 正方形	儿童	1.将0.3E置于距儿童5米处，能看见则不必再测；不能看清者，视力<0.3； 2．观察0.1E视标，5米处若能看清则视力>0.1；不能看清则可怀疑为四级视力残疾（低视力）； 3．儿童在5米处不能看清0.1E视标改为站在2.5米处观察 如能分辨开口方向，视力≥0.05，可怀疑为三级视力残疾（低视力）； 在1米不能看清0.1E视标则其视力<0.02，可怀疑为一级视力残疾。
眼位检查（角膜映光加遮盖试验）	去掉罩的手电筒	儿童	手电灯放至儿童眼正前方33厘米处，吸引儿童注视光源；用遮眼板分别遮盖儿童的左、右眼，观察眼球有无水平或上下的移动。正常儿童两眼注视光源时，瞳孔中心各有一反光点，分别遮盖左右眼时没有明显的眼球移动。
眼球运动	去掉罩的手电筒	儿童	自儿童正前方，分别向上、下、左、右慢速移动手电灯。正常儿童两眼注视光源时，两眼能够同时同方向平稳移动，反光点保持在两眼瞳孔中央。
移动手臂测试		年龄较大的儿童	在儿童对面2米处，要求儿童向正前方看自己，然后将一只上臂伸向身体的一侧，保持与肩水平。这样检查者就看不到自己的手臂了，伸直手慢慢向前方水平移动，当看到自己的手臂时立即停止上臂运动。向儿童说：向正前方看着我，伸一只上臂向上举起，保持上臂部与身体平行，上臂慢慢由上方向前方放下（由上而下），当看到自己的手臂时立即停止运动。

七、视力残疾人视力筛查时间与内容的流程图

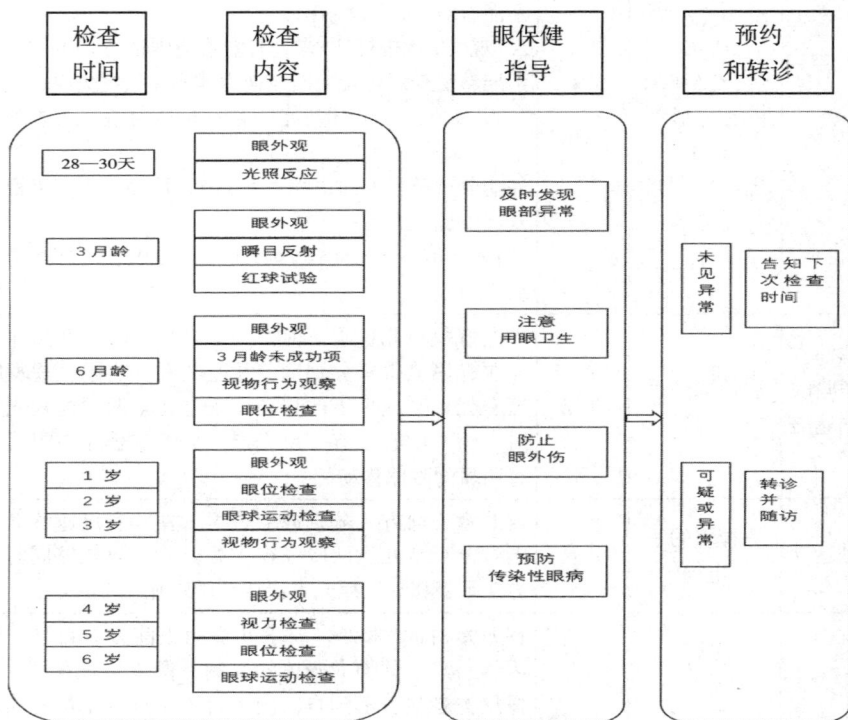

检查时间	检查内容	眼保健指导	预约和转诊
28—30天	眼外观 光照反应	及时发现眼部异常	未见异常：告知下次检查时间
3月龄	眼外观 瞬目反射 红球试验	注意用眼卫生	
6月龄	眼外观 3月龄未成功项 视物行为观察 眼位检查	防止眼外伤	可疑或异常：转诊并随访
1岁 2岁 3岁	眼外观 眼位检查 眼球运动检查 视物行为观察	预防传染性眼病	
4岁 5岁 6岁	眼外观 视力检查 眼位检查 眼球运动检查		

图9-1　视力筛查流程图

第二节　视力残疾人身心发展特征

做视力残疾人的社会工作，我们不仅要关注他们在外部社会环境中所遇到的困境，比如助盲设施被破坏、盲道被占用、公共场所设施不齐全以及导盲犬被列为宠物而遭受到排斥等等，社会工作者还需要用心去感受他们怎么认识世界、怎么活动、怎么娱乐和怎么工作等，还需要用心体会失明所导致的对周围环境的无知，以及这种无知所带来的恐惧、不安、逃避等心理，给他们的生活所带来的各种不便，以便真正走进他们的生活。失

去视力这一获取外部信息的渠道后，触觉、听觉等成为视力残疾人获取外部信息、了解外界事物的主要途径，社会工作者需要了解视力残疾人这些感知途径的主要特点，有助于在社会工作中指导家长、个案干预、开展宣传活动等。

一、视力残疾人的听觉

（一）听力机制与原理

耳是人的听觉器官，是视力残疾人了解外界的主要器官。如果耳的生理机制是完好无损的，人就会产生听知觉。听觉是属于"远距离感觉"，包括语音听觉、乐音听觉和噪音听觉三种形式，这三种形式的听觉是将来社会工作中对案主训练的主要内容。

（二）听觉功能

一般说来听觉功能分四种主要能力：

1. 对微小声音的感应能力。视力残疾人的听觉灵敏度比正常人高，常让人感觉到他们的耳朵特别灵，能听到非常细微的声音。

2. 对各种声音的鉴别能力。由于与生活经验有关，视力残疾人的语音、乐音感受与鉴别能力、音乐表现能力，要比健全人高得多，但对噪音的鉴别能力却并没有什么差异。

3. 对声源方位的测定能力。视力残疾人虽然对声音刺激更加敏感，但他们通过声音进行声源定位的能力却还比健全人差些，这一结果与很多人的想象都不同，似乎是一个很意外的结果。其实不然，因为视力残疾人失去了通过视力对空间的直接感知，空间概念不准确，所以通过声音进行声源定位的能力不仅不好，甚至比健全人还差些。

4. 对单一声响的选择跟踪能力。在嘈杂的环境声中，选择与跟踪单一声响方面，视力残疾人的能力比健全人高得多，所以视力残疾人凭借听觉的补偿性发展，从事声乐表演、器乐演奏、调音等工作的较多。

（三）听觉代偿作用

视力残疾人失去视力这一主要的外部信息来源渠道以后，其听觉得到代偿性发展。这一代偿功能主要表现为对声响的兴趣、用以感知事物或探路等。

对声音信息更加感兴趣。视力残疾人的日常活动范围与项目都受到很大限制，其主要活动就是听广播、玩发声游戏（如踢易拉罐、空瓶子）、拟象声词等，除声音以外的活动都很少，所以相比健全人，对与声音有关的活动更加感兴趣。

利用听觉感知事物。视力残疾人听觉经验丰富且敏锐，能利用被常人忽视了的声音线索与信息，他们的世界就是声音的世界，比如凭借声音判断车辆大小、远近、载重、车况等，凭借声音判断房间大小、物品摆放等，凭借声音区分人的表情等。

利用听觉探路。视力残疾人走路时会拍手、跺脚、敲打东西等，这并不是他们不遵守社会公德，而是他们在利用发出声音的回音，进行探路、定向。

（四）听觉局限

由于声音是线性信息，一过即逝，不如视觉信息可以在时间上持续存在，且这些视觉信息具有"距离远、速度快、范围大、目标细、时间长"等特点，能够实现"百闻不如一见""耳听是虚，眼见是实"，虽然很多时候也会出现一些错觉或误解。

视力残疾人获取外部信息过度依赖声音、缺乏视觉经验，容易导致"重声轻形"现象。

二、视力残疾人的触觉机制与原理

外界物体刺激皮肤表面引起的感觉叫触觉，是肤觉的一种表现。肤觉也被称作是"感觉之母"，其他一切感觉都是由此发展、进化、演变而来，如低级动物只有肤觉（蚯蚓等腔肠动物）。

人的皮肤是人体中最大的器官，成年人皮肤重约3—4千克，展开面积约5—6平方米，分布有近10万个毛囊。人的皮肤末梢存有毛囊感受器或梅氏小体，它们含有大量的敏感细胞，稍有触动便产生感觉。肤觉的感觉灵敏度称作"两点阈"，就是指皮肤能够辨别出来两个刺激点的最小距离，用毫米（mm）表示。两点之间的距离越小感觉越灵敏，感觉阈限就越低、感受性就越高。

视力残疾人的触觉感觉阈限非常低。研究发现，视力残疾人身体各部位的感觉阈限相差很大，如舌尖为1.1mm，手指尖为2.2 mm，手掌为9mm，背部则高达67mm。而健全人又比这个水平要差很多，受种族、性别、训练程度及精神状态等因素制约，触觉感受性变化区间很大。

视力残疾人在触觉使用中，肤觉对他们认识外界环境有更加重要的意义，对他们感知物体属性发挥了很大作用，比如肤觉可以感知痛、痒、凉、热、干、湿、软、硬、光滑、粗糙等物体属性。因此触觉具有以下作用。

（一）触觉的代偿作用

视力残疾人能够"以手代目"认识事物、进行阅读。对于近距离的事物，视力残疾人更加倾向于"亲手"感受一下对方的特征，其触觉因而得到代偿性发展，"以手代目"认识事物逐渐成为视力残疾人认识事物的重要途径。比如通过手的触摸，感受人的相貌、表情，感受衣服是否已经很脏、是否需要清洗等。目前，世界各国通用的六点盲文是法国神父路易·布莱尔的伟大创造。他十几岁研究陆军军官巴比艾的12点夜文，1824年（15岁）六点盲文设计定型，但直到1852年他去世都没有被社会承认。在他死后两年，六点制盲文才得到法国认可，1875年起，六点盲文逐渐得到其他国家认可、推行，现在已经成为全世界共同使用的盲文书写方式。

盲聋人可以"以手代口"进行交流。盲聋人是一种视力和听力都有障碍的多重残疾，他们的交流只能用手在对方的手上"书写"，达到交流的目的。

（二）触觉的局限

但是触觉在实际生活中有很多限制。比如触觉发挥作用需要直接接触，感知范围受距离限制，只能感知伸手能及的范围，而行驶的汽车、翱翔的雄鹰等处于运动状态的物品，强腐蚀性的硫酸、沸腾的开水、钢花四溅的钢水等有毒有害、具有危险性的物品，以及类似气体、光线等等难以直接接触的物品，以及细菌、细胞、星云等太远或太大、太小的物体等，都不能利用触觉进行感知。

同时，触觉是被动的感知，即没有身体部位的直接接触，就不可能产生触觉，所以触觉是被动的。只要相关物品不在伸手可及的范围之内，不"主动"成为触摸对象，触觉就不能发挥作用，换言之，视力残疾人就不知道这些事物的存在，就不能得到这些事物的相关信息。

另外，触觉感知事物信息的速度很慢，需要按照"点→线→面"的顺序慢慢触摸、逐个部位分别进行触摸，才能获得事物相对全面、完整的信息，需要一定的时间和精力，而视觉则可以"一目十行""一目了然"，速度上就要快得多，单位时间内可以获得更多的信息与资料。

触觉与其他感知一样，存在错觉。错觉是一种正常的心理现象，但容易导致人获得错误信息，甚至会基于错觉做出错误判断。比如，准备温度不同的三盆水，将左右两只手分别放到最热和最凉的水中，半分钟后，两手同时放进第三盆温度处于中间的温水中，原先放到热水中的手会产生水凉的感觉，而原先放到凉水中的手会产生水热的感觉。

三、视力残疾人的嗅觉

（一）视力残疾人的嗅觉机制与原理

嗅觉是由挥发性有气味物质分子作用于嗅觉器官感受细胞，感受细胞产生神经冲动，嗅神经将信号传至下丘脑和大脑嗅觉中枢而引起的主观感受。挥发性物质分子常常伴随空气的流动进入鼻孔，视力残疾人通过嗅觉感知，可以认识、学习各种味道，并通过味道认识、辨别相关事物、环境。20世纪90年代，笔者曾接触过一位视力残疾人，当时他不到十岁，在贵州省关岭自治县普利乡一所学校就读，因为普通学校教师都不会盲文，这名学生的学习全靠记忆老师所讲授的内容。该校教师介绍说，这名学生刚入学时需要家长接送，后来有同学为伴，家长不再接送，再后来他基本可以在家和学校之间独立行走，在问及如何判断方位时，他说路上有竹林，每次走到竹林时会听到沙沙的竹叶声，所以每当听到那个沙沙声时就知道走到竹林了；路上很多地方会有不同的味道，比如路过某户人家时，其茅厕（厕所）所散发的味道就告诉他走到了该户门口。他就是通过多种感觉综合来判断自己的方位和行走方向的。

嗅觉对有害的气味特别敏感。在人类自然进化历程中，嗅觉出现得较早，仅次于肤觉。为寻找食物，躲避猛兽，保护自己，逃避伤害，人类在漫长的岁月中进化出灵敏的嗅觉。嗅觉属近地感觉，在地面生活的高级动物较为发达。如狗、猫等哺乳动物最发达；而善于飞翔的鸟类等远地动物，其嗅觉几乎已经消失；生活在水中的鱼类，其嗅觉也已经严重退化。

（二）嗅觉的代偿作用

嗅觉能够为视力残疾人提供很多信息，部分补偿视觉功能。比如视力残疾人能够利用物品发出的气味，判断衣服是不是已经脏了，米饭是不是已经熟了等。日常生活中，嗅觉能够帮助视力残疾人确定方位、方向，比如通过路边房子、农田、汽车等的独特气味，判断自己所处方位、距离目标远近等。嗅觉还能够辅助找寻目标或走路、辨别物品种类和质量等。

（三）嗅觉的局限

但是，嗅觉同样受外界条件影响与限制较大。比如嗅觉会受到时间的影响，因为气味会随着时间的流逝而消散，只能在一定时间段起作用；人类鼻腔对气味具有适应效应，即人长时间处在某种气味的环境下，嗅觉会对该气味失去辨别能力，"入芝兰之室久而不闻其香，入鲍鱼之肆久而不闻其臭"，说的就是这个道理。

嗅觉作用的发挥还会受到情感因素的影响，即嗅觉其实是带有主观色彩的。比如几乎所有人都闻不到自己身体所散发的气味，也并不惧怕或厌恶亲人身体所散发的气味，即"体味"，习惯以后，甚至还会喜欢并依赖亲人的"体味"，还有的人很喜欢闻自己的脚臭味。虽然这些味道对他人而言可能是难以忍受，但在他们自己看来其实并不是异味。

四、视力残疾人的残余视力

与常人认知不同的是，并不是所有视力残疾人的眼前都完全是漆黑一片，大多数视力残疾人是有一定残存视力的。在我国的残疾人分级标准中，视力损失最严重的是一级视力残疾，但即使是一级视力残疾，依然有一部分人的残余视力在0.02之内，这些微弱的、残存的视力，对他们的生活、学习和工作具有极大的意义，运用好残余视力，能够使他们的生活、活动、工作更安全、更方便，对世界的认识更完整、更具体，视觉感受更真切、更鲜明，获得的知识更丰富、更广博，心理更自信、更充实。所以需要保护、合理使用残存视力。

只是他们通过视觉获得的视觉影像信息，可能是昏暗的、模糊的、残缺的、变形的、错位的或无色彩的，影响日常生活。毕竟眼睛是"专职"视觉感受器，有感知的速度快、面积大、范围广等优势，更何况物体颜色、动作等属性是其他任何感觉器官都根本没法获得的。所以，有残余视力参与的感知比没有残余视力参与的感知好得多。

所以能够充分利用残余视力的视力残疾人，其"盲相"一般都不明显，或者没有"盲相"，在面目表情、动作习惯、外观形象、思维方式等方面更接近健全人。

五、视力残疾人的认知特点

（一）注意与记忆

视力残疾人的认知特点，首先是需要通过视觉获得的外部世界信息不完整、不全面、不准确，而触觉、听觉、味觉等感知得到补偿性发展，通过这些途径获得的信息与认知也更加丰富和完整。如视力残疾人的听觉更加敏锐，听觉器官区分声音细节的能力更强，触觉器官感知物体细节的能力更强；注意品质方面表现很好，能够长时间保持听觉、触觉等注意，比如听音乐、听故事、摸读盲文书籍；通过声音、触觉进行识记的能力也更强，触觉记忆、听觉记忆所保持的时间更长、更准确。

（二）学习能力

没有研究证实视力残疾会明显影响人的智力发展及其能够达到的最高水平。但感知觉特点一定会导致视力残疾人在概念形成、语言运用、抽象思维等方面，比健全人遇到更多困难。视力残疾学生的学业成绩一般也会低于健全儿童，但这并不是绝对的。

（三）语言发展

国外有许多专家认为，语言的习得主要是依赖听觉而不是视觉，所以就语言习得的基本规律而言，视力残疾本身并不明显影响语言发展，视力残疾人的语言发展同健全人并没有较大差异。只是在学习词汇过程中会缺乏视觉信息，出现词汇与视觉形象相互脱节、不能准确把握那些表达视觉概念词汇的内涵等现象，偶尔也会有人在说话时摆出一些姿势、体态异样。

六、视力残疾对生理的影响

（一）对生长发育的影响

理论上说，视力残疾对人的生理发展没有直接影响。但在实际生活中，人们经常看到的是视力残疾人身材较为矮小、心肺功能不强、肌肉不发达、身体抵抗力差等现象。有研究显示，造成人身体较为矮小的原因有很多，比如遗传因素占约70%，后天营养与活动因素占约30%。视力残疾人的身高一般会比同龄健全人矮3—5厘米。同时，视力残疾人由于缺乏体育运动，平时生活中剧烈活动也较少，其心肺功能一般均弱于健全人，比如盲童的肺活量会比正常儿童少300—500毫升；气短、乏力、易汗、心悸等现象更为常见；其肌肉不够发达，显得更松软、无弹性，在肌肉力量、爆发力和耐力等方面都比同龄健全人差，完成跑、跳、抬、拉、举项目比健全人更费力。而且视力残疾人对某些传染性疾病的抵抗力更差，易患与气候变化、个人卫生等有关的病症。美国曾经有人做过一个自行车耗氧实验，发现视力残疾人肺活量只能达到健全人的75%。1986年，北京医科大学对265名视力残疾儿童调查发现，他们的身高、体重、坐高、腿围、肩宽、骨盆等数据都比同龄健全儿童小，只有少数人的胸围稍大，这被认为是虚胖的表现。

（二）对躯体形态的影响

视力残疾对人的躯体发育与形态的影响不大，但"盲相""盲态"的出现会在很大程度上影响人的形象，会导致出现偏离正常的特殊相貌或不雅姿势、动作、面部表情等，严重的"盲相"会影响视力残疾人的社会交往。

垂头（低头）是最常见的盲相，调查显示，约有25%—30%的视力残疾人都会出现垂头现象。从人体的生理状态而言，人类直立行走需要抬头平视，抬头是有意识的行为，而低头是保存和节约体能的生理本能，也是自然的生理保护反应。视力残疾人不需要利用视觉去观察周围，所以从实际价值角度看，无须抬头。

视力残疾还会影响人对事物的认知。对于视力残疾人而言，"代偿作用"是非常有意义的，"以耳代目""以手代目"等能够帮助视力残疾人获得无法通过视觉获得的外部世界的信息。这种"代偿"作用虽能达到一定的感知目的，但毕竟获得的信息量与准确程度是无法与通过视觉获得的信息量、准确度相提并论的，而且还会受到距离、时间、速度等其他客观条件的限制。曾有研究发现，学业与认知水平相当的视力残疾学生与健全儿童相比，视力残疾学生的年龄要比健全儿童平均大5.5岁，视力残疾儿童生活常识水平只有健全儿童的87%，自然常识水平只有健全儿童的75%，社会常识水平则低至62%。

七、视力残疾人心理卫生

世界上有不少问题，仅凭个人主观想象所得的结论往往与客观现实有非常大的差距，甚至是完全相反的。如一般人往往会认为家里养猫的家庭，老鼠就会很少甚至根本不可能有老鼠出现。但也有的家庭正好相反，养猫后由于猫会在捉住老鼠后叼到家中，自己玩或给小猫玩，一旦被老鼠逃掉，就反而使得原本没有老鼠的家里出现了老鼠。

包括视力残疾人在内的广大社会公众，普遍对视力残疾复明后的视觉状态有一种错误的理解，即认为复明后，视力残疾人一定会立刻可以使用视觉辨认事物，开始新的生活。有人认为一个失明几十年的盲人突然恢复视觉后，马上就能看到亲人的面孔，能看到光怪陆离的大千世界，复明的盲人会因此而感到无比的兴奋和激动。但事实并非如此，在视力复明后，视力残疾人需要一定的时间适应视觉信息所带来的光亮刺激，需要学习视觉信息与颜色、形状、大小、方位的关系，需要将自己头脑中通过触觉、听觉等途径得到的信息资料与眼前的视觉形象联系起来，建立新的概念、关系，需要建立新的自我概念，这需要一个较长的视觉训练过程。同时，有研究发现，有的复明者由于不能适应视觉信息所带来的刺激，反而在复明后陷入忧郁，失去了自我。

英国心理学家R·L·格列高里所著《眼睛和脑——视觉心理学》一书中记载：有一个24岁失明的男子，失明期间丝毫没有出现任何自卑与懦弱、逃避，反而性格活泼、头脑敏捷、善于动手实践，对生活充满了信心。在通过角膜移植手术重见光明后，开始他还非常兴奋、激动，对身边所发生的一切都感到非常新鲜，但不久后就像变了一个人一样，人突然变得郁郁寡欢，对周围环境充满恐惧并且想逃避，甚至放弃运用视觉观察客观世界，晚上也不喜欢开灯，宁愿在"黑暗"中久久"凝视"或发呆。失明时能举着手杖旁若无人地过马路，复视后却惧怕走路，甚至需要别人搀扶、照顾才敢走斑马线、过马路，三年后这人便死去了。

总之，视力残疾人经过医治，获得视力、视觉以后，需要进行较长时间的视觉训练和心理干预，帮助他们适应感官的变化，适应新的刺激信息所带来的概念冲击，重新界定自我概念。首先，需要帮助他们克服盲相、纠正某些行为习惯，有利于自己的身心发展，也能够消除人际交往障碍。其次，需要重视自己的形象（外貌），重塑心理的自我和视觉形象的自我，改变原先衣帽随意、不注意个人外部形象的习惯。再次，要努力学习健全人的行为方式，努力提高自己的综合文化素质和文明涵养，包括个人文化素质、与职业有关的专业素质（技能）、职业道德等，尽快适应正常人的生活。第四，也是最重要的一点是帮助他们树立自尊、自信、自强、自立精神，依靠自己的力量，改变社会上很多人对视力残疾人的歪曲观点。

八、如何对待视力残疾人士

树立正确的残疾观，采取正确态度对待视力残疾人，是社会工作者首先需要明确的，并且通过自己的专业工作，改变社会一般公众对视力残疾人的看法。首先，应该正确认识和理解视力缺陷，体谅失去视力给他们带来的困难和障碍。一般的健全人难以从视力残疾的视角看待这个问题，难以做到真正的换位思考与正确、完整理解视力残疾，所以要多做宣传，引导人们换位思考，体会没有视觉协助下如何完成刷牙、倒开水、站立吃饭等；有人倡导对健全人开展"盲上一天"活动，美国有人提出要"盲三天"，对于社会公众树立正确的残疾观其实是非常好的建议。美国北科罗拉多大学盲人丁·特陶教授最痛苦、最揪心、最害怕的事是三岁的儿子拉着他的手说："爸爸，和我一起踢球吧！"

其次，遇到视力残疾人出现"异常行为"，不围观、不指责、不怪罪，多分析客观原因。不要用健全人主观想象的尺度去衡量盲人，容易错怪盲人。在盲校工作了二十年的一位教师说，自己是真正接触盲人后才知道"盲人在社会上喜欢在人多的地方走路"，与一般人的主观想象完全相反。

再次，只做盲人的眼睛，不做盲人的手。我们要鼓励视力残疾人自己动手完成自己的事，要自我服务，不能依赖他人的包办、代替。我们应该做的是创造更好、更便利的条件，让他们能够更多地参与生活实践和社会实践，发展他们的能力。

最后，要和对待正常人一样，对视力残疾人提出严格要求，但同时必须加强保护和个别指导。

第三节　视力残疾人社会工作的具体内容

对视力残疾人的社会工作，除了对残疾人各项事业开展的帮助外，还需要针对他们的身心特性做好以下工作。

一、争取相关部门或组织的支持

为加强党和政府对残疾人工作的领导，协调各政府部门之间的关系，我国实行残疾人工作委员会制度，全面负责协调本级人民政府各职能部门之间，涉及残疾人就业、教育、社会福利等各方面的工作。残联是残疾人及其亲友和残疾人工作者组成的人民团体，是具体负责残疾人工作的协调机构。民政部门作为政府职能部门，负责本地残疾人权益保护政策制定与落实，统筹推进残疾人福利制度建设和康复辅助器具产业发展，为困难群众、孤老孤残孤儿等特殊群体提供基本社会服务。

除此以外，很多专门残疾人组织及其他志愿者组织，比如中国特奥委员会、中国特殊艺术协会、中国残疾人康复协会、中国盲人按摩学会、中国助残志愿者协会等，都可以为视力残疾人社会工作提供支持。

社会工作者可以主动与这些部门或组织取得联系，经常性地交流、汇报工作进展，争取得到最大限度的政策、资金、人力等支持与帮助。

社会工作者还可以通过相关节日、纪念日或其他节庆，如全国助残日、全国爱眼日、国际盲人节、国际残疾人日等，开展宣传、咨询、义卖、捐赠、送温暖等活动，让视力残疾人感受到社会大家庭的温暖，同时让社会公众熟悉、理解视力残疾人，理解视力残疾人的特殊需求与重要贡献，提高为视力残疾人服务的主动性和自觉性。

二、做好无障碍环境建设宣传，营造安全环境

视觉障碍为视力残疾人的生活、工作和学习带来的最大的不便是活动方面的障碍。而活动不便不是盲人简单拿个盲杖就可以解决的问题，更不是视力残疾人单方面的问题，而是需要国家在社会制度建设、物质条件等方面给予大量的投入，需要全面提高社会公众的文明素养，需要全面提升社会治理水平，共同营造便利于视力残疾人的社会环境。

无障碍环境建设是惠及全体社会人群的民心工程、幸福工程和德政工程。党和政府非常重视无障碍环境建设工作，2021年9月，住建部发布强制性工程建设规范《建筑与市政工程无障碍通用规范》（GB55019-2021），并于2022年4月1日起正式实施；2022年10月27日，十三届全国人大常委会第三十七次会议审议《无障碍环境建设法》草案，这是我国首次就无障碍环境建设制定专门性法律，该法已经于2023年10月1日起正式施行；2022

年11月1日，国家市场监管总局、中国残联印发《无障碍环境认证实施方案》，并于12月3日（第31个国际残疾人日）和中国助残志愿者协会共同举行"无障碍环境认证实施方案及评价标准"发布会。党的二十大报告提出"在发展中保障和改善民生"，"健全基本公共服务体系，提高公共服务水平"，必将极大推动我国无障碍环境建设高质量发展，对提高社会文明水平具有重要意义。具体地说，要做好以下工作。

第一，制定地方性法规，提供制度与政策保证，再做好大力宣传，增强市民意识。

我国的北京、上海、珠海等经济文化发达地区先后颁布地方性法规，贵州的六盘水市、遵义市等地也先后制定了地方的《无障碍环境建设条例》，推动了当地无障碍环境建设事业，保障有功能障碍人士平等参与社会生活权利。但也有部分地区还没有制定本地相关条例或规章，使得公共场所、公共设施的建筑设计、施工及政府管理部门缺乏法律依据，执行国家相关法规、规范的意识淡薄，主动性与强制性不足；当市场监管、城市管理等部门面临占用盲道、损毁无障碍设施等行为时，没有处罚依据。

社会工作者应该结合工作实际，从视力残疾人行走、乘坐公交、盲道被占用等方面，加强宣传，提高公众自我管理与服务意识，发挥社区居民相互监督的作用，树立良好社区形象。

第二，针对现有设施设备损毁向社区提出工作建议。

现实中，有很多已经投入使用的无障碍设施，因缺乏维护和管理，出现松动、老化或损毁等现象。比如盲道的地砖出现松动现象，成为眨眼石；人行横道交通信号灯的声音提示不能正常发音；部分公共厕所无障碍设施破损、不稳固等等。这些无障碍设施的松动、老化或损毁，可能导致视力残疾人行走时撞到障碍物、被绊倒，或者因脚下不稳而摔倒、滑倒，从而导致视力残疾人受到伤害。

社会工作者在工作中，根据所辖社区的现状，做好观察、登记与统计，也可以动员社区居民及时反馈信息；在收到上述情况与信息后，积极与社区、相关部门沟通，并督促及时做好维修与养护；同时，社会工作者还可以动员、组织居民或志愿者做好设备维护工作，对设备进行定期检查、保养。

第三，对其他无障碍环境建设情况进行整改。

很多居民小区或公共街道、公共场所，都有可能存在无障碍环境建设不完备的情况，比如公交站点没有盲文站牌、没有车辆进出站语音提示；地下通道和过街天桥没有坡道；盲道断头、不连贯，经常被窨井盖隔断，因违法建筑未拆除被迫转弯；公共电梯没有盲文按键，没有到达楼层与开关门声音提示等。

社会工作者在工作中，应该按照《无障碍环境建设法》，有意识地收集整理上述可能存在的公共区域无障碍环境建设不完备的问题。统计汇总后向社区、相关部门汇报，积极争取政策与资金支持，及时进行整改。还可以开展交通文明督导员培训；通过企事业单位、社区、学校发放宣传品；制作无障碍环境建设宣传海报、图片等，在公园、广场、街道等公共区域无障碍设施旁边进行张贴，营造氛围、加大宣传；制作公益广告、教育专题片，在电视台、电台以及位于街头、商场及其他机构的LED大屏循环播放，拓展宣传渠道。

选取条件较好的道路、公园、小区等进行专项推动宣传与改建工作，改建为宣传提供事实与案例依据，宣传为改建提供群众基础，打造"创文"特色亮点，比如，暖心公交专项、盲道联通专项、有声电梯专项、轮椅逛街专项、文明斑马线专项等。

打造典型，树立榜样。评选、推出无障碍环境建设项目典范、模范项目，选取城市综合体、社区或小区、单位，打造并推出示范点，打造示范小区、示范街道、严管街等，起到示范引领作用，逐步推广到其他邻近小区、单位、街道等。

三、视力残疾人的教育与康复支持

（一）低视力康复

面向低视力者的社会工作，需要充分了解低视力者的视觉优势情况，并做好记录。指导并支持低视力者做好残余视力的保护，科学、合理地利用好残余视力。

积极推动资源共享，助力低视力助视器的推广与使用。助视器具有放大功能，一般而言，放大率越大，工作距离越短，书写就越困难。常用助视器无非是光学助视器、非光学助视器两大类。光学助视器是运用物理学的光学原理放大物体，供视力残疾人通过残余视力进行感知。光学助视器不仅有眼镜式助视器、单筒式望远镜、戒指式望远镜等远用助视器，也有眼镜式助视器、手持式助视器、立式放大镜等近用助视器。非光学助视器是指非光学的仪器设备，如使用照明灯增加亮度，使用阅读裂口器、大字印刷品等帮助认读，使用太阳帽、护目镜等遮挡强光直射以保护眼睛、保护视力，用于个人签名和书写的定行器等。

电子助视器是使用电子设备进行放大，帮助视力残疾人通过残余视力进行感知的一种设备。包括实物投影仪和普通投影仪（如幻灯片投影仪、缩微胶片投影仪）、有线电视等。这类助视器结构复杂而且价格昂贵，不利于移动与携带使用，但是能够使独立阅读更加简单可行①。

视力残疾人更加需要进行视觉能力训练。一般地，人们会误以为视觉训练是视力正常者进行的活动，视力已经下降到残疾的地步了，应该不会再需要进行训练了。然而，事实是视力残疾人比视力正常的人群更加需要进行视觉训练。视觉训练分近距离功能和远距离功能训练两种。近距离视觉功能的基本训练包括视觉注视训练、视觉认识训练、视觉追踪训练、视觉搜寻训练、视觉辨认训练、视觉记忆训练等。远距离训练是训练远距离视物的能力，包括注视、追踪、搜寻等视觉技巧②。视觉训练需要注意两点：一是由静而动，二是在可能的情况下，尽量使用低倍远用助视器，以便低视力者适应。

（二）视力残疾儿童康复训练

面向视力残疾儿童进行康复训练，对于促进儿童全面发展具有重要意义。康复训练能够尽早补偿视力残疾儿童的视觉缺陷，降低障碍的影响。视力残疾对儿童发展有非常显著的影响，直接影响表现在失去了通过视觉获得感知信息的途径，使得儿童对外界事物的理解和掌握不完整、不全

---

①② 王文燕，李永峰，周志鹏，等. 实用特殊儿童康复与训练[M]. 济南：山东大学出版社，2015.

面，间接影响则是视力残疾会因影响行动能力，使得儿童体质下降，出现自卑等心理障碍。视力残疾还会改变儿童大脑结构，研究表明，通过视觉输入大脑的信息刺激量占刺激输入总量80%—90%，婴幼儿时期是大脑发育的关键时期，错过这个关键期以后，儿童大脑发育会遭遇非常大的困难，影响其智力发展。

视力残疾儿童康复训练的内容主要包括感知运动能力康复训练和认识初步、生活指导、定向行走等。

针对视力残疾所造成的障碍，可以开展的感知训练内容，主要包括触觉、听觉、味觉和嗅觉、动觉以及残余视力的训练等。可以开展的运动训练项目主要是大动作和精细动作训练，前者包括站立、行走、跑跳、平衡等粗大动作；精细动作主要是视觉—动作训练、触觉—动作等，这些训练对于促进视力残疾儿童身心全面发展，提高其生活自理能力、行动能力、适应社会能力都具有非常重要的意义。

视力残疾使得儿童丧失视觉这一远距离感知方式，所以每迈出一步都可能会遭受重大伤害，所以视力残疾儿童康复的第一步就是帮助他们及时认识身边的事物，正确掌握常用概念[1]，这就是认识初步的训练内容。

对于视力残疾而言，一般日常概念主要涉及家庭生活、日常用品、各类食品等，也包括时间与颜色、重量等概念，以及各类自然现象、常见动植物、交通工具、建筑物等，这些是需要帮助他们掌握的。对视力残疾儿童进行生活指导的目的在于，帮助他们熟悉家庭与社区环境，了解基本生活常识和卫生常识，培养生活自理能力，初步懂得保护残余视力和预防伤害。

独立行走训练包括帮助他们熟悉周围生活环境，掌握基本概念，开展感觉与定向训练、行走准备训练，教授随行技巧、独行技巧和盲杖使用技巧等，这些训练对促进视力残疾儿童的心理、身体发展和参与社会活动意义重大，还能够促进并改进他们的日常生活技能，从而提高生活质量。总之，定向行走对视力残疾儿童走向社会、融入社会具有重大意义[2]。定向技

① 孙葆忱，胡爱莲. 临床低视力学[M]. 北京：人民卫生出版社，2013.
② 陈燕. 实用社区护士手册[M]. 长沙：湖南科学技术出版社，2008.

能是指确定自己位置、判断方向的能力，比如根据阳光定向，根据时钟指向定向，根据声音、气味、气流等线索进行定向等，在北方大部分地区，道路与建筑等的建设与布局比较方正，视力残疾人还可以根据路标进行定向。行走则是视力残疾人能够安全、有效地从一个地点到另一个地点的移动能力，包括导盲随行、独行和使用盲杖三种方式。导盲随行需要视力残疾人和导盲人都具有相当程度的随行技巧或动作默契，包括二人的接触、抓握、站位等，随行中会出现换边、向后转、通过狭窄通道、进出门、上下楼梯、落座等情况，需要特定的技巧或动作约定。而视力残疾人独立行走则需要采取相关技术或动作保护头部、下部，需要能够掌握顺墙行走或沿物行走，以免遭遇其他障碍物的技巧，需要能够借助身边物品进行垂直定位、寻找失落物等。使用盲杖是视力残疾人外出的重要标志，也是其安全出行的重要保障，手握盲杖时可以采用斜握、直握、斜杖等方式，手持盲杖可以帮助他们沿道路路基、边缘石头等行走，可以通过盲杖触地的回声与手感辨别路面状况、避开障碍物，可以通过用盲杖左右点地探查，可以判断门、通道、楼梯的宽度，顺利实现进出门、上下台阶等。

助视器是对于视力残疾人具有特殊意义的辅助器具。助视器包括视觉文字阅读器、银幕阅读器、布莱尔盲文凸字印刷机、屏幕放大和导航系统、闭路电视等。

四、视力残疾人的就业

在就业意愿方面，视力残疾人总体的外出就业积极性不高，所能够从事的行业与工种也非常有限。一般地，视力残疾人更多从事的是与声音有关的工作，比如器乐演奏、声乐表演、调音师等，也有很多是从事触觉有关的工作，如按摩、针灸等。社会工作者需要针对视力残疾人特点与就业需求进行详细分析，引导他们开展职业规划；注意收集社区视力残疾人现有职业资格与从业能力，留心社会各行各业能够为视力残疾人提供的岗位，及时向他们推荐；积极与残联、民政等部门联系，及时贯彻落实职业扶持相关项目或政策，为他们争取更多的上岗前的职业培训；对已经就业的视力残疾人开展跟踪调查，消除就业歧视。

五、视力残疾人的文体活动

视力残疾人的文化、体育、艺术等活动，需要立足困境，改变活动策略。调查研究发现，视力残疾人参加文化、体育、艺术等活动的比例非常低，仅13.3%经常参加。没有参加的原因有很多，没有适合的项目占比最高，达14.8%，没有合适的场所和设施次之，占10.2%，认为没有组织指导的占4.1%，其他近半数视力残疾人没有给出明确原因。因而，社会工作者要根据视力残疾人参加文化体育活动的困境，从活动项目、场所、设施方面进行综合考虑。还需要在每次活动中制定基础版本、提高版本的活动，尽可能就近开展活动的同时，发挥他们的特长，让包括视力残疾人在内的全员均能参与。

同时，当前是信息化时代，视力残疾人也需要紧跟科技进步的步伐，社会工作者可以为他们的手机与电脑安装读屏软件，帮助他们能够浏览新闻、阅读图书、观看电影、听原声小说等，丰富其文化生活。可以使用微信、QQ等交流工具，或者下载安装相关应用程序，组建网络志愿者服务群，通过搭建服务平台，使视力残疾人的需要能够及时得到回应，实现日常生活用品采购、外出等都能够及时得到服务。

另外，还可以结合视力残疾人需求与社区基础设施建设情况，适时组织社区体育活动、文艺活动等。

六、开展无障碍改造

要想帮助视力残疾人提高生活质量，丰富文化生活，需要建设好家庭小环境、社区和社会大环境，让他们能在家自如活动、能自如使用小区设施，能够进行社会活动和正常的人际交往等，这些都需要无障碍环境的建设。研究发现，对视力残疾人而言，室内改造需求大于室外环境改造的需要。其中，小区出入口改造、厨房改造、卫生间改造、煤气泄漏报警发声、闪光门铃等需求量最大。

七、盲文

视力残疾人使用的阅读文字是盲文。我国现行盲文（图9-2）是一种用点符表示的拼音文字。学习和掌握起来并不是特别困难。但是由于盲文出版物比较少，盲人阅读面普遍狭窄。而对于视力残疾儿童而言，是学习使用盲文点字还是学习使用印刷文字，完全取决于其残余视力的情况。能够使用残余视力学习和阅读印刷文字的，一般不建议学习盲文点字。

Initials

b	c	ch	d	f	g, j	h, x	k, q	l	m	n	p	r	s	sh	t	z	zh

Finals

a	ai	an	ang	ao	o, e	ei	en	eng	er	i / yi	ia / ya	ie / ye	iao / yao	iu / you	ian / yan	in / yin	iang / yang

ing / ying	iong / yong	ong / weng	ou	u / wu	ua / wa	uai / wai	uan / wan	uang / wang	ui / wei	un / wen	uo / wo	ü / yu	un / yuan	ue / yue	en

Tones

1	2	3	4

Punctuation

，	。	；	：	？	！	（	）	—	……

图9-2　汉语拼音盲文

第十章　听力残疾与言语残疾人的社会工作

第一节　听力残疾与言语残疾的概述

一、听力残疾与言语残疾定义

（一）听力残疾定义

听力是人耳获得、辨别周围声音信息的能力，依赖于耳、听觉神经和神经中枢正常发挥作用。我国第二次全国残疾人抽样调查中，将听力残疾定义为人由于各种原因导致双耳不同程度的永久性听力障碍，听不到或听不清周围环境声及言语声，以致影响其日常生活和社会参与①。

（二）言语残疾定义

言语残疾是指各种原因导致的不同程度的言语障碍，经治疗一年以上不愈或病程超过两年，而不能或难以进行正常的言语交流活动，以致影响其日常生活和社会参与。言语残疾包括失语、运动性构音障碍、器质性构音障碍、发声障碍、儿童言语发育迟滞、听觉障碍所致的言语障碍、口吃等七种类型②。

日常生活中，人们通常会将听力残疾与言语残疾混为一谈，称呼听力残疾人为聋人、聋哑人、哑巴等，把言语残疾称为哑巴。民间也有"十聋九哑"的说法，即十个聋人中就有九个是哑巴。实际上这种称谓和理解是错误的，是两个有交叉但完全不同的概念。听力残疾是耳、听觉神经和神经中枢等听觉系统障碍，导致听不见或听不清周围声音，听力残疾人不一

---

①② 中国残疾人联合会. 第二次全国残疾人抽样调查残疾标准[J]. 中国残疾人，2006（5）：7-9.

定都会出现言语问题；而言语残疾是各种原因（包括听力残疾）导致的言语障碍，使得言语交流活动受到影响。随着现代医疗技术、材料科学、生物科学、康复医学和特殊教育等的飞速发展，听力残疾人的听力可以得到改善甚至完全恢复，其言语水平、语言表达能力也可以大幅提高。

（三）听觉系统、言语系统的结构和功能

1. 听觉系统的结构和功能

人的听觉系统结构由外耳、中耳、内耳、听神经和位于大脑颞叶部位的听觉中枢等组成。按照功能划分，外耳、中耳是听觉系统的传音部分，内耳乃至听觉中枢是听觉系统的感音部分。外耳部分包括耳廓、外耳道和鼓膜。中耳部分包括鼓室、咽鼓管。内耳部分包括半规管、前庭和耳蜗。听神经末梢埋藏于骨质螺旋板和基底膜中，约有25 000—30 000根神经纤维。

人并不能听到外界的所有声音刺激。人耳能够接收到的外部声音信息是通过声波传播的，声波具有频率、振幅和波形等物理特性，在主观上，就会分别被感知为声音的音调、响度和音色。

频率是声波在单位时间（1秒）内振动的次数，单位是赫兹（Hz），人耳能够感知到的声音频率在20—20 000Hz之间，声音的频率越高，人主观上感受到的声音就越尖越细，声音的频率越低，人主观上感受到的声音就越粗越低沉。

声波振幅的大小体现的是声波能力的大小。振幅越大能量越大，人主观上感受到的声音刺激就越大、越响，即声音响度越大，反之，感受到的声音刺激就越小、越低，直至完全消失。正常人耳能够感知到的最小声音响度被定为0dB，能够感知到的最大声音约在120—140dB。能量再大的声波，对于人耳而言，所感知到的不再是声音而是震动或痛感，甚至可能将人耳的鼓膜震破，即人被"震聋"。

声音在传播过程中是以波的形式向外扩展的。声波在传播时，有时波形呈规律性变化，有时没有规律。声波的规律性越强，人耳主观上感受到的声音就越好听、悦耳，使人产生舒服、愉悦的感觉，即乐音，反之就是噪音，长时间的噪音刺激会使人产生疲惫、烦躁的感觉。

正常情况下，当我们需要进行听力测查、确定听力损失时，一般是测

查人耳在500Hz、1000Hz和2000Hz三个声音频率的听力损失情况，并用三个数值的平均数表示其听力水平。

2．言语过程的机制

言语即所说的话，是运用语言进行交际的过程，属于心理范畴。言语残疾是说话时的发音、构音或语流出现异常现象，常与呼吸、发声、共鸣、构音以及语音有关。常见的言语障碍主要有声音异常、构音异常、言语异常和流畅度异常等。

构音异常是指在发音时发生构音部位错误，气流方向、压力、速度不准确，动作不协调，以致发音错误。如口部运动功能障碍可能导致应发出的声音被其他接近的声音替代，也可能导致所发出的声音完全不是要发的音，以致不能被他人听懂、理解。

发声障碍的临床表现有怪声怪调的音调异常，说话声音大小不当的响度异常，以及声音嘶哑、粗糙的音质异常等。呼吸系统有病变或障碍的儿童一般会出现声音异常，如胸式呼吸与肺部病变会造成肺活量下降，发声时就会出现呼气的气流短促、软弱，继而出现喉部过于紧张，说话时就会气短、吃力、高音调、硬起音等，即说话声音小，所说的句子短，甚至一字一吸气。

言语异常是人的表达、思维和情绪等障碍或异常，通常表现为说话困难、语言混乱、发音错误、缺乏语言表达能力的失语、情绪控制问题等。

流畅度异常也称口吃，具体表现为首音难发、语音连续重复、拖长语音或说话时出现不适当的语音中断等。

二、听力残疾与言语残疾的分级标准

（一）我国的分级标准

1．听力残疾的类别与分级

学者们一般从听力损失的程度、病变发生的部位或发生时间三个角度，对听力残疾进行分类与分级。

在2006年进行的第二次全国残疾人抽样调查中，按照听力损失程度及其对生活的影响，听力残疾被划分为四级①。听力残疾一级是指听觉系统的结构和功能出现极重度损伤，较好耳平均听力损失≥91dB，没有助听设备根本不能依靠听觉进行言语交流，语言理解和交流极度受限，参与社会生活存在极严重的障碍。听力残疾二级是指听觉系统结构和功能出现重度损伤，较好耳平均听力损失在81—90dB之间，没有助听设备则语言理解和交流活动就会受到重度限制，参与社会生活存在严重障碍。听力残疾三级是指听觉系统结构和功能出现中重度的损伤，较好耳平均听力损失在61—80dB之间，无助听设备帮助时，语言理解和交流活动存在中等程度的限制，参与社会生活会出现中等程度的障碍。听力残疾四级是指听觉系统结构和功能出现中等程度的损伤，较好耳平均听力损失在41—60dB之间，无助听设备时，语言理解和交流活动会受到轻度影响，参与社会生活有轻度的障碍。

根据听力损失发生的部位，人们一般将听力残疾分为传导性、神经性和混合性三类②。传导性听力残疾也称传音性听力残疾，听觉系统的病变主要发生在外耳和中耳，即声波传播的环节与部位，这种残疾的听力损失一般不会超过70dB，经过医疗手段的治疗与康复训练后，听力基本能够得到恢复，语言能力也会比较强。神经性听力残疾也被称为感音性听力残疾，即在内耳感知声波或神经系统出现结构或功能损伤，导致听力残疾，这种残疾的听力损失一般较为严重，经医疗与康复训练后，功能改善情况不如传导性听力残疾。混合性听力残疾是在外耳、中耳与内耳都有病变，兼有前两种听力残疾的特征。

按照导致听力残疾的病变发生时间，人们一般将听力残疾分为先天性听力残疾、后天性听力残疾，后者又被分为学语前听力残疾和学语后听力残疾，前者是在儿童学会说话前丧失听力，后者是儿童在学会说话后丧失听力。这种分类基于开展听力语言康复训练的基础不同。

---

① 中国残疾人联合会. 第二次全国残疾人抽样调查残疾标准[J]. 中国残疾人，2006（5）：7-9.

② 方俊明. 特殊教育学[M]. 北京：人民教育出版社，2005.

2．言语残疾的类别与分级

按照我国《残疾人残疾分类和分级》标准[1]，一级言语残疾是指无任何言语功能或语音清晰度≤10%，言语表达能力等级测试未达到一级测试水平，不能进行任何言语交流。二级言语残疾是指有一定的发声及言语能力，语音清晰度在11%—25%之间，言语表达能力未达到二级测试水平。三级言语残疾可以进行部分言语交流，语音清晰度在26%—45%之间，言语表达能力等级测试未达到三级测试水平。而四级言语残疾则能够进行简单的日常会话，说出较长语句或连续说话有困难，语音清晰度在46%—65%之间，言语表达能力等级未达到四级测试水平。

另外一种分类方法将言语残疾分为七种类型。第一种是失语，即大脑言语区域及相关部位损伤导致获得性言语功能丧失或受损，表现为不会说话。第二种是运动性构音障碍，即神经肌肉病变导致构音器官运动障碍，表现为说不出话、说话费力、发声和发音不清等。第三种是器官结构异常所致构音障碍，即构音器官出现生理性病变或形态与结构异常，典型的表现有腭裂，或舌部、颌面部手术后不能说话、鼻音过重、发音不清等。第四种是发声障碍，即嗓音障碍，是喉部发生生理病变导致失声、发声困难、声音嘶哑。第五种是儿童言语发育迟滞，即儿童的言语发展落后于实际年龄水平，表现为不会说话、说话晚、发音不清等。第六种是由听力残疾导致的语言障碍。第七种是口吃，俗称"结巴"，是言语过程出现的流畅性障碍，表现为拖长音、特定音素的重复、语塞，口吃一般都伴有面部肌肉抽动或其他异常行为。

（二）世界卫生组织（WHO）分级标准

2021年3月3日，第二十二个"全国爱耳日"，也是第九个"世界听力日"，世界卫生组织（WHO）在最新发布的《世界听力报告》（The world report on hearing）中采用了新的听力残疾分级建议（表10-1）[2]。该标准与1997年标准的主要区别是：轻度听力损失由25dB降低到20dB；实现了听力

---

[1] 中国残疾人联合会. 第二次全国残疾人抽样调查残疾标准[J]. 中国残疾人，2006（5）：7-9.

[2] 郭海英，张晓燕，蒲娟. 特殊儿童融合教育概论[M]. 长春：吉林大学出版社，2021.

损失按照每15dB为一级的标准逐级变化；将听力减退由4级细分为7级，增加了中重度这一过渡性程度；增加了单侧听力损失标准；明确诠释了极重度听力损失和全聋概念；该标准还区分听力残疾人在安静和噪声环境下的不同反应。

表10-1　WHO听力残疾分级标准（2021年）

分级	好耳听力阈限（dB）	多数成年人安静环境下听力体验	多数成年人噪声环境下听力体验
正常听力	<20	听声音没问题	听声音没有或几乎没有问题
轻度听力损失	20—34	谈话没有问题	可能听不清谈话声
中度听力损失	35—49	可能听不清谈话声	在谈话中有困难
中重度听力损失	50—64	谈话困难，提高音量后可以正常交流	大部分谈话都很困难
重度听力损失	65—79	谈话大部分内容都听不到，即便提高音量也不能改善	参与谈话非常困难
极重度听力损失	80—94	听到声音极度困难	听不到谈话声
完全听力损失/全聋	≥95	听不到言语声和大部分环境声	听不到言语声和大部分环境声
单侧聋	好耳<20 差耳≥35	除非声音靠近较差的耳朵，否则不会有困难。可能存在声音定位困难	可能在耳语、对话和声源定位方面存在困难

有学者认为，2021年WHO对听力残疾的分类只能用于流行病学研究。但是，社会工作者学习和了解这一分类理念，熟悉成年听力残疾人在各种环境中感受到的声音程度，可以为组织开展社会支持活动奠定基础。因此，社会工作者可以通过学习表10-1的分类情况，了解相应级别听力残疾的日常表现，并借此熟悉残疾人生活，感受不同听力损失级别的听力残疾人社会化需求。对于重度以上听力残疾人，应从多角度去理解沟通的有效性，理解听力残疾人即使"听到"某些声音，因为没有语言经验，因而这些声音对他们而言只是噪声，这也就为我们解释了听力残疾人一般不太愿意佩戴助听器。同时，也意味着社会工作者更有必要学习手语这一与他们沟通的特殊工具，哪怕是数量不多的、日常生活中经常使用的简单词汇，这对不能运用文字和语言表达的那些听力残疾人而言，都是实现人际交

流、增进感情的重要途径。

三、听力残疾产生的原因

导致听力残疾的原因很多，按照病变或听力下降发生时间，我们将这些原因与因素分为出生前和出生后两个类型进行介绍。

（一）先天原因

遗传原因。在导致听力残疾的先天原因中，遗传是最为重要的一种，由遗传物质即基因和染色体异常所致的听力损失与听力下降，约占所有听力残疾的35%左右。

孕期外部刺激与感染。孕妇在怀孕期间，尤其是在怀孕早期，如果不慎感染麻疹、先天性细胞巨化病毒[1]等导致病毒感染，或者由于用药不慎导致药物中毒，过量接触砷、汞、硒等导致化学元素中毒，过量接受有害辐射等外部物理刺激，或者长期生活在噪声环境中、营养不良、情绪不稳等，都可能会影响胎儿听觉系统发育，导致先天性听力残疾。

围产期的异常。早产、难产、助产及低体重儿等情况的发生，一般归为围产期因素。因各种原因导致的胎儿早产或者低体重儿（新生儿出生时体重低于2500克），胎儿先天发育不足，可能会影响听力系统的发育。临盆时若胎儿胎位不正、未完全入盆，可能导致难产、新生儿窒息等，面对这种情况助产士一般会使用器械助产，虽然致畸的概率非常低，但器械助产毕竟有伤害到胎儿头骨的危险，可能会导致听力系统损伤。总之，这些意外都可能伤及新生儿耳的生理结构或神经系统，导致听力残疾的出现。

（二）后天原因

一般地，人们以为儿童学习语言始于一岁左右会叫"爸爸""妈妈"，其实这是错误的。婴儿出生后的第一年，是语言发育的关键期（表10-2），从新生儿哇哇啼哭锻炼肺部功能，到无意识地咿呀发音"唱歌"，这些都是婴儿主动交流的表现，是有声语言发生、发展的重要标

---

[1] 陈秀敏. 特殊儿童早期教育研究[M]. 哈尔滨：哈尔滨地图出版社，2010.

志；同时，婴儿通过接受包括成年人语言刺激在内的大量外部世界各种声音刺激，不断获得知识，并且通过模仿开始学习语言发音。所以婴儿出生后第一年，对于其语言的发生具有最终决定性意义。社会工作者可结合儿童语言发展顺序（表10-2），以及儿童表现对家长进行指导，要求家长加强与孩子交流，虽然这时的婴儿还什么都"听不懂"，但要对孩子不停地进行语言刺激，用大量的、丰富的语言刺激其听觉、刺激其大脑发育，从拟声词、叠字词开始，向双音节词、多音节词、复杂的句子等过渡，不断丰富语言内容与结构，从词到句进行沟通表达，促进语言的发展。

表10-2 正常儿童语言发育关键时间

1—2月	开始发喉音
6—7月	开始发唇音
4—9月	牙牙学语
9—10月	模仿学语
11月左右	叫爸爸、妈妈

儿童在形成有声语言之前因各种原因失去听力而导致听力残疾的，也被称为学语前耳聋。以是否已经形成有声语言作为划分时间点，对于以后开展语言训练具有重要意义。调查显示，大量的后天致残听力残疾人是学语前失聪，只有5%是在学语后出现听力问题的。

后天可能导致听力残疾的原因同样可以概括为病毒感染、外伤、药物中毒、全身性疾病和遗传等。

最常见的病毒感染是中耳炎。中耳炎常见于6岁以下儿童，因咽喉部感染或鼓膜受伤导致中耳感染，严重的会化脓影响中耳鼓室的声音传导。中耳炎导致的听力残疾属于传导性听力残疾，听力损失一般不会超过70dB，有残余听力并且可以进行语言训练。脑膜炎也是较为常见的一种感染，脑膜炎是细菌或病毒对中枢神经系统的感染，这种感染也可扩展到其他器官，包括大脑皮质和内耳。所以，如果儿童出现长期高烧不退，或长期服用常规退烧药没有效果时，需要尽快就医，检查是否有脑部炎症，减少脑膜炎的发病概率。

有毒化学物质和注射庆大霉素、卡那霉素等抗菌类药物，也会伤害神经系统，引起感觉神经性耳聋。因周围突发巨响，或出现听觉系统外伤，以及其他全身性疾病等，会伤害或引发听觉系统相关病变，导致听力下降。

根据中国残疾人抽样调查资料，中耳炎、高烧疾病、药物中毒、家庭遗传以及发育畸形，已经成为我国听力残疾儿童致病的主要原因，社会工作者在社区工作中，尤其是在农村社会工作中，应该注意加大对相关残疾预防知识的宣传与普及，做到早发现，早治疗。

四、言语残疾产生的原因

掌握并运用语言需要具备的条件，首先是有发育正常的发音器官、正常的听觉系统和健全的大脑，因而，言语残疾的出现一般可能是由于以下几个方面的原因导致。

（一）听力残疾

听力残疾的第一个症状就是听力损失，当听力损失达到一定程度，没有其他助听设备的帮助时，就会听不清或根本听不到周围声音，以致不能获得语言刺激，就不能通过正常方式获得语言，导致言语障碍，从而形成言语残疾。

（二）智力残疾

智力残疾会导致儿童不能正常形成概念，不能理解较为抽象的概念和较长、较复杂的语言表达，与正常儿童相比，语言理解能力和表达能力都会出现发展落后现象，从而导致言语障碍，甚至达到言语残疾的程度。

（三）孤独症

从表现上看，孤独症儿童不说话是因为他们不会说话、不能说话，所以同时伴有言语残疾。实际上，孤独症儿童最为典型的三个特征中，首先就是缺乏人际交流的主动性和能力，但这并不一定意味着孤独症儿童没有语言，其实他们只是没有交流的主动性，只是"不想"说话。多数孤独症儿童的"言语障碍"是因为缺乏交流意愿和交流对象。

（四）语言中枢损伤

大量研究表明，人的大脑皮层相关部位出现损伤会导致对应功能的丧失，如果受损部位是语言和言语能力相关部位，就会出现言语障碍。比如，大脑的语言运动中枢被称为布洛卡区，该区域神经细胞损伤会导致运动性失语症，患者主要表现为语法、口语表达方面的障碍。而大脑的语言听觉中枢区的损伤，会导致患者分辨语音、形成言语理解等方面的障碍，形成感觉性失语症。大脑阅读中枢则位于顶叶与枕叶交界处，在韦尼克区的上方，该部位的功能与词汇视觉记忆有密切关系，负责书面语言和口语的互换，其损伤会导致患者出现失读症。大脑书写中枢位于左大脑皮层额中回（即第二额回）的后部，主要功能是书面语表达，其损伤会导致患者出现失写症。

（五）发音器官损伤

人的言语功能的正常发挥，依赖于呼吸系统和咽喉部位、口腔运动的正常。如果呼吸系统出现器质性损伤，导致人不能正常呼吸，呼出的气流不能有效带动声带振动，就会影响到人的发声；位于咽喉部的声带是人的发音器官，如果咽喉部发生病理性损伤，导致声带不能正常振动，也会出现发音不准、发音不清等言语问题；另外，人的口腔部位发育异常，出现兔唇，或舌头太长、太短导致不灵活，以及牙齿排列不整齐等现象，也会导致发音不准不清等。

五、听力检查

在儿童成长过程中，由于各种原因导致听觉系统生理机制受损伤或功能下降，却没有被及时发现，没有及时就医以致形成听力残疾。目前，我国非常重视婴幼儿各项指标发育水平检查，听觉系统和听力检查是婴幼儿常规体检的重要组成部分，所以只要能够定时进行体检，当婴幼儿听觉系统出现问题或听力下降时，是能够被及时发现的。但关键的问题是大多数父母并没有经常性或定时带婴幼儿到正规医疗机构进行体检，以致当婴幼儿出现听觉系统问题或听力下降时，不能被及时发现，当然也不能得到及时诊断和干预。

缺少专业工具与仪器设备的社会工作者，可以通过行为观察、简单测听等方法，凭借生活经验，初步判断是否存在听觉系统问题或听力下降，及时发现听力有问题的人群，从而为其提供帮助，并合理安排医疗与听力康复训练等。

听力检查方法，根据是否需要被测查对象的主观配合，一般有主观测听和客观测听之分。客观测听需要使用专门的评估仪器，由医疗机构的医生进行。成年人出现听力损失或听力下降时，会因为听不清、听不到周围声音而主动寻求医疗帮助，所以基本不需要社会工作者去进行听力测查。只有婴幼儿、少年儿童不能自主判断听力情况，需要社会工作者通过简易方法初步判断是否出现听力下降或听力损失。

下面介绍的主要是凭借生活经验进行判断、需要被测对象主观配合的简易方法。

（一）通过外部表现判断

社会工作者通过观察和了解儿童日常的行为特征（表10-3），可以初步判断其听觉系统是否正常，听力是否有损失。当儿童的听觉系统出现病变时，儿童会感觉到疼痛或痒等异常感受，就会用手按压或揉搓；听力下降时，为了能够听到、听清声音，会出现侧身等特定动作。社会工作者通过了解、观察儿童是否经常出现这些特定动作，可以初步判断是否需要进行专项检查。这些特定动作与行为包括：儿童在日常交流中是否总会侧头听、侧身听，或用手放到耳朵后面听；儿童在日常生活中是否抱怨别人说话声音小，电视、广播等声音小；有人在他身后或旁边叫他名字时，经常不回应；上课时点名或叫他回答问题时，经常没有反应；和别人说话、交流时总是声音很大；外耳有流脓甚至有恶臭的味道；经常抠挖耳朵，经常说耳朵痒、痛，或者感觉堵；经常听到嗡嗡声或知了叫声（身边的其他人都没有听到）。

（二）听觉反射与听觉反应

利用儿童听觉反射与听觉反应规律可以初步判断听力状况。一般地，儿童在突然受到较大声音刺激时会出现惊吓或寻找声源的反射（反应），在儿童专心玩游戏时，在其身后或者耳边（不能被看到）的位置，突然敲击锣、鼓或其他玩具，或者击掌、吹哨等，如果儿童出现动作暂停、吓一跳、找声源等动作，说明已经听到声音；如果没有相关动作出现则说明没有听到。也可以是儿童的妈妈（或其他熟悉的人）在背后用特定声强的声音叫他的名字，如果他会答应或转头寻找妈妈，就说明听到了，如果没有任何反应就说明没有听到。同理，通过逐渐增加或减小敲击乐器、玩具的力度，使发出的声音有音量大小变化，可以初步估算其听阈；通过变换敲击乐器或玩具的种类，可以得到儿童在各频率的听阈值。因此，社会工作者首先要了解健听孩子一般刺激与听力行为的反应，再结合案主的异常表现去判断其听力是否有问题。

表10-3　健全幼儿常有的听力行为

月龄	对声音的反应
1个月	有很大噪声时的反应是跳跃或震惊；开始发出咯咯声；对人声有反应。
3个月	会嗷嗷地叫；头会转向有声音的方向；当熟悉的声音靠近耳朵时能安静或兴奋；当较大的声音发生在周围时会从睡梦中醒来，会有惊恐状或会啼哭。
6个月	独自一人时会发出声音，用声音玩乐，如自言自语状；当自己名字被叫到，而叫他的人又不在场时仍然转向声源处；当有人直接对其说话时，能使用"婴语"交流。
9个月	能区分声音的感情色彩，对高兴或愤怒的声音做出不同的反应；试图模仿他人的声音；牙牙学语开始发展变化。
12个月	在转头时确定声音的来源位置（不论声音来自旁边、上方还是下方）；听见父母声音时停止活动；对叫自己的名字有反应；开始正确地使用单个的词，如"妈妈"或"爸爸"；对声音发出伴随的笑声；睡觉时会被周围的声音吵醒；模仿声音和单词；理解一些相近的短语或词；对音乐或歌声有反应；牙牙学语的类型和数量增加。
18个月	当被叫到时，会朝声源处走来；对"不"有反应。 遵循简单的命令；除了"妈妈"或"爸爸"以外，还使用4—10个词。
24个月	词汇量多于50个；能同时使用两个词；能遵循简单的指导；对有韵律的音乐有反应；使用声音应对具体的目的；能理解日常生活中使用的许多短语；与发出声音的物体玩耍；发声有升降调；用自己的名字指代自己；给一张图片或一个物体命名。

资料来源：威廉·李·休厄德（William L. Heward）著《特殊需要儿童教育导论》（第8版，中国轻工业出版社，2007）

实际使用玩具或乐器的声音频率与声强可以通过测试仪预先测定（表10-4），并注意敲击力度[①]。

---

① 王淑荣，邢同渊. 特殊儿童早期干预[M]. 北京：中国轻工业出版社，2014.

表10-4　各种乐器批对照表

频率	乐器	主频（Hz）	声压级（dB）		
			10cm	50cm	100cm
低频	手鼓	250—500	105	95	85
中频	木鱼	800—1000	95	85	75
	蛙鸣筒	1500	95	90	85
	双音响筒	2000	100	90	87
高频	哨	3000	110	105	100
	响板	3500	90	85	80
	铜锣	4000	100	90	85
	三角铁	6000	95	90	80
	碰钟	8000	90	80	75

　　除上述常用乐器外，社会工作者还可以使用吹哨子的方法，初步判断儿童听力是否损失。哨声频率一般在1500—2600Hz之间，音强一般在105—118分贝之间。常见哨子声音频率与声强的基本情况详见表10-5，可以供社会工作者开展测试时参考。但测试前社会工作者要先熟悉哨子吹法，感受弱吹、强吹下的力度、哨声长度等。

表10-5　哨声参数

种类	频率（Hz）	声强（dB）					
		0.2米		0.5米		1米	
		弱吹	强吹	弱吹	强吹	弱吹	强吹
铜哨	1 500—2 600	弱吹	118	弱吹	113	弱吹	111
塑料哨	1 500—2 600		116		110		107
裁判哨	1 500—2 600		116		105		105

（三）语声测听

　　语声测听也可以称为言语测听法，是测查者根据被测者年龄、文化特点选用通俗易懂的词汇，使用不同的声强将声音读出，或使用设备播放录制好的词汇表[①]，判断听力损失情况。在相对比较安静、基本没有噪声的环境，根据读出或播放的距离、声强（表10-6），可以初步判断听力水平。

---

① 查树伟，许豪勤. 耳聋基因筛查与耳聋预防知识解析[M]. 镇江：江苏大学出版社，2018.

记录时可以首先判断是否能听到，在此基础上再记录是否能听清。

在日常生活中，人们都是平心静气、轻言细语地和对方交谈、交流。如果在儿童没有看到嘴动情况下，轻声与他讲话而没有回应，说明没有听到，听力损失大约在30—35分贝。如果是在距离被测者30厘米的近距离进行语声测听，尽量不要让对方感受到气流。

表10-6　语声测听方法

距离	声音类型	音强
0.3米	大声喊话	90—95dB
1米	全力喊话	85—90 dB
	大声喊话	75—85 dB
	普通讲话声	50—65 dB
	轻声讲话	30—35 dB
	耳语	25 dB以下

（四）击掌测听

击掌测听是利用击掌的方法进行听力测查。操作时，一般由测试者在儿童身后或身旁1米距离处（不能被发现），出其不意猛力击掌，声音大约为70分贝，如果连续五次以上均无反应，其听力损失在70分贝左右；如果有时能听到大声喊话有时听不到，则可用击掌测听继续测评。

六、言语残疾的初步测查

正常儿童语言的发育经过发音、理解和表达三个过程。在儿童成长的每一个时期，言语发展从发声到表达都具有特定的年龄特征。研究发现，小于一岁的婴儿属于语言发展预备期，也可以称为"先声期"；一到一岁半的婴儿属于语言发展第一期，即"回音语"；一岁半到两岁属于语言发展第二期，即"称呼期"；两岁到两岁半是第三期，儿童能说一些单词句或短句；两岁半到三岁是"好问期"，儿童词汇量积累速度非常快，总有问不完的问题，又被称为"十万个为什么"；三到六岁之间是儿童语言发展的完备期，这个阶段的儿童已经基本可以完成日常会话，不论词汇量还是句子结构都非常接近成年人。

社会工作者通过了解儿童每一个年龄段的言语表达特点，指导家长大约判断自己孩子的语言发展水平，并根据语言发展阶段确定各时间段语言训练的重点。

（一）共鸣障碍

鼻腔共鸣异常。如果儿童日常说话时鼻音较重，可能是鼻腔共鸣异常。鼻腔共鸣异常有鼻音功能亢进和鼻音功能低下两种情况。可以通过复述、朗读下面的内容进行判断：

"一大早，六个月大的宝宝起来了，开始左顾右盼，这时阿姨走过来，抱起他说：'乖宝宝'，宝宝朝阿姨笑一笑，嘴里咿咿呀呀的，可爱极了。"

这是来自上海泰亿格启音博士言语评估的一篇短文。该文没有鼻辅音，如果捏鼻之后复述或朗读出现共鸣的明显变化，说明鼻音功能亢进。

"尼尼很喜欢将饭含在口中，妈妈骂尼尼，尼尼生气了；明明向尼尼借橡皮泥玩，尼尼拿起橡皮泥就走；妈妈接尼尼晚了，尼尼生气地往前奔，妈妈跟也跟不上。这样的尼尼受人欢迎吗？"

这篇短文包含了大量的鼻辅音。如果鼻音功能低下，那么捏鼻和不捏鼻听起来是相类似的。

鼻音功能亢进主要是由于鼻咽部开放异常所致，可能存在一些器质性病因，主要表现为鼻腔音增加，鼻音功能低下多数由器质性病因引起。功能性鼻音功能低下可能存在软腭肌群肌张力过高的现象，主要表现为鼻腔音减少[①]。

（二）口腔共鸣异常

一般有前位聚焦、后位聚焦和喉位聚焦三种，如果说话时声音含糊不清，感觉其说的话是从口腔前、后部发出，如前位聚焦和后位聚焦，可怀疑口腔共鸣异常。一般有韵母音位的聚焦评估、声母音位的聚焦评估（句首声母和句中声母）、会话时的聚焦评估等，如舌系带过短、颌部畸形等

---

① 杜晓新，王蕾，卢红云，等. 共鸣障碍评估的原理与方法[J]. 中国听力语言康复科学杂志.
　2011（3）.

品质性口腔共鸣障碍导致构音障碍。测评列举如下：

韵母音位的聚焦评估：让患者用舒适的方式分别发/a/、/i/、/u/三个核心韵母的发音，工作人员、家长及其他测评人员进行听觉感知评估，判断聚焦类型和聚焦等级（0：正常，1：轻度，2：中度，3：重度）以及错误走向。

声母音位的聚焦评估：让患者说句子，然后由测评人员进行听觉感知评估，对句首如："/bi/比赛开始了""/ta/他们在看电视"和句中声母"小朋友在比/bi/赛跑步""楼房塌/ta/了"分别判断聚焦类型和聚焦等级（0：正常，1：轻度，2：中度，3：重度）以及错误走向。句首和句中声母由b、p、d、t、g、k、m、n、h、l组成。

第二节　听力残疾和言语残疾人心理特点

一、听力残疾人的认知特点

（一）感知觉特点

知觉信息加工不完整。听力残疾人由于得不到听觉刺激，对复杂事物和环境感知不完整，缺乏声音属性与信息，知觉信息加工的整体性和理解性受到制约。

视觉的优势地位。听力残疾人眼睛成为其最主动、最活跃，也是最重要的感觉器官。一定程度上，视知觉在其感知活动中处于优势地位，听力残疾人更加依赖视知觉获得外部信息。

缺陷补偿。听力残疾人不得不更多地依赖视觉、触觉等其他通道接收信息，进行语言交流，以弥补声音信息的不足，这样，听力残疾人的视知觉和触知觉反而得到补偿性发展，尤其是视知觉变得更加敏锐，能够获得比健全人更多的视觉信息。

（二）注意特点

注意是指心理活动对一定事物的指向集中，它使人的心理活动处于一种积极的状态。听力残疾儿童注意的发展过程与规律，和健全儿童基本一致。最早表现为条件性的定向反射，比如注意人脸。半岁后，随着动作发展，注意范围逐渐扩大，周围许多事物只要与视觉有关，就能引起注意，比如鲜艳的颜色，发光的、活动的物体，儿童爱好的食物等。但1岁内儿童的注意多是无意注意，即事先没有目的和任务的随意注意。他们的无意注意和有意注意形成与发展都比较缓慢。

（三）记忆特点

听力残疾的形象记忆优于词语记忆，无意记忆占优势。听力残疾人感知觉的特点，决定了他们通过识记在大脑留下的视觉、触觉和动觉等信息表象要比通过听觉得到的信息表象多很多。而且他们对这些直观、形象的信息识记得快、保持时间长，也更容易再现，但对通过语言获得的信息与材料则识记困难，再现困难。

（四）思维特点

正常情况下，人的思维发展一般都要经历动作思维、形象思维和抽象逻辑思维三个水平阶段，听力残疾人思维发展的趋势基本一致。但有声语言发展迟缓导致他们形成抽象概念困难，思维发展长期停留在形象思维阶段，主要凭大脑获得的直观表象思考问题。听力残疾人主要交流工具手语词汇是用动作表达，其概念具有明显的内涵扩大与缩小特点，存在内涵掌握不准确现象，使用时会出现用词不当现象。

二、听力残疾人语言发展特点

听力残疾的直接障碍是听力下降、听觉障碍，一般都会影响口头语言学习，但并不一定影响发音器官的解剖结构与生理功能，因而并不一定会导致言语问题。由于听力残疾儿童缺乏早期语言康复训练，也没有得到及时的检查和其他干预介入，如果听力损失是发生在学语前，那么就会丧失学习口头语言的机会，从而出现由"聋"致"哑"的现象。实际上，只要言语器官没有损伤或病变，通过佩戴合适的助听器或尽早进行人工耳蜗植入，及时开展残余听力的康复训练，尽早开展语言训练，理论上完全可以有效提升他们的语言水平。

听力残疾人语言发展滞后。语言是人类思维和交际的工具,听力损失与听觉功能障碍使得听力残疾人听不到或听不清人们日常活动的各种声音,获得外界的信息减少,又缺少口语训练,导致他们语言发展明显滞后。其具体表现首先是书面语表达因受手语表达习惯与语法结构的影响,写出来的语句存在不符合汉语语法的问题,比如语法结构颠倒、句子成分不全、词语关系混乱等问题,令人难以理解其真实含义。但其他听力残疾人使用手语"阅读"这些语句时,却基本没有问题,都能"读懂""理解",而且这一问题是各个国家听力残疾学生都存在的。其次,听力正常儿童大约在1岁开始有意识地学习说话,在此之前会经历出生1—2个月时自言自语发出喉音,6—7个月时能在互动、游戏时发出唇音并开始牙牙学语,模仿大人的声音,1岁左右时就能发出"爸爸""妈妈"等叠音了。再经过日常互动与模仿,其发音准确性和词汇积累、语句结构都发展迅速,到2—4岁时就已经能够表达想法、能完成日常生活对话,6—7岁幼儿的口语表达已经基本达到成人水平。但听力残疾儿童没有在这些阶段得到发展,其语言能力在发展时间和水平上都远低于正常儿童。

听力残疾人的语言发展存在发音不清、语言识别度低的特点。根据分级标准,听力残疾一级到四级的语言辨识率标准分别为小于15%、15%—30%、31%—60%、61%—70%。由此可见,在日常生活、工作与学习中,在无助听器帮助下,大部分情况下,听力残疾人口语交流是很受限的。首先,听力残疾人有构音障碍,比如口型正确但舌位不准,使得韵母发音不准确,"a""o"不分,"an""en"不分,有时不能准确做到声母的送气或不送气,出现"b""p"不分,"d""t"不分,"g""k"不分。其次,听力残疾人普遍存在呼吸与发音障碍。虽然听力残疾人总是在努力地发音、说话,但在健全人听来,其语调和音调都非常难听,最常见的就是语调与语言氛围不符,"假嗓音"更是让人难以接受。再次,听力残疾人使用有声语言总是一字一字地在认真发音,表达缺乏流畅性,不能连续、有节奏地发出多个音节,不能流畅地说出完整的语句。

三、听力残疾人情绪与个性特点

虽然听力残疾对人的社会情绪与个性没有直接影响，但语言交流的欠缺会造成人际交往困难，进而影响情绪与个性发展。所以听力残疾人更多依赖于表情、动作（包括手语、肢体其他动作）表达思想，表情因而变得更加丰富，较常人更为夸大的情绪表达易被理解为情绪稳定性不好；用手势动作表达需求，相互的拍打、拉扯、推搡易被理解为打人、推人、抢夺。

有学者研究认为，听力残疾人个性总体较为倔强、固执，更易冲动、易受暗示，自我中心现象明显，易于偏执已见。

四、言语残疾人心理特点

言语残疾儿童智力发展和学业成就水平，在总体上略低于同龄健全儿童，成年后的生活、工作等影响并不明显。

言语残疾人的人际交往与社会适应会因交流障碍遇到一些困难。比如交流积极性不高，更倾向于退缩与回避，以掩饰自己的不足，或回避尴尬，久而久之会影响其融入人群与参与社会活动。

第三节　听力残疾人与言语残疾人社会工作的具体内容

一、社区宣传

（一）残疾预防知识宣传

社会工作者可以利用多种社区资源，积极开展残疾知识的宣传，以增强公众的残疾预防意识。比如，利用相关节日开展主题活动，在社区中广泛宣传优生优育、预防与筛查等知识，进一步夯实群众基础。也可以加强与妇幼保健、社区医院、幼教早教机构的联系，共同在社区举办相关讲座，如：婴幼儿耳朵保健知识讲座；义务开展社区保健检查，减少外耳异物、进水造成的伤害，减少噪声环境的影响，等等。

（二）开展政策宣传

社会工作者可以结合需要在社区组织残疾人教育、康复、创业、就业扶持政策宣传与支持服务，帮助他们自强自立。比如：开展就业优惠政策宣传，国家和地方政府鼓励用人单位招用听力残疾人，并给予税收优惠、财政补贴等支持；开展职业培训和技能提升宣传，动员组织他们参加各种职业培训和技能提升活动，提高职业技能和就业竞争力；还可以开展职业康复和辅助器具服务，提供社会保险和福利政策咨询，包括基本养老保险、基本医疗保险、失业保险、工伤保险、生育保险和住房公积金等[①]。比如，按照《残疾儿童康复救助机构服务规范和服务标准》规定，国家为符合条件的残疾人提供基本康复支持，向7—18周岁贫困家庭听力、言语、肢体、智力、孤独症等重度残疾儿童少年，给予一个康复周期的康复补助，每人每年补贴最高2.4万元[②]，提供助听器、助视器、助行器等辅助器具适配服务，免费为听力残疾儿童配置基本型人工耳蜗1台，并补贴手术费及术后康复训练费用。社会工作者在宣传这些政策的同时还可以帮助他们联系相关部门，获得政策福利，从而保障残疾人基本权益，提高其生活和工作质量，充分体现国家制度的优越性。

二、运用科技手段帮助听力残疾人与言语残疾人

（一）助听器

助听器是听力残疾人最为常见的辅助器具。常用助听器有盒式、眼镜式、耳背式和定制式四种类型。其中，盒式助听器常见于老年人、轻度听力损伤者使用，主要特点是对周围声音不分区别地平均放大，经常出现刺耳的啸叫声。眼镜式助听器更适合于既有屈光不正问题，又有轻度听力损伤的患者使用，但可能受眼镜与助听器相互影响，助听性能并不突出，已

---

① 王桦宇. 人力资源管理实用必备工具箱. rar：常用制度、合同、流程、表单示例与解读[M]. 北京：中国法制出版社，2020.
② 王倩倩. 全市6.5万残疾人生活有了保障[N]. 舟山晚报，2017.

基本被淘汰。耳背式助听器是目前使用最多、最为普及的一种助听器，具有削峰功能，调配良好的助听器能够针对使用者的听力下降情况对声音进行处理，性能优良、佩戴方便、具有隐蔽性。定制式助听器最大的特点是能根据耳朵形状及听力水平定做，有耳塞式、深耳道式等，放入外耳道以后，隐蔽、不易脱落，传声效果好。

社会工作者在帮助听力残疾人选用助听器时，一般可以在专业同盟中寻求相关专业人员帮助，了解助听器基础知识和调配指标。比如助听器频率范围，即听力残疾人能感知到的声音频率范围，低、中、高档次助听器的适应频率范围一般分别在300—3000Hz、200—4000Hz和80—8000Hz之间。再如，助听器最大声输出代表其最大输出功率，输出大于听阈会让使用者不舒适，甚至有痛感，了解助听器最大声输出后，帮助控制输出音量在舒适范围内；同时，助听器声音增益大多在30—80dB之间，听力损失程度较轻的听力残疾人应选择增益小的，程度重的应选择增益中等或较大的，社会工作者需要鼓励并帮助听力残疾人将听得不太真切的频率、响度等描述给验配师。另外，社会工作者还要了解音频调节、信噪比和谐波失真等现象，音频不同就意味着音调不同，为获得更为自然、和谐的声音，助听器有低音模式、正常模式和高音模式；信噪比大说明输出质量较好，听到的声音与实际声音间的失真应小于10%。

（二）人工耳蜗

人工耳蜗是一种生物医学工程装置，它以植入电极的方式，帮助重度以上神经性听力残疾人改善听力水平。其接收器将声波信号直接转换成电信号，传入患者耳蜗直接刺激听觉神经细胞，改善甚至恢复听知觉[1]。

人工耳蜗植入术的适用范围是6月至5岁、无手术禁忌症，双耳均为重度以上感音神经性聋，配戴合适助听器、接受听力康复3—6个月无明显效果的儿童。但植入术不仅需要家庭支持，更需要家人有正确认识及适当期望值[2]。人工耳蜗植入术绝对禁忌症包括内耳严重畸形、听神经缺如、中耳乳突有急慢性炎症未消除，以及严重智力障碍或精神病等；相对禁忌症包

---

①② 励秀武，刘淑玲，秦翠玲. 手术室护理教学查房[M]. 北京：科学技术文献出版社，2015.

括全身一般健康状况差，患有不能控制的癫痫，或者没有康复训练的条件等[①]。

社会工作者如果发现符合上述条件的听力残疾儿童，可以利用资源联系医疗机构，积极推广人工耳蜗。对经济能力不足的家庭可以组织、动员社会力量进行众筹、资助，争取补助。

三、残余听力训练（听觉训练）

社会工作者在服务听力残疾人时，需要在发挥视觉优势的同时，充分发挥残余听力，弥补感知活动贫乏、范围狭窄的感知缺陷。同时，设计适合其年龄特点的视知觉训练活动和小组活动，充分发挥视觉反应快的优势。

听觉训练就是通过听力补偿与重建手段，帮助听力残疾人充分利用残余听力，对声音尤其是语音进行认识、辨别，形成听觉概念，提高听觉敏感度与辨别力[②]。一般来说，听力损失小于85分贝的听觉训练效果较好。

（一）听觉训练内容

听觉训练首先需要对象能够倾听，训练其倾听意识、辨析倾听和理解倾听。三个方面的训练内容（表10-7）各不相同。

表10-7　残余听力各项能力训练

训练能力	训练目的	训练方法	训练要点
倾听意识（声音察知、声音注意）	建立声音概念，认识各种声音	提供噪音、乐音、言语声等各种声音刺激	听大声音，每次10—20分钟，每天8—10次，2—3个月后进行乐音刺激
辨析倾听（声音定向、声音识别、记忆和选择）	提高感知指向性、准确性	噪音分辨、乐音分辨、语音分辨	分辨不同乐器、不同年龄和性别的人的声音
理解倾听（听觉反馈、听觉概念）	培养倾听、理解语义能力	及时评价、纠正，定期进行	配合言语训练，学说话，与周围人交往时使用听觉

---

① 高明灿，蒋淑君. 生理学[M]. 北京：人民卫生出版社，2021.
② 刘建梅，赵凤兰. 特殊儿童早期训练与指导[M]. 上海：复旦大学出版社，2013.

在日常生活中，听觉发展各阶段训练内容不同①（表10-8），开展有针对性的训练有利于提高听觉能力并养成聆听习惯。

表10-8　听觉发展不同阶段的训练内容

阶段任务	各阶段训练解释	训练内容
听觉察知	人耳对不同频率、音强、音色声音的感受能力	判断有无声音
听觉注意	为满足某种心理需要而对声音倾注、聆听	区分不同声音
听觉定向	辨别声音方向，寻找声源的能力	判断声音来源
听觉识别	对声音进行区别的能力，需要听觉与大脑协同配合	分辨不同声音
听觉记忆	辨别声音基础上，声音信号在大脑中的储存	提取学过的内容
听觉选择	在两种以上声音中或者噪声环境中，选择性听取自己需要的或感兴趣的、有吸引力的声音	噪声下捕捉有用信息
听觉反馈	人们听到声音或语言后出现的一种自我调节反应	听到某对象声音的反应
听觉概念	经过思维活动，对声音信号所反映事物本质的认识	对听觉反馈的运用做出是否正确、恰当的判断

依据表10-7所示，在声音察知阶段可以建立听觉游戏条件反应、自发性机警反应、对自然环境声和音乐的感知②。在声音辨别阶段可以训练区分声音异同（长/短，大/小，高/低，快/慢，语气），区分声音变化。在声音识别阶段可以训练辨别、模仿声音模式，如长/短音节（ba/ba-）、连续/间断音节（bababa/ba-），训练语速、语调变化。

另外，还可以进行闭合式和开放式辨听。闭合式辨听是有选择范围的词语辨听，如听辨拟声词，听辨音节数量不同的词，听辨音节数量相同但差异显著的词，听辨发音接近、易混淆的词，听辨韵母不同但声母和声调相同的词(bà /bù)，或听辨声母不同、韵母和声调都相同的词（bà/pà），或听辨声调不同、声母和韵母都相同的词（bù /bú），听辨短语关键词等。开放式辨听包括完全开放和半开放两种③。开放式辨听包括对短语和句子有提示的复述，直接与间接提示的复述，没有提示的复述，半开放是

① 李学佩. 神经耳科学[M]. 北京：北京大学医学出版社，2007.
② 韩德民，许时昂. 听力学基础与临床[M]. 北京：科学技术文献出版社，2004.
③ 陈强，徐云. 辅助沟通系统及实用技术[M]. 北京：科学出版社，2011.

从有选择范围到没有选择提示的过渡。

在声音理解阶段，训练内容是理解并做出适当反应。比如，可以训练根据图画回答问题：这是什么/什么颜色/谁，或回答问题：家庭/幼儿园/个人情况及爱好/日常生活；也可以训练完成连续指示任务：把……放在……（把+形状形容词+颜色形容词+名词+某处）；还可以训练讨论事先未说明但熟悉的话题；以及训练言语复述，听故事辨图或回答问题，噪声环境下的言语理解，比喻性语言（笑话、幽默、谜语、寓言）理解等。

（二）听觉训练方法

听觉训练不仅过程枯燥无趣，且短期内成效不显著。社会工作者应该努力使训练生动起来，如听声放物，让儿童感知声音的有无；再如准备色彩鲜艳的积木，儿童听成人给出目标声音，听到声音后把玩具放下，及时给予表扬或奖励，以保持兴趣持久一些。这种训练也可以为纯音测听的准确性提供保障，以便更早地调试好助听设备。社会工作者还可以与儿童一起玩躲猫猫游戏，成人躲在一个较容易找到的地方给出目标声音，引导其寻找，培养聆听习惯。社会工作者还要让训练内容丰富起来，如抢座位游戏，可以训练判断声音有无和分辨声音快慢能力。最后，还要结合日常生活进行训练，如撒豆子可以让儿童通过视觉帮助感受声音，模仿动物叫声等游戏完全就地取材，从日常生活中找到训练内容。

（三）听觉训练的注意事项

听力残疾人听觉训练需要丰富多彩的声音，认识多种多样的声音，切忌声音数量少、单调。训练应与日常生活相结合，多感知对生活有意义的声音。听觉训练与语言训练最终目标都是提高听觉和表达能力、掌握有声语言，实现正常交流，听觉训练必须与语言训练相结合，所以除了训练听自然声响外，还要大量听言语声。

应多采用游戏形式。做游戏是儿童的天性，社会工作者应该根据儿童身心发展特点，将学习训练尽可能融入游戏中，引导儿童在玩中学，不断激发积极性和自觉性，以取得更好的效果。

应尽量减少视觉影响，少用或不用手势与口型。听力残疾儿童已经习惯于使用手势语进行交流，在训练中会不自觉地使用手势语，而且有些儿童在佩戴助听器后，能够听到语音，有的还可以通过唇读获取信息。这些视觉信息会降低听觉训练效果。

应坚持每天不间断地进行训练。听觉训练是需要长期坚持的活动，在训练的开始阶段可以多安排儿童听比较愉悦、欢快的节奏，或者是动物鸣叫，学会聆听以后可以逐渐减少这种单纯的听觉训练，逐渐增加语言训练，比如先增加一些笑声、哭声、叫声等简单的声音，再逐渐增加言语声。

训练要坚持循序渐进。听觉训练要先设定合理目标，包括短期目标和长期目标。如果儿童语言察觉还不稳定就直接进行听辨词语训练，儿童不习惯训练对听觉的刺激，不仅会降低趣味性，还会影响儿童学习积极性，降低参加训练的主动性。

训练要因人而异。听觉训练的目标和要求要根据儿童各自的残余听力水平、原有能力制定，做到因材施教、因人而异，不能用统一的标准要求所有人。

四、语言能力训练

（一）发音训练

发音训练是听力残疾与言语残疾人都要进行的语言训练的基础，通过发音训练，训练他们掌握发音方法，锻炼构音器官协调性，以便正确、流畅发音，逐渐形成并不断提高言语表达能力[1]。发音训练的内容一般包括以下几个方面。

第一，嗓音训练。嗓音训练即学习正确运用声带，通过元音训练了解、感受声带紧张与松弛，及其带来的主观感受，并逐步形成自如控制声带的技巧。嗓音训练一般可用喉部按摩法、咀嚼法、打哈欠、推提训练法等进行。

第二，呼吸训练。呼气是发音的动力来源，呼吸训练的目的就是训练儿童能够自如控制呼吸的节奏和气流。人在说话时如果不能自如地控制气流，会出现一字一顿、胡乱断句的现象，影响语言表达的流畅性。

---

① 刘建梅，赵凤兰. 特殊儿童早期训练与指导[M]. 上海：复旦大学出版社，2013.

第三，口舌训练。口舌训练是指训练舌头和口腔的灵活性，所以也称舌体操、口腔体操。口腔是发声的共鸣腔，口腔和舌头的运动可以改变气流位置与方向，使声音发生各种变化，是言语清晰度的重要影响因素。

第四，口腔放松训练。口腔放松包括颌、唇和舌头的放松。颌部放松可以通过模拟咀嚼运动进行，即引导儿童模拟口中咀嚼口香糖的运动；唇部放松可以引导儿童先闭上双唇，不断将下颌尽力张开、闭合，进行咀嚼；舌部放松的训练也是先闭上双唇，引导儿童将舌尖先从上牙外表面向下牙外表面做顺时针旋转，再沿下牙外表面向上牙外表面做逆时针旋转运动。

第五，鼻腔放松训练。鼻腔放松主要是指软腭放松，即交替进行提、放软腭的运动。

第六，口腔共鸣训练。人的发音音质如何，取决于口腔共鸣，即咽喉和口腔的打开、舌头的运动，如果共鸣位置不能聚焦在准确的位置，就会产生共鸣障碍。比如前位聚焦训练可以教儿童用夸张的动作发出/k/和/g/两个辅音，熟悉后再与韵母结合；当延长发声母为/k/和/g/的词语中的韵母时，嗓音就聚焦在后位。

（二）语言训练

语言训练是帮助听力残疾人学习、理解词语，掌握基本语法规则，培养语言理解与表达的能力。语言训练需要积累相当的词汇量，练习口头对话和书面阅读能力。

语言训练的首要内容是听话训练，即通过听觉途径获得并能够理解他人语言信息。训练的重点是日常会话，如对比理解训练、转述训练、听指令做动作等，要以内容与方式多样的语言刺激，丰富听力残疾人的语言，培养听（看）话的兴趣与习惯。

说话训练是语言训练的重要内容，即在听（看）懂的基础上，进行语言表达，培养听力残疾人说的意愿和行为习惯，比如仿说、看图说话、复述、叙述等。这其实就是开展语言训练的初始出发点和最终目的[①]。

---

① 刘建梅，赵凤兰. 特殊儿童早期训练与指导[M]. 上海：复旦大学出版社，2013.

（三）看话训练

看话，又叫看口、唇读、读话、视话，是听力残疾人获得言语信息的特殊方式，即利用人说话的口腔运动等视觉信息，获得声音信息特殊交流方式，包括视觉训练、视觉记忆训练、语音和语词训练、会话技能训练等。

第十一章　肢体残疾人社会工作

第一节　肢体残疾概述

一、肢体残疾定义

（一）定义

肢体残疾是指人体运动系统的结构、功能损伤造成四肢残缺或四肢、躯干麻痹（瘫痪）、畸形等而致人体运动功能不同程度的丧失以及活动受限或参与的局限[①]。

按照残疾人分类分级的标准，我国按照障碍发生部位，将肢体残疾分为三种情形，即上肢或下肢因外伤、病变而截肢或先天性残缺，因外伤、病变或发育异常所致畸形或功能障碍；脊椎因外伤、病变或发育异常所致的畸形或功能障碍；中枢、周围神经因外伤、病变或发育异常造成躯干或四肢的功能障碍[②]。这一分类标准在办理二代残疾人证的工作中，得到严格的执行与落实。

因而，从肢体残疾发生的生理机制与部位而言，有上下肢、脊椎和中枢、周围神经等部位差异；从残疾结果而言，肢体残疾有先天性残缺、截肢、畸形、功能障碍四种情形；从导致原因看，有发育异常、病变和外伤等。

[①] 许巧仙，谢净. 残疾人专职委员培训教程[M]. 南京：南京师范大学出版社，2014.
[②] 第二次全国残疾人抽样调查办公室，北京大学人口研究所. 第二次全国残疾人抽样调查数据分析报告[M]. 北京：华夏出版社，2008.

（二）肢体残疾的原因

能够导致肢体残疾出现的原因有很多，有的来自人体内部发育，有的来自外部伤害。

1. 三瘫一截（表11-1）。三瘫即脑瘫、偏瘫和截瘫，一截即截肢。其中，脑瘫是脑性瘫痪的简称，是儿童自受孕开始至婴儿期间，非进行性的脑损伤或发育缺陷所导致的综合征[①]，可具体表现为四肢瘫、三肢瘫、二肢瘫、单肢瘫和偏瘫等，导致运动障碍或姿势异常。偏瘫又称半身不遂，多见于脑血管病、炎症、肿瘤等引起的神经系统功能异常，导致一侧上、下肢体瘫痪，常伴有同侧中枢性面瘫和舌瘫、失语。

表11-1　常见肢体残疾原因

偏瘫		脑血管损伤，中毒，肿瘤，病毒与细菌感染
脑瘫	妊娠期	宫内感染，自身疾病，用药不当，中毒或有毒环境影响，遗传
	围产期	难产，早产，新生儿窒息
	婴儿期	新生儿核黄疸，感染，外伤，高热
截瘫	外伤性脊髓损伤	战争，自然灾害，交通事故，矿难，坠落，运动，暴力冲突
	非外伤性脊髓损伤	肿瘤，结核，畸形
截肢		严重外伤，动脉闭塞性疾病，肢体严重感染，肢体肿瘤，肢体严重畸形和发育异常

2. 脊髓灰质炎后遗症，即小儿麻痹后遗症，是一种感染脊髓灰质炎病毒所导致的脊髓灰质炎的后遗症，出现肢体不对称性弛缓性瘫痪，一般会影响下肢运动功能[②]。

3. 脊髓疾病。意外伤害和非外伤性脊髓损伤，会导致肢瘫、截瘫。战争、自然灾害、交通事故、矿难、坠落、运动及暴力冲突等，都可能造成脊髓结构与功能损害；而人体内部的肿瘤、结核或发育畸形，则会造成脊髓结构与功能损害异常，从而产生非外伤性脊髓损伤[③]。

4. 遗传。以染色体异常与基因病为主的遗传因素，会导致儿童在出生

---

① 张春涛，王晓震，刘振寰. 脑瘫儿童运动康复治疗经验浅谈[J]. 中国伤残医学，2012.

②③ 李波. 高校适应性体育[M]. 南京：南京大学出版社，2015.

前或出生后出现较为严重的遗传病，导致机体结构畸形和功能障碍。这种遗传疾病一般都具有明显的家族性和终身性，比如成骨不全、进行性肌营养不良、裂手裂足、重症肌无力和脊柱裂等。

5．地方性。有的地区因为饮用水含氟量较高，会导致当地人出现大骨关节病，从而影响运动功能，导致肢体残疾。

总之，能够影响运动功能甚至导致肢体残疾的原因很多。有研究发现，我国造成肢体残疾的前十位原因依次为脑血管病、骨关节病、小儿麻痹后遗症、工伤、交通事故、发育畸形、脑性瘫痪、脊髓疾病、感染和地方病、发育畸形和先天性发育障碍，其中发育畸形和先天性发育障碍是0—14岁儿童最主要的致残原因[1]。

二、肢体残疾的类别与分级标准

我国肢体残疾的分类与分级标准，以未加康复措施情况下的运动功能障碍为主，并综合考虑运动系统残疾数量、致残部位高低。而运动功能障碍程度则以独立完成八项日常生活行动的能力为判断基础，即端坐、站立、行走、穿衣、洗漱、进餐、大小便和写字[2]。这八项活动能够独立实现的计1分，有困难的计0.5分，不能实现的计0分（表11–2）。

表11–2　肢体残疾人日常生活行动能力评估标准

级别	实现日常生活行动能力	二代残疾证计分方法	其他计分
一级	完全不能实现日常生活活动	0—4分（重度）	0—2分/0—4.5分
二级	基本不能实现日常生活活动		3—4分/5—8.5分
三级	能够部分实现日常生活活动	4.5—6	5—6分/9—12.5分
四级	基本能够实现日常生活活动	6.5—7.5	7—8分/13—16分

不同级别肢体残疾的表现，下面介绍的是办理肢体残疾人证的标准[3]，了解这些表现与特征，对于社会工作者开展工作，可以提供一些参考。

---

① 朱楠，黄汉平．特殊儿童发展与学习[M]．武汉：武汉大学出版社，2016．
② 鲍勇，孙晓明，武桂英．社区卫生服务与管理手册[M]．上海：上海医科大学出版社，2000．
③ 郭学军．康复医学[M]．郑州：郑州大学出版社，2008．

（一）一级肢体残疾（重度）

一级肢体残疾人完全不能独立完成日常生活活动（0—4分）。具体表现有四肢瘫或严重的三肢瘫；截瘫、双腿关节无主动活动能力；严重偏瘫，一侧肢体功能全部丧失；四肢均截肢或先天性缺肢；三肢截肢或缺肢（腕关节和踝关节以上）；双大腿或双上臂截肢或缺肢；双上肢或三肢功能严重障碍。

根据肢体残疾人上述功能丧失程度，社会工作者需要认识身体部位，把握标准中的丧失、缺失和障碍程度，对肢体残疾人生活能力八项指标进行科学评判。即使有的肢体残疾未加康复训练，而且按照生理机制确实情况应该属于二级，但根据生活能力评价可能达到的是一级，因此应该以未进行康复情况下的生活能力评价为准。总之，肢体残疾人分级标准的执行有时会受年龄、性别、身体素质等方面影响。

（二）二级肢体残疾（中度）

二级肢体残疾人基本不能独立完成日常生活活动（4.5—6分）。具体表现有截瘫、二肢瘫或偏瘫，残肢有一定功能；双下肢膝关节以下或双上肢肘关节以下截肢或缺肢；一上肢肘关节以上或一下肢膝关节以上截肢或缺肢；双手拇指伴有食指（或中指）缺损；一肢功能严重障碍，两肢功能重度障碍，三肢功能中度障碍。

（三）三级肢体残疾（轻度）

三级肢体残疾人能部分独立实现日常生活活动（6.5—7.5分）。具体表现有一上肢肘关节以下或一下肢膝关节以下截肢或缺肢；一肢功能中度障碍，二肢功能轻度障碍；脊柱强直；驼背畸形大于70度；脊柱侧凸大于45度；双下肢不等长大于5cm；单侧拇指伴食指（或中指）缺损；单侧保留拇指，其余四指截除或缺损；侏儒症（成人身高不超过130厘米）。

（四）四级肢体残疾（轻度）

四级肢体残疾人基本上能独立实现日常生活活动（7分以上），具体表现有单小腿缺失；双下肢不等长，差距在5厘米以上（含5厘米）；脊柱强（僵）直；脊柱畸形，驼背畸形大于70度或侧凸大于45度；单手拇指以外其他四指全缺失；单侧拇指全缺失；单足跗跖关节以上缺失；双足趾完全缺失或失去功能；一肢功能中度障碍，两肢功能轻度障碍；类似上述的其他肢体功能障碍。

在日常生活中，有些人的四肢等身体部位有缺失或畸形，在一定程度上影响了外部形象，甚至影响到相关功能的正常发挥。比如有的人受伤后，失去了三个手指但保留有拇指和食指，或者失去了脚掌但脚跟正常；也有人的双腿不一样长但差距很小，不足5厘米；也有的人虽然驼背但不严重，角度小于75度，或者脊椎有侧凸但小于45度。这些情况在常人看来应该属于肢体残疾，但由于这些缺失或畸形对日常生活影响非常小甚至基本没有影响，所以按照我国肢体残疾人的定义与分级标准，实际上并不属于肢体残疾范围。

三、肢体残疾评定

残疾等级的评量是一件政策性很强的工作，体现出一个国家和社会的文明程度，需要公民自愿申请，且任何年龄的公民个人均可提出申请，由医疗机构及残联做出认定。但一般建议在接受医疗干预或治疗后才申请认定。开展评定工作应时刻体现社会对残疾人的尊重与人文关怀，在遇到涉及政策、医学等领域的疑问时，工作人员应耐心向申请者解释。比如，肢体残疾人级别评定是对其独立实现日常生活能力进行评价，与伤残本身发生的部位、严重程度等有关系，但并不完全等同。有些具体伤残项目或表述与相应等级直接对应，就会比较容易确定残疾级别，如前臂缺失为三级；但很多具体伤残表现在标准中并无直接对应的项目与描述，这时就要按照独立生活能力判定，需要评定申请人接受端坐、站立、行走、穿衣、洗漱、进餐、大小便、写字八个方面的生活能力评估，其结果往往与申请人和社会公众的理解不一致，需要向申请者认真解释。

工作人员或社会工作者在填写评残表时，应严肃认真。首先，申请人的住址与联系方式务必要填写清晰、详细、真实，以便将来工作人员在需要时能直接联系到申请人。其次，残疾等级与致残原因应分别明确打钩标出，残疾等级细项应以阿拉伯数字楷体写明。再次，评定意见应具体描述申请人的肢体缺失、功能障碍具体表现，如关节活动范围，肌力、肌张力大小等。最后，在进行多重残疾的评判时，应该先进行肢残评定，然后在备注栏填写申请人为多重残疾，需进一步评判。

肢体残疾级别评定，与工伤鉴定、刑事案件伤害程度的确定也不完全等同。所以，一些肢体结构存在缺陷或在工伤鉴定、道路交通事故、刑事案件中被认定为伤残的人员，不一定符合发放残疾人证的标准。伤残等级评定标准是根据伤残严重程度判定等级，分为十级，评定并无统一标准，不同对象、不同事由导致的伤残适用不同的鉴定标准。这一现象在基层工作中经常遇到且容易被误解，甚至产生矛盾。因此，社会工作者需要向肢体残疾申请人或需要进行工伤鉴定、司法鉴定的人解释标准的差异。

另外，有些地区为方便工作，将低保、拆迁补贴等政策与残疾等级简单捆绑在一起，按照残疾等级给予不同的待遇，使得一些残疾人在办理残疾人证时要求将等级定得高一些，从而产生矛盾。这也需要社会工作者、基层工作人员不仅要熟悉肢体残疾定义、鉴定标准，还要熟悉等级评定标准与工伤鉴定等标准之间的关系。

第二节　肢体残疾人身心特点

肢体残疾人不仅有残疾程度的区别，致残年龄、致残原因和残疾发生部位的差别，也会对康复需求、身心发展、个性形成、回归社会方式等产生重要影响，比如侏儒症和袖珍人在活动能力方面的限制，要比残疾等级相同的截瘫、偏瘫肢体残疾人少很多。这种不同的身体特点，使他们在家庭生活、社会活动等方面所受到的限制和影响不同，从而使得其心理既有共同点，又有不同之处，甚至出现很大差别。

一、肢体残疾的生理特点与社会工作活动

（一）完成日常生活部分活动困难

肢体残疾是人体出现四肢残缺或四肢、躯干麻痹或畸形等结构和功能

方面的损伤，丧失运动功能或活动受限。从这个意义上说，肢体残疾包括上下肢残缺、畸形或功能障碍，脊椎畸形或功能障碍，神经系统病变造成的躯干或四肢功能障碍等①。除这些问题外，肢体残疾人其他方面的生理发育阶段与顺序还是与健全人一样。如有研究对单臂残疾人调查显示，他们手的活动范围小，难以完成某些精细动作，持续性和平衡力低，单臂无法抱起较重物品，无法完成攀爬、拉、拔、拧和揉搓等动作，他们完成洗、切等活动需要符合人体工效学特点的环境设计，帮助固定受力对象，避免发生危险②，这样才能实现家庭劳作的无障碍。

研究者对贵州省安顺市177名残疾人进行生活需求调查，结果显示，明确提出家庭生活特殊需求和无障碍改造的残疾人数量并不多，实现程度更低，仅9.6%得以实现；所提出无障碍改造内容包括大门改造（6.2%）、卫生间改造（7.3%）、厨房改造（5.1%）和卧室改造（4.5%）。所以如何提高这些改造的适用性、安全性和方便性，还需基层社会工作者了解更多无障碍器具参数与实用价值，了解更多发达地区工作经验，多从残疾人使用的角度考虑，增强他们的自信心与自理动力，提高生活质量。

（二）体育活动困难

有研究认为，肢体残疾可以粗略分为上肢残疾和下肢残疾。上肢残疾一般对完成站立、行走、坐、卧等粗大动作并无影响，而对需要手臂完成的操作存在障碍，比如难以完成抓、握、勾、拿、拉、切等动作，无法完成需要双手合作的动作，同时手臂缺失会使得在运动中保持身体平衡变得更加困难，身体重心容易偏移。

而下肢残疾者会出现直立、行走或跑跳等大动作运动能力的丧失或障碍。单侧下肢残疾需要借助轮椅或假肢等才能进行正常活动；双下肢残疾者丧失了下肢运动能力，需要借助轮椅才能进行日常活动，且身体脱离轮椅存在较大困难，没有办法独自完成运动，劳作后需要放松按摩与推拿，导致解除局部疲劳、促进血液循环的活动难以完成。

---

① 第二次全国残疾人抽样调查办公室；北京大学人口研究所. 第二次全国残疾人抽样调查数据分析报告[M]. 北京：华夏出版社，2008.

② 李晗京，徐广琳. 肢体残疾人厨房用具设计研究[J]. 包装与设计，2021（5）.

对残疾人文化体育活动调查显示，18.6%的肢体残疾人表示没有适合的项目，10.7%的肢体残疾人认为没有适合的场所和设施，4%的肢体残疾人表示没有人或部门进行组织领导。因而，在配备、安装公共体育器具时，应该本着实用、易用、安全的原则，选配一些适合残疾人使用的运动器具，既能满足体育锻炼需求，又能实现社区康复训练，体现全社会的关怀。

对于室内体育健身器材而言，上肢残疾人一般考虑锻炼腿部肌肉力量的家用相关运动器材，但需要在健身器两侧安装防护栏，脚踏板安装防滑装置等。下肢残疾人的健身器具主要考虑对上半身相关部位力量与使用的锻炼，有条件的家庭推荐功能相对齐全、舒适性能好的电子科技产品。也可向相关部门提出申请，以便获得政策与经费支持。如果实在无法找到相关渠道，也可自行改造家具、日常用品，自制辅助器具等。

二、肢体残疾人心理特点及其影响

（一）心理特点

1. 婴幼儿时期

肢体残疾人除生理残疾或缺陷外，其他感知觉与正常同年龄人无明显差别。他们在感知、注意、记忆、思维等认知方面与正常婴幼儿并无明显的区别，只是在个性特征方面存在着不同于正常儿童的某些特点[①]。部分肢体残疾婴幼儿由于身体缺陷程度较为严重，生理发展可能受到影响，比如重度脑瘫患者的大脑发育不及正常儿童，感知觉发展缓慢，感受性低，反应迟钝，导致思维发展也相对迟缓，精力有限，注意力不稳定。同时缺陷也会使得他们的骨骼更软、更脆，不能经受冲击，不能承受重压；肌肉的爆发力、耐力不足，不能参与激烈的长时间的活动，只能进行单独游戏，无法获得同伴群体游戏的体验，进而影响人格、道德品质和个性发展。

---

① 任能君，李祚山. 残疾人心理健康与调适技巧[M]. 重庆：重庆大学出版社，2009.

2. 少年儿童期

肢体残疾少年儿童个性发展明显受到所处环境的限制和挫折影响[①]。这一时期，肢体残疾的少年儿童已经完全体验到自己身体带来的限制及痛苦，他们的生活和学习都不能像正常儿童一样进行，不仅日常生活、活动范围受到限制，甚至学习时间也不能保证，体育、美术、劳动等活动类课程，以及舞蹈、手工、实验等相关内容的学习，都受到极大限制，还会导致他们缺乏人际交往、合作训练，产生孤独感，影响其全面发展。上述影响还会给他们带来更多心理负担与负面情绪体验，让他们常有不安全感，敏感、焦虑，害怕给别人带来麻烦而受人冷落等。因此，他们心理上对关心自己的人充满愧疚与感恩，总想通过行动表明自己的态度，但往往以失败居多，事与愿违。他们比正常儿童面临更多的失败，较少能体验到成就感，更多的是挫败感，所以容易出现退缩与过激行为，容易将自己的消极情绪发泄到别人身上。

3. 成年期

肢体残疾人的身高、体重等身体发育指标可能落后于正常人，没有高大魁梧或曼妙多姿的身材，但他们的青春期第二性征会随着年龄的增长而出现。心理上也会产生对自主、独立的追求，也会有对美好爱情的向往，也会因社会经验欠缺而略显幼稚，更多的是不能直接参与社会活动带来的自卑与懊恼。肢体残疾青年年龄越大，心理越敏感、越脆弱，身体缺陷给他们带来的挫折感越强。

4. 中年期

肢体残疾人进入中年期以后，需要面对如何运用学到的知识和技能解决生活、工作中遇到的实际困难，需要接受、适应有障碍的生活，需要具备相应生存、生活能力，需要面对的不再是生存问题，而是如何让自己的生活更加有质量，如何解决社会问题、如何灵活处理生活中的各种困难，他们会将更多的技能展现并传授给下一代。

---

① 任能君，李祚山. 残疾人心理健康与调适技巧[M]. 重庆：重庆大学出版社，2009.

5．老年期

包括肢体残疾人在内的老年人，都会出现身体机能退化，包括记忆、感知等认知能力下降，智力减退，体能下降等。进入老年期的肢体残疾人心理上的消极情绪逐渐增多，性情也会产生变化，出现固执己见、沉默寡言等问题。丧偶、独居、离退休，以及劳动能力下降甚至丧失等，使他们逐渐远离社会生活，人际交往减少，社会角色、社会地位与影响不断改变，甚至家庭地位也大不如前，更加容易产生心理上的落差感。此外，由于担心患病会加重原有残疾，尤其是担心本来与健全人有差异的自理能力下降，行动上更加不便，产生忧虑、恐惧等心理负担。

（二）对生活产生的影响

1．来自社会的压力使他们产生自卑心理

残疾及其导致的障碍早在童年期，就给肢体残疾人留下了深深的烙印，使得他们内心不能接纳自己，怀疑人生价值，怀疑生命意义。限制了活动范围，给他们从事社会生产、生活活动带来一定的困难，会让他们感受到与他人的不同；随着年龄的增加、认知的丰富，他们与同年龄人相比较，接触外界的机会减少，与他人沟通交流机会缺乏，从而导致个性方面发生变化，如敏感、自卑等。

2．生活质量总体水平较一般人低

生活质量是指不同文化和价值体系中的个体对与他们的目标、期望、标准以及所关心的事情有关的生存状况的体验，包含认知和情感两个方面。不同的研究结果均表明，肢体残疾人的生活质量受残疾程度、地域、政策和经济发展的影响。调查显示[①]，重度肢体残疾人、一般肢体残疾人和可以骑行自行车的肢体残疾人，生活质量总分分别为86.58±9.38、115.00±20.70分、124.96±16.05分。一项针对350例肢体残疾人的调查显示，其生活质量总分为115.00±20.70分，5个领域条目均分由高到低依次为心理领域、残疾领域、环境领域、生理领域和社会关系领域。

---

① 王梓彤，马松翠，徐丽丽，等. 肢体残疾人自我效能感、照顾质量与生活质量的关系[J]. 中国康复理论与实践，2023（3）.

3. 自我效能感低

自我效能感是个体对成功达成特定领域行为目标所需能力的预期、信心或信念。残疾人自我效能感普遍较低。调查结果显示[1]，肢体残疾人的自我效能感评分为23.33 ± 5.78分，远低于健全人的表现。

4. 照顾质量

肢体残疾人照顾质量总分[2]是50.43 ± 10.56分，4个维度条目均分由高到低依次为照顾的环境、照顾的给予、照顾信息的获得和照顾的可及性，其中，就业、自我效能感和照顾质量是构成生活质量总分的重要因素。

5. 肢体残障

这些肢体残疾人不同程度地失去劳动能力，就业与家庭收入压力大，其婚恋、家庭生活因而受到影响，肢体残疾人所承受的生活压力、家庭压力、社会压力，远比健全人所承受的要高很多。

第三节　肢体残疾人社会工作的具体内容

社会工作者能够深入社区、家庭开展肢体残疾相关知识、政策的宣传与教育等，与前面其他残疾人社会工作基本相同。对于肢体残疾人而言，社会工作者工作的主要内容与重点难点是无障碍环境建设、辅助器具的配置与康复训练。

一、肢体残疾人康复工作

（一）抢救性康复与矫形手术（0—6岁）

在出生前和出生时发生意外导致的肢体残疾，在0—6岁期间，部分生理功能还没有发育成熟，有些严重后果还没有出现。家长要根据孩子日常生活中的表现，对其与其他儿童在身体发育、动作协调、肌肉力量等方面

---

①② 王梓彤，马松翠，徐丽丽，等. 肢体残疾人自我效能感、照顾质量与生活质量的关系[J]. 中国康复理论与实践，2023（3）.

的差异，及早进行检查，以便尽早发现、及时进行干预。社区、医疗机构多开展相关知识的科普宣传，普及肢体残疾的早预防、早发现、早干预知识，以帮助相关家庭减少因残疾造成的不良影响。

对于肢体残疾已成为事实的0—6岁肢体残疾儿童，需要及时寻求医疗帮助，尽早开展功能障碍评估，在医疗、康复、辅具等相关技术帮助下，最大限度发挥残余器官作用，尽量改善、恢复肢体功能；通过矫形技术能够获得改变的，尽可能实施手术；需要辅具、假肢的应尽早配置，并进行适应训练，为未来的生活和康复打下更好的基础。

0—6岁的肢体残疾儿童，需要在医疗机构和社区开展康复训练，社会和家庭应该尽全力对他们的身体进行康复训练，消除他们的行动障碍。对于不能利用的身体部位，应尽早引导其学会有效利用正常肢体部位，比如手臂残疾的孩子，应更多地学会用脚和腿来代替上肢的运动，许多手部残疾的孩子学会了用脚写字，甚至还能在书法上有所造诣，这都是社会、家庭和孩子共同努力康复的结果。

（二）学龄儿童少年的教育康复（7—15岁）

学龄期的肢体残疾儿童少年需要在家庭生活和学校教育方面得到服务与帮助。作者曾对177名肢体残疾人进行调查，发现他们的文化水平总体偏低，177人中有59人从未上过学，有70人仅读过小学，60人完成了初中学业，仅有4人学历为大学专科以上，可见肢体残疾人的教育年限非常低，文化水平普遍不高。因而，需要大力发展肢体残疾人教育，家庭、社会和学校都应该为他们接受教育提供便利，如为帮助肢体残疾学生适应学校生活，学校应该调整教室楼层、座位，在厕所、走廊、楼梯等处安装无障碍扶手，组织同班学生开展志愿活动，做肢残学生的同行小伙伴、学习小伙伴，同时结合儿童实际需要，开展相关康复训练、体能训练等；对不能到校上课的重度肢体残疾学生，当地教育主管部门应该安排学校就近开展送教上门，或安排特殊教育学校、社会志愿者组织等，提供送教上门服务；对有能力接送的家庭，对其父母进行宣传、教育，帮助改变思想观念，使他们认识到接受教育是孩子提高生活质量的重要渠道。通过系统教育，可以帮助孩子获得更多知识和生活技能，可以为孩子打开学习与生活的新大门，为成年以后的成家、就业做好准备。

（三）成年肢体残疾人生活困境

社会工作者应与各街道、村镇舆情监测信息员、残疾人信息员联系，及时了解残疾人在生活保障、就学就业、医疗康复、辅具配发、交通出行、住房保障、法律服务和无障碍环境等各个方面出现的各种各样的困难与问题，采取微信群、QQ群、电话、入户等线上线下各种渠道、多种方式，及时收集、分类、汇总相关信息，实事求是做好基础数据工作，及时与残联、信访维权中心等部门对接，做到信息联通、精准对接，及时反馈，避免被动，从而保证渠道的针对性、有效性。

二、肢体残疾人组织及关爱项目

（一）肢体残疾人协会

1988年，中国盲人聋哑人协会与中国残疾人福利基金会合并成立中国残疾人联合会，根据中国残疾人联合会章程同时成立中国肢残人协会。2012年2月，经民政部批准，中国肢残人协会正式成为社团法人单位。

中国肢残人协会是由全国肢残人和与肢残人工作有关的社会团体、企事业单位及个人自愿结成的非营利性社会组织，是中国残疾人联合会的专门协会。接受业务主管单位中国残联的业务领导，接受社团登记机关民政部的监督管理。宗旨是弘扬人道主义思想，发展残疾人事业。代表肢残人共同利益，反映肢残人特殊需求，为肢残人服务，维护肢残人合法权益，促进肢残人平等、充分参与社会生活，共享社会物质文化成果。

（二）部分肢体残疾人关爱项目①

1. *希望之家*

希望之家是中国肢残人协会下属的慈善公益组织，成立于2014年。该组织主要针对脊髓损伤患者普遍缺乏基本康复知识、受伤后难以自强自立的情况，对他们实施生活重建、心理调适、职业训练、融入社会等康复训

---

① 注：以下项目案例来自网络。

练，以生活重建和最终融入社会为核心，帮助他们回归社会，是脊髓损伤者从医院回归家庭和社会的中转站。希望之家开展的活动有：

生活重建训练营。以培训生活能力为主，不是一对一医疗康复训练，安排包括体能训练、二便训练、脊髓损伤康复知识、无障碍知识、轮椅操控、生活自理训练、独立出行训练、心理能量训练、职业重建训练等。

同侪服务。由经过培训且有经验的脊髓损伤伤友担任同侪训练员，对新进伤友进行指导，以"过来人"身份向"菜鸟"们传递经验，陪伴、协助、激励伤友学员克服生活重建过程中的种种困难及心理状况，因为有着共同命运，同侪服务使老师和学员之间可以快速相互信任，学员们很容易获得生活重建与回归社会的信心。

伤友生活重建带头人培训。中国肢残人协会组织的全国残联系统康复专业人才实名制培训工作，旨在为各地希望之家提供专业技术人才，围绕心理疏导、生活能力、社会适应能力、轮椅技巧、出行能力等进行理论知识和实操的培训。

2. 站立计划

中国肢残人协会于2014年8月启动"站立计划"，该计划旨在帮助贫困地区肢残群体实现站立行走的梦想，通过这一项目，患者可实现站立行走、读书、就业、脱贫的梦想，过上正常人的生活，命运被彻底改变。该项目先后于2014年、2015年和2021年获中央财政项目资助，累计获中央财政资金280万元，带动社会资金560万元，累计救助患者450名。

"站立计划公益救助活动——均瑶公益"是中国肢残人协会主抓的重点公益项目之一。2019年4月25日，由中国残联、中国光彩事业基金会支持，中国残疾人福利基金会、中国肢残人协会主办，上海均瑶（集团）有限公司赞助。

"站立计划"案例阅读：

河北保定的郝××，是一位因意外导致双目失明和股骨头坏死的患者，曾一度瘫痪在床，生活无法自理，现实击碎了他生活下去的勇气。他数次轻生，所幸被家人及时发现。2015年5月，他的家人无意间从央视《新闻直播间》看到"站立计划"在北京启动的消息，便通过保定市残联辗转联系上北京年轮中医骨科医院，最终，郝××得到救治，现在他已能独立行走。

贵州遵义的9岁女孩苏苏（化名）先后两次得到"站立计划"的救助。2018年做了两只脚的足内翻矫正手术，2021年给右手做了先天性多关节挛缩症的矫正手术。

"明年苏苏就可以上学了。如果没有'站立计划'，我家是拿不出20多万元手术费的，即便筹到了钱，也会错过最佳的治疗时间。"苏苏妈妈流下感激的眼泪。

"专家团会为每一位患者制订个性化治疗方案，从术前讨论、术中技术安全、术后护理到康复出院，每个环节都要经过反复论证，确保手术效果。"北京年轮中医骨科医院院长苏伯固介绍。

"站立计划"实现了帮助困难患者祛病、拔穷根，防止家庭因病致贫、因病返贫。中央财政资金的注入，让项目有了更深层次的意义。这个意义是什么？中国肢协主席王建军给出答案，他说，"站立计划"更像一个载体、一个符号、一面党旗，将党和国家对西部地区困难群众的关心和爱传递下去。

"站立计划"项目总监田露说："由于患者地处偏远地区，生活较为困难，根本没钱治病。在筛查和治疗过程中，我们听到最多的就是'中国共产党好'。项目拉近了党中央和老少边穷地区群众之间的距离。"

据统计，"站立计划"自2014年启动至今，累计投入资金超2000万元，共救助患者1000余名，覆盖河北、内蒙古、辽宁、吉林、黑龙江、湖南、甘肃、山西、江西、云南、湖北、西藏、青海、新疆、贵州等15个省份。

3．中途之家

中途之家也译为重返社会训练所，也称社区矫正中心，起源于早期的欧洲，19世纪在英格兰得到了较大发展。1964年在美国芝加哥成立了国际中途之家协会。中途之家是提高环境适应能力的一种过渡性住宿式社区矫正机构，可以是政府主办也可以是私人主办。

中国残疾人联合会中途之家是为全国残疾人提供适宜康复服务的场所，中国残联主席张海迪提倡发挥有经验伤友的作用，让伤友主动开展自助与互助，提高残疾人生活质量，让更多伤友从病床回归社会的"家"。在"中途之家"里，伤友们不仅可以参与康复训练，得到有效的康复指导，比起身体上的康复，更多的作用体现在精神上的康复。

中途之家将更多地组织伤友参加各项丰富的活动，通过伤友之间的交流沟通，重拾积极、乐观的生活态度，以期达到全面康复的目的，真正做到"中途之家，伤友的第二家园"。"中途之家"也是为颈椎、胸椎、腰椎等部位受损伤人员提供医疗康复、训练、咨询和伤友沟通交流的平台和场所。但"中途之家"并未在全国广泛建设。

三、肢体残疾人基本公共服务

2018年6月，国务院为全面贯彻落实党的十九大关于"发展残疾人事业，加强残疾康复服务"的重要部署，改善残疾儿童康复状况，促进残疾儿童全面发展，减轻残疾儿童家庭负担，完善社会保障体系，根据《残疾预防和残疾人康复条例》，提出建立残疾儿童康复救助制度。

贵州省残疾人救助工作情况：

2022年，中国残联出台《关于支持贵州残疾人事业在新时代西部大开发上闯新路的实施意见》，贵州省印发《贵州省残疾预防行动计划（2022—2025年）》《贵州省"十四五"残疾人康复服务实施方案》《基层残疾人托养服务规范》等文件。2022年，贵州省康复服务率达到96.19%，将0—6岁残疾儿童康复救助标准普遍提高到18 320元/年，救助残疾儿童康复8 942人，持续健全康复定点服务426家，共签约家庭医生89.76万名。

1. 救助对象

救助对象为符合条件的0—6岁视力、听力、言语、肢体、智力等残疾儿童和孤独症儿童。包括城乡最低生活保障家庭、建档立卡贫困户家庭的残疾儿童和儿童福利机构收留抚养的残疾儿童；残疾孤儿、纳入特困人员供养范围的残疾儿童；其他经济困难家庭的残疾儿童。其他经济困难家庭的具体认定办法，由县级以上地方人民政府制定，其工作流程有申请、审核、救助和结算四个步骤。

2. 康复救助定点机构信息

2023年5月，贵州省残联康复部发布对孤独症儿童、视力残疾儿童、听力言语残疾儿童、肢体残疾儿童和智力残疾儿童的定点康复机构，其中，对肢体残疾儿童康复救助定点服务机构信息表中共列出154家。社会工作者可根据公开发布的各市、县定点机构信息，对残疾家庭提供咨询服务。

3. 两项补贴

2022年6月，贵州省明确调整残疾人两项补贴，持续发挥残疾人两项补贴制度的重要兜底作用。出台了《贵州省残疾人两项补贴标准调整工作方案》（以下简称《方案》），重度残疾人护理补贴，贵州省一级、二级重度残疾人护理补贴标准分别从每人每月70元和每人每月50元，提高到每人每月90元和每人每月70元，增幅分别为28%和40%，新标准从2022年7月1日起执行。

将最低生活保障家庭中的残疾人列为生活补贴对象，将残疾等级为一、二级的重度残疾人列为护理补贴对象。

由残疾人向户籍所在街道办事处或乡镇政府受理窗口提交书面申请。

残疾人的法定监护人，法定赡养、抚养和扶养义务人，所在村民（居民）委员会或其他委托人，也可以代理申请事宜。

4. 各类托养育机构

贵州省积极推动各类托养服务机构健康发展，多形式开展托养服务，全省共有各类托养服务机构237家，其中开展日间照料83家，居家上门服务179家。

5. 教育补助

对856名残疾大学新生进行补助，全省31所特殊教育学校开展送教上门工作。支持贵州特教中职校350万元，加快贵州特教中职校设施改造和设备完善。高校残疾人毕业生就业率达到86.6%，新增就业残疾人达1.52万人，征收残保金11.67亿元。成功举办全省第七届残疾人职业技能大赛。

四、无障碍环境建设

对于肢体残疾人而言，为他们解决出行困难是无障碍环境建设最大的意义和价值。随着我国在无障碍环境建设方面相关法律法规和规章制度的逐步完善，以及文明城市创建工作的推进，各地政府逐渐开始认识到无障碍环境建设的重要意义。城市新建小区、大型综合体及政务服务部门，均基本实现出行无障碍。

在广大乡镇农村，以及在城市的老旧小区等，依然存在很多需要改进的地方。有学者经过调查发现，很多地区存在社区无障碍设施建设不完善、使用率低、公众意识弱等问题①。而公众意识不强，政策法规及标准体系不完善，设施质量不高，分布不合理，普及率不高，缺乏对设施设备的养护等问题在全国各地普遍存在②。

（一）无障碍环境建设主要问题与困难

1. 各地缺乏落实的具体政策与制度。全国已经制定颁布相关地方性法规，制定本地实施方案的省、市、区已经有很多③。但也还有部分地区没有具体的实施方案。因而在城市建设的设计、施工及管理工作中缺乏依据，政府部门开展管理工作的强制性不足。出现施工不规范、处罚无依据、现有设施损毁严重等问题。

2. 社会公众缺乏正确认识。全体社会公众对无障碍环境建设的重大意义，普遍缺乏认识，不具备相关知识，很多人甚至没有听说过无障碍环境建设，甚至存在误解，比如有人抱怨盲道让路面不平整、易于摔倒，无障碍电梯和坡道占用了经商、营业的空间，属于资源浪费。

3. 无障碍设施建设落后于社会发展需求。在很多地区，无障碍设施的建设只是面子工程，或者是可有可无的点缀，实际价值不大甚至成为摆设。比如有些银行、商场等出入口的坡道坡度太大，没有回转空间，肢体残疾人的轮椅实际很难使用；大量临街商铺入口没有坡道、通道狭窄；有些公共场所的电梯闲置不开，甚至不提供无障碍电梯；很多山区城市或小城镇没有非机动车道，肢体残疾人的轮椅要么在机动车辆中穿行，要么只能使用人行道，但又面临人行道路牙高、不平整、无坡道等问题；而盲道断头、不连

---

① 王宇，王建忠，李佳，等. 山东省公共场所无障碍设施调查体验研究[J]. 残疾人研究. 2018，3.

② 勾柏频. 旅游城市无障碍环境建设现状与对策无障[J]. 漫旅. 2023，14：25-27.

③ 张高华. 安徽省无障碍环境建设立法研究[J]. 安徽建筑，2019（11）.

贯，经常被窨井盖、树木隔断，或被迫转弯等各种现象也屡见不鲜。

4. 养护严重缺位。很多城市存在重建设、轻养护现象，导致无障碍环境设施设备缺乏管理与维护，设施老化、松动或损毁现象较多，盲道地砖松动、"眨眼"情况极为常见，交通信号灯声音提示时有时无，甚至直接被断电，存在很多安全隐患。

（二）家庭无障碍改造

无论是坡道、缘石坡道，还是无障碍垂直电梯、升降台等，以及低位装置、厕所的无障碍蹲位，都是帮助肢体残疾人实现独立生活的，这些都属于公共建筑或设施。在肢体残疾人自己居住的房子里，也可以进行无障碍相关建设，社会工作者可根据肢体残疾人在端坐、站立、行走、穿衣、洗漱、进餐、大小便、写字等方面的受限情况，为其提出家庭无障碍改造建议，提高他们自我照顾、居家生活和学习技能的各种能力。

由于厨房、厕所在家庭生活中的特殊意义，厨房、厕所无障碍对保障肢体残疾人的正常生活尤为重要。一般情况下，单臂残疾的人在独自完成清洗、备餐、烹饪、收纳和储藏等工作方面是非常困难的，他们在一日三餐所花费的时间要比普通人更多。所以，能够独立完成洗漱、大小便等，是肢体残疾人生活自理能力的重要体现，没有实现干湿分开的卫生间普遍存在地面较滑、空间狭窄、物品杂乱等问题，更加容易给肢体残疾人生活自理带来困难。

随着《中华人民共和国无障碍环境建设法》的颁布实施，我国在肢体残疾人行动、交流和信息利用等方面的无障碍建设工作，一定会迎来更大的发展。

（三）辅助性器具

肢体残疾人常用辅助性器具主要包括日常生活器具、轮椅、假肢、康复用品等，涉及肢体残疾人日常生活的起居、洗漱、进食、行动、如厕、家务等各层面，也是在医疗康复、教育康复、职业康复和社会康复领域里起重要作用的工具。

结合肢体残疾个人需求及家庭、社区实际情况，社会工作者可依托残联阳光平台帮助他们申请辅助器械，也可利用资源链接，争取社会爱心人士的帮助。例如，可以为脑瘫患者提供生活与康复需要的辅助器具包括：站立架、平行杠、梯形垫、巴氏球、滚筒、爬行架、梯背椅、坡形阶梯、组合垫，以及减重步行训练器、上肢下肢训练器、手指训练器、多功能重量训练器、系列沙袋，对于儿童而言，还可以提供电动站立床、股肌训练器、组合训练车等[1]。

社会工作者应尽可能了解各种辅助器具的特征与性能，以便有针对性地帮助肢体残疾人选择，指导使用。例如轮椅的选择，轮椅的选择并不是花钱买来用这么一个简单的事情，而是需要分析个人行动特点、区分型号与性能、结合使用条件等，综合分析购置的过程。就轮椅的种类而言，仅电动轮椅按照驱动轮位置分类，就有后轮驱动型、中轮驱动型和前轮驱动型三种类型。后轮驱动的轮椅体型较大，难以在狭窄空间里完成转向；中轮驱动的轮椅虽然适合在家里较狭窄的空间使用，但越障能力差；前轮驱动的轮椅更容易跨越小沟小坎儿，适合外出使用。社会工作者应针对残疾人的身体状况和常规出行路线，指导他们针对实际需要选择型号与功能最适合的轮椅。再如，轮椅按照功能又可以分为6种[2]（表11-3），分别有不同的特征与优势。

表11-3　电动轮椅功能分类

类型	功能
站立型	可帮助乘轮椅者由坐姿转变为站立姿势，可以极大程度缓解久坐的压力，促进血液循环。站起时需配合膝前挡板使用，以防止乘坐轮椅者跌落地面，建议在专业人员指导下选配使用。
座位升高型	乘坐轮椅者可升降到不同的高度。
靠背倾躺型	靠背角度可电动调节，乘坐轮椅者可随意调节靠背角度，方便减压、休息、执行护理操作。
整体倾躺型	座椅角度及尺寸参数维持不变，整个座椅系统在空间中向后倾仰，以便于乘坐轮椅者减压、休息和下坡时的姿势维持。
他人驱动型	在座椅靠背后侧增加控制器的电动轮椅，方便护理人员操控轮椅。
多功能型	可根据乘坐轮椅者的不同需求进行调节，可加装多信号源的人机交互系统，适合于重度肢体功能障碍者使用。

---

① 罗椅民，王红歌. 辅助器具适配评估[M]. 北京：中国大地出版社，2010.
② 蒋建荣. 特殊教育的辅具与康复[M]. 北京：北京大学出版社，2012.

五、肢体残疾人创业与就业

在各类残疾人中，肢体残疾对劳动能力的影响最为直观，肢体残疾人的就业状况也最为复杂。社会工作者需要在了解并关注肢体残疾人身心健康成长的同时，结合实际辅助其创业、就业，尽量提高收入、提高生活质量。肢体残疾人从青少年期开始，就需要进行职业教育和职业培训，学习职业技能、提高职业素养，为就业、创业打下基础。

（一）提高残疾人自信心

肢体残疾人一般都是和父母、家人生活在一起，父母、家人作为主要照顾者能够满足其基本生活需求、安全需求和来自亲情的爱与归属感，但难以满足肢体残疾人的社交和人际交往需求。因而，社会工作者帮助他们积极融入社会，享受社区资源，建立融洽的社会关系，对肢体残疾人心理健康和幸福感的产生具有重要意义。社会工作者要鼓励残疾人走出家庭、走进社会，要给予他们更多的自信心和机会，让他们参与社会活动，而不是养成过分依赖家庭的不良习惯，尽可能避免出现"老养残"现象及由此带来的羞愧、内疚等心理。同时，社会工作者也需要做肢体残疾人家人的工作，引导他们要为肢体残疾人的全面发展创造条件。

就业不仅关系到肢体残疾人个人生活能力，还能帮助肢体残疾人实现经济独立，并逐渐形成独立的人格，从而可以建立真正属于自己的家庭、婚姻。为了帮助肢体残疾人树立自信心、实现自身价值，社会工作者可以开展以下活动：

1. 开展社区活动，帮助残疾朋友走出家庭。社会工作者可以借助社区资源，开展一些社区活动，帮助肢体残疾人走出家庭、走出封闭环境，在与社区的人、机构接触中，获得来自社会的关爱，并为社区贡献自己的才智，从而提高自信、增强自我效能感。比如通过组织肢体残疾人能够参与的活动，体现他们的社会价值，树立肢体残疾人自信，克服自卑感，增强自我意识、独立能力。

2. 科学认识自己，充分接纳自己。每个人都有自己的长处和不足，正常人是这样，残疾人也一样。社会工作者可以设计一些活动，引导肢体残疾人通过各种方式，认识自己的优势和长处，也正确分析自己的不足和问题，就能树立正确的人生观，较完整、准确地进行自我评价，并在生活中做到扬长避短，化劣势为优势，战胜自卑。

（二）开展政策宣传

就业是肢体残疾人获得自尊和自我实现的重要途径。我国为了鼓励残疾人就业、创业，改善残疾人生活状况，制定出台了很多政策鼓励政府部门、企事业单位和各类商业机构招收残疾员工，并对没有招收残疾员工的单位进行处罚。同时，还制定了很多残疾人就业、创业优惠政策，比如简化手续、提供小额贷款、减免税收等。社会工作者可以多渠道了解社会就业市场，登记社区内各类企业、单位用人需求，并积极宣传残疾人就业政策。比如以下六种税是可以享受优惠政策。第一种，营业税，残疾人利用自己的技能为社会提供的劳务免征营业税。第二种，城市维护建设税，城市维护建设税是随同增值税、消费税、营业税附征的，如果免征增值税、消费税和营业税，同时也免征城市维护建设税。第三种，企业所得税，对社会福利工厂和街道社会福利生产单位，安置残疾人数达35%以上的免征收企业所得税，10%—35%减半征收。第四种，个人所得税，经省、自治区、直辖市人民政府批准，残疾人可以减征个人所得税。第五种，城镇土地使用税，民政部门用于安置残疾人的福利工厂，免征城镇土地使用税。第六种，车船使用税，残疾人专用车辆免征车船使用税。

（三）指导肢体残疾人职业规划

社会工作者要结合肢体残疾人个人条件和家庭情况，指导他们做好职业发展规划，鼓励他们增强职业信念，努力学习职业知识和技能，提升就业素养和技能，报考相关职业资格。同时，还要鼓励他们自强自立，创造属于自己的生活、做自己能做的事情，通过对家庭和社会作出贡献，提升自身价值。

（四）职业与技能培训

社会工作者可以通过残联、民政等主管部门，与相关企业、单位保持联系，组织各类职业技能培训、入职培训，并进行岗位备案，以帮助肢体残疾人第一时间获得培训机会，第一时间获得就业信息，第一时间前去应聘。

六、肢体残疾人养老

步入老年阶段的肢体残疾人，最重要的社会支持就是养老。此时的肢体残疾人已经基本适应残疾及其障碍，而老龄带来的腰、背、腿疼痛发生率更高，血压、血脂、血糖指数升高带来的心脑血管基础疾病多发，比肢体健全的老年人有更多、更复杂的需求。

面对肢体残疾的老年人，社会工作者的主要工作集中在身体健康和生活照料方面。社会工作者可以向其家人及其他亲人宣传社会保障政策，鼓励他们购买或申请政府兜底照顾服务，减轻照顾者的经济、心理压力。社会工作者还可以协助他们申请并进行家庭无障碍环境改造，为肢体残疾的老年人家庭活动提供安全保障。还可以有针对性地开展适合于老年人、肢体残疾人的体育活动、文娱活动，丰富老年人生活。

七、与肢体残疾人交往应注意的其他事项

社会工作者只有与肢体残疾人建立正常、有效的交往，才能更好地为其提供服务。即使社会工作者的专业知识稍有欠缺，甚至交流与沟通能力不强，只要是发自内心，真诚、热情地提供服务，他们就能感受到社会工作者的真情，会逐渐接纳并变得容易沟通。在与肢体残疾人交流中，社会工作者应该注意以下事项，以避免误会和反感。

（一）不要使用带有歧视含义的词语

与肢体残疾人交流，社会工作者务必要特别注意避免使用瘸、矮、跛等与生理缺陷有关的词语。这些词语容易使肢体残疾人联想到自身残疾，甚至会联想到自己在社会所遭受的种种不公。社会工作者还要注意不刻意调整语气，以免产生误会。社会工作者可以与他们谈论、讨论日常生活的一切，可以谈论天文、地理、历史、经济、政治、文化、新闻、趣事等，以使其感受到友好与尊重。如果需要谈及残疾，则可以介绍残疾人事业发展、残疾人奋斗精神、社会与个人助残活动等。

（二）发自内心的尊重

许多肢体残疾人存在生理残缺，一些脑瘫患者甚至有怪异的表情、身体姿态，社会上很多人对此充满好奇，总是用猎奇的眼光看待他们，导致他们非常在意别人的眼光，对别人的态度也特别敏感。面对这样一群人，社会工作者首先要树立正确的残疾观，真正接纳并理解他们，发自内心地尊重他们。在交往过程中不要过多注视其残缺或畸形部位，不要出现蔑视、嘲弄的语气与语句，以免被误会在模仿他们，产生误会。

（三）不要过分提供帮助

肢体残疾人在生活中虽然存在很多障碍，但经过长期的适应与训练，基本建立起了独特的活动与生活方式，甚至可以自如面对、自行处理日常生活中的大部分问题。因此，社会工作者不要"强行"或者"过分热情"提供帮助。比如，长期使用双拐的肢体残疾人，基本能够自如行动，别人意外用力去扶、拉，反而会使他们失去平衡甚至跌倒，出现"帮倒忙"的尴尬。再如，失去双臂的残疾人，一般都会练就使用脚代替手的独特方法。社会工作者可以询问他们需要什么帮助，或者先询问可以为其做什么，除非他们提出具体的求助，否则不要直接代替他，过度帮助会挫伤他们的自尊。

（四）注意特殊礼节

社会工作者有必要学习一些特殊礼节，以便在与肢体残疾人交往时言行得体，避免尴尬。比如，在与肢体残疾人见面或一起就餐时，如果对方起身不便，可以省去起身、握手，也可以坐着敬酒、行礼，如果一定要起身反而失礼。再比如，与使用轮椅的肢体残疾人长时间交谈时，最好采取坐姿，以保持与其相同的高度。

（五）学习使用特殊沟通方式

有些肢体残疾人受神经系统病变影响，可能会有语言交流困难，所以社会工作者有必要学习一些特殊的沟通方式。比如，很多脑瘫或偏瘫患者会伴有不同程度的发音困难，与他们交流时可以利用信息交流增强系统，帮助他们将需求或思想传达给别人，常见的增强系统有图文表达、扫认、编码等。

图文表达是残疾人使用印有图或字、字母的交流板、手册、图片等进行表示。有些脑瘫患者不能用手指点，可以用牙咬住小棍指点，或用眼睛注视并使用点头、摇头以完成交流。但这种方式不能处理较为复杂的信息。扫认是残疾人用预先商定好的信号作答，如点头或握拳表示同意，摇头或伸开手掌表示不同意。编码是约定表达规则与程序，以增强理解。

第十二章 孤独症的社会工作

第一节 孤独症定义与身心发展特点

一、相关概念界定

（一）孤独症与自闭症

因地区差异，孤独症的称谓一直存在分歧。有的地区或人群倾向于使用"孤独症"，也有很多地区与人群更偏爱"自闭症"这一用法。有学者建议统一使用英文音译"坎纳症"。虽然称谓不一致，但所指对象与症状并没有本质区别。我国大陆医学界和特教界使用"孤独症""孤独谱系障碍""广泛性发育障碍"较多，港台地区使用"自闭症"较多；北方一般用"孤独症"，南方用"自闭症"的比较多。在日本、韩国等地区使用"自闭症"较多。中国残疾人联合会2022年在《关于在宣传报道中规范残疾人及残疾人工作有关称谓的通知》（残联宣文〔2022〕12号）中，明确要求全国统一使用"孤独症"。

（二）广泛性发育障碍

广泛性发育障碍（Pervasive Developmental Disorder，PDD），或译为"全面发育障碍""弥漫性发育障碍"，又称为孤独谱系障碍（Autistic Spectrum Disorder），或称孤独症症候群，包括孤独症（Autism）、不典型孤独症（Atypical Autism）、阿斯伯格综合征（Asperger Syndrome）、雷特综合征（Rett Syndrome）、童年瓦解性障碍（又称衰退性精神障碍，Disintegration Disorder）、非特异性广泛性发育障碍（NO Specific Pervasive

Developmental Disorder，PDD-NOS）[①]。广泛性发育障碍具有非常典型的表现，包括特征性的智力障碍，缺乏颜面认知能力，感知觉的特异性缺陷，兴趣狭窄，活动僵化刻板等。

孤独症是广泛性发育障碍的一种，有人简单将孤独症称为孤独谱系障碍或阿斯伯格综合征，或者使用孤独症代替广泛性发育障碍，其实都是不准确的。

（三）孤独症

1．定义

孤独症是发生于儿童早期的一种涉及感知觉、情感、语言、思维和动作与行为等多方面的发育障碍，是广泛发育障碍中最为常见和典型的一种。儿童孤独症是广泛性发育障碍中较为常见的一个亚型，是一种起病于婴幼儿时期，以社会交往、交流障碍、兴趣狭窄和行为刻板重复为主要特征的心理发育障碍性疾病，多数患儿伴有不同程度的精神发育迟滞。

到目前为止，有关孤独症的概念还只是描述性和分类性的界定，即一种发生在幼年期（3岁以前）的广泛性发育障碍，是一种由大脑、神经以及基因病变所引起的神经性行为综合征[②]。

2．孤独症特征

孤独症患者在与他人的社会沟通方面，目光不与别人对视甚至是回避对方目光；目光游离不定，看任何物体总是一晃而过；不喜欢与人亲近、不会主动找人交流，喜欢单独行动，对周围环境或事物没有反应。

孤独症患者经过训练可以与他人进行简单交流与沟通，程度严重者词汇量有限，几乎终生不语，常以动作表达需求、以不良行为表达反抗。孤独症患者经常出现的语言问题有语法混乱，使用代词混乱，会简单模仿对方言语或重复对方所说的最后几个字，会出现音调异常，如尖叫、电报语等。

孤独症患者的个人兴趣非常特别，常表现出对某一物品无端的特殊喜

---

① 杨晓玲，蔡逸周. 解密孤独症[M]. 北京：华夏出版社，2007.
② 陈秀敏. 特殊儿童早期教育研究[M]. 哈尔滨：哈尔滨地图出版社，2010.

好；而对其他物品，则基本没有明显喜好或应有的反应。

孤独症患者具有明显的行为刻板现象，不喜欢环境改变，会简单重复一些单调的动作，如拍手、挥手、转圈、反复挖鼻子等。

孤独症患者大多伴随有一定程度的智力落后现象。但也有极少的孤独症患者会表现出某一方面的特殊才能，尤其是对数字、图像或文字符号的机械记忆，对某种规律性的把握，有时远超一般人的能力。

孤独症对外界信息与刺激的感知具有很强的选择性，会对某些刺激表现出特殊的"偏爱"或"恐惧"，可能对某些声音、颜色、食物或光线等表现出强烈的、毫无道理的恐惧；也可能产生比常人更加积极的兴趣，甚至会沉迷于自我感官刺激，也会因对某食物的特殊偏爱而偏食。其肤觉、痛觉与味觉反应普遍较弱。

（四）阿斯伯格综合征

阿斯伯格综合征简称AS（Asperger Syndrome），在孤独症谱系障碍（Autism Spectrum Disorders）中，是属于一种较为轻微的障碍。

阿斯伯格综合征是指一种广泛性发育障碍的综合征，具有与孤独症同样的社会交往障碍，局限的兴趣和重复、刻板的活动方式。多见于男孩，一般到学龄期7岁左右症状才明显，主要为人际交往障碍，局限、刻板、重复的兴趣和行为方式[①]。喜欢且执着于某些事物，常会成为某些方面的"专家"；不懂得人际相处的肢体语言、暗示等，常让人觉得很"自我"。

二、孤独症与阿斯伯格综合征

孤独症、阿斯伯格综合征均是广泛性发育障碍（世界报道此类疾病至今才60多年，我国首次报道此疾病近30年），至今发病机理尚不清楚，是目前医疗、教育部门都十分关注和研究的对象。

---

① 熊絮茸. 阿斯伯格综合征儿童学习特质及学校教育策略[J]. 中小学心理健康教育，2007（6）.

表12-1　孤独症与阿斯伯格综合征在各领域上的比较

领域	孤独症	阿斯伯格综合征
社交及情绪	有障碍	有障碍
行为、兴趣及活动模式	有限、重复而刻板	有限、重复而刻板
语言发展	迟缓	在临床上没有明显的迟缓
认知发展	迟缓，大部分兼有智障问题	在临床上没有明显的迟缓，智力正常或超常

由表12-1所做的对比，可以看出孤独症和阿斯伯格综合征的症状表现具有很大的相似性。二者在社交及情绪，行为、兴趣及活动模式等方面完全一致，没有明显差别；但阿斯伯格综合征患者的语言、认知发展表现正常，孤独症患者的语言和认知发展迟缓，多数还伴有智力障碍。

伴有智力障碍的孤独症既表现出一般智力障碍者的常见特征，又在语言、行为与社会交往等方面有明显特点，且干预、训练的效果也不明显，因此有人称孤独症为"不死的癌症"。

三、孤独症的发现与诊断

孤独症一般发病较早，在儿童两岁半左右便可通过对日常行为的观察发现，社会工作者可以熟悉相关症状、表现，通过观察儿童出现的可疑行为，尽早发现以便及时进行专业诊断与训练。

（一）可疑行为观察

早发现、早干预、早矫治，能够帮助孤独症儿童尽量缩短与正常社会的差距，帮助他们早日融入社会。以下行为是常见孤独症早期表现，通过观察，如果发现儿童同时具备其中7种以上，就应该怀疑有孤独症倾向了。

1. 对声音没有反应；

2. 难以介入同龄人；

3. 拒绝接受变化；

4. 对环境冷漠；

5. 鹦鹉学舌；

6. 喜欢摆弄物品；

7. 莫名其妙地发笑；

8. 抵抗正常学习方法；

9. 奇怪的玩耍方式；

10. 动作发展不协调；

11. 对疼痛不敏感；

12. 缺乏目光对视；

13. 特别依赖某一物品；

14. 不明原因的哭闹；

15. 特别好动或不动；

16. 拒绝拥抱、亲吻；

17. 对真正的危险不惧怕；

18. 用动作表达需求。

（二）婴幼儿孤独症筛查量表

婴幼儿孤独症筛查量表用于对18个月以上的婴幼儿进行筛查，大约需要5—10分钟，主要检测项目有联合注意和假装游戏。前者包括原陈述指向和盯视监控，原陈述指向表示幼儿能够引导另一个人注意他所感兴趣的物体，盯视监控指顺着一个人注视的方向去看。

社会工作者可了解该评估具体内容（表12-2），及时提醒家长对孩子进行社交兴趣、运动发育、假想游戏、示指指向、玩具使用等方面的训练，并通过观察儿童平时的互动情况，关注其目光注视、指向性注意、搭积木等情况。

表12-2 婴幼儿孤独症筛查量表

	A：询问父母	是	否
1	您的孩子喜欢坐在你的膝盖上被摇晃、跳动吗？		
2	您的孩子对别的孩子感兴趣吗？		
3	您的孩子喜欢爬高，比如上楼梯吗？		
4	您的孩子喜欢玩"躲猫猫"游戏吗？		
5	你孩子曾经玩过"假扮"游戏吗？如假装打电话、照顾玩具娃娃或假装其他事情。		

续表

6	您的孩子曾经用过食指去指，去要某件东西吗？		
7	您的孩子曾经用过食指去指，去表明对某件东西感兴趣吗？		
8	您的孩子会恰当地玩玩具（如小汽车、积木）吗？而不是只放在嘴里、乱拨或乱摔。		
9	您的孩子曾经拿过什么东西给你（们）看吗？		
B：医生观察			
1	在诊室里，孩子与您有目光接触吗？		
	说明：孩子必须看着你的眼睛。		
2	吸引孩子的注意，然后指向房间对侧的一个有趣的玩具，说："嘿，看，那里有一个×××（玩具名）"，观察孩子的脸，孩子有没有看你所指的玩具？		
	说明：确信孩子没有看你的手，但是看你指的物品，这个项目记录为"是"。		
3	吸引孩子的注意，然后给孩子一个玩具小茶杯和茶壶，对孩子说："你能倒一杯茶吗？"观察孩子，看他有无假装倒茶、喝茶等。		
	说明：在其他一些游戏中能诱发假装的例子，这个项目记录为"是"。		
4	问孩子："灯在哪里？"或问："把灯指给我看看"，孩子会用他的食指指灯吗？		
	说明：如果孩子没有理解"电灯"这个词，重复说"玩具熊在哪里"或其他一些拿不到的物体。孩子能做到，这个项目记录为"是"。		
5	孩子会用积木搭塔吗？（如果会，多少？）（积木的数量：　　　　）		
评量	评分标准： 1. 明显高危儿童的标准：5个关键项目不能通过：包括有意向性用手指：A7和B4，眼凝视：B2，玩的意向：A5和B3。 2. 一般高危儿童的标准：5个关键项目不能通过：包括有意向性用手指：A7和B4，不满足明显高危儿童的标准。 3. 适合18个月以上，特异性尚可，阳性率相对稍低，即高危儿童被诊断的可能性大。①		

　　对于CHAT量表，后来经过改良，有M-CHAT和CHAT-23版本，感兴趣的读者可通过网络搜索找到，此处仅列举最初版本供阅读，并在社会工作活动中指导工作者进行宣传，社会工作者虽然不能从诊断上去做评量工

---

① 唐强. 临床康复学[M]. 北京：中国中医药出版社，2017.

作，但如果能及时将可怀疑症状进行宣传，提醒家长及时将婴幼儿带到指定医疗机构进行专业诊断，可做到早发现、早诊断和早干预。

（三）克氏孤独症行为量表（CABS）

克氏孤独症行为量表由克兰西编、谢清芬等人修订，共14个行为表现（表12-3）。该量表适用于2岁以上儿童，由家长或抚养人填写。

表12-3　儿童孤独症评定量表（CABS）

一、人际关系	
与年龄相当：与年龄相符的害羞、自卫及表示不同意。	1分
轻度异常：缺乏一些眼光接触，不愿意，回避，过分害羞，对检查者反应有轻度缺陷。	2分
中度异常：回避人，要使劲打扰他才能得到反应。	3分
严重异常：强烈地回避，儿童对检查者很少有反应，只有检查者强烈地干扰，才能产生反应。	4分
二、模仿（词和动作）	
与年龄相当：与年龄相符的模仿。	1分
轻度异常：大部分时间都模仿，有时激动，有时延缓。	2分
中度异常：在检查者极大的要求下有时模仿。	3分
重度异常：很少用语言或运动模仿他人。	4分
三、情感反应	
与年龄相当：与年龄、情境相适应的情感反应——愉快不愉快，以及兴趣能否通过面部表情、姿势的变化来表达。	1分
轻度异常：对不同的情感刺激有些缺乏相应的反应，情感可能受限或过分。	2分
中度异常：不适当的情感的示意，反应相当受限或过分，或往往与刺激无关。	3分
严重异常：极刻板的情感反应，对检查者坚持改变的情境很少产生适当的反应。	4分
四、躯体运用能力	
与年龄相当：与年龄相适应的利用和意识。	1分
轻度异常：躯体运用方面有点特殊——某些刻板运动、笨拙、缺乏协调性。	2分
中度异常：有中度特殊的手指或身体姿势功能失调的征象，摇动旋转，手指摆动，脚尖走。	3分

重度异常：如上述所描述的行为严重而广泛地发生。	4分
五、与非生命物体的关系	
与年龄相当：适合年龄的兴趣运用和探索。	1分
轻度异常：轻度的对东西缺乏认识或不适当地使用物体，像婴儿一样咬东西、猛敲东西，或者迷恋于物体发出的吱吱叫声或不停地开灯、关灯。	2分
中度异常：对多数物体缺乏兴趣或表现有些特别，如重复转动某件物体，反复用手指尖捏起东西，旋转轮子或对某部分着迷。	3分
严重异常：严重的对物体的不适当的兴趣、使用和探究，如上边发生的情况频繁发生，很难使儿童分心。	4分
六、对环境变化的适应	
与年龄相当：对改变产生与年龄相适应的反应。	1分
轻度异常：对环境改变产生某些反应，倾向维持某一物体活动或坚持相同的反应形式。	2分
中度异常：对环境改变出现烦躁、沮丧的征象，当干扰他时很难被吸引过来。	3分
严重异常：对改变产生严重的反应，假如坚持把环境的变化强加给他，儿童可能逃跑。	4分
七、视觉反应	
与年龄相当：适合年龄的视觉反应，与其他感觉系统是整合方式。	1分
轻度异常：有时必须提醒儿童去注意物体，有时全神贯注于"镜像"，有时回避眼光接触，有时凝视空间，有时着迷于灯光。	2分
中度异常：经常要提醒他们正在干什么，喜欢观看光亮的物体，即使强迫他，也只有很少的眼光接触，盯着看人或凝视空间。	3分
重度异常：对物体和人的广泛严重的视觉回避，着迷于使用"余光"。	4分
八、听觉反应	
与年龄相当：适合年龄的听觉反应。	1分
轻度异常：对听觉刺激或某些特殊声音缺乏一些反应，反应可能延迟，有时必须重复声音刺激，有时对大的声音敏感，或对此声音分心。	2分
中度异常：对听觉不构成反应，或必须重复数次刺激才产生反应，或对某些声音敏感（如很容易受惊，捂上耳朵等）。	3分
重度异常：对声音全面回避，对声音类型不加注意或极度敏感。	4分

续表

九、近处感觉反应	
与年龄相当：对疼痛产生适当强度的反应，正常触觉和嗅觉。	1分
轻度异常：对疼痛或轻度触碰，气味、味道等缺乏适当的反应，有时出现一些婴儿吸吮物体的表现。	2分
中度异常：对疼痛或意外伤害缺乏反应，比较集中于触觉、嗅觉、味觉。	3分
严重异常：过度地集中于触觉的探究感觉，而不是功能的作用（吸吮、舔或摩擦），完全忽视疼痛或过分地作出反应。	4分
十、焦虑反应	
与年龄相当：对情境产生与年龄相适应的反应，并且反应无延长。	1分
轻度异常：轻度焦虑反应。	2分
中度异常：中度焦虑反应。	3分
严重异常：严重的焦虑反应，可能儿童在会见的一段时间内不能坐下，或很害怕，或退缩等。	4分
十一、语言交流	
与年龄相当：适合年龄的语言。	1分
轻度异常：语言迟钝，多数语言有意义，但有一点模仿语言。	2分
中度异常：缺乏语言或有意义的语言与不适当的语言相混淆（模仿言语或莫名其妙的话）。	3分
严重异常：严重的不正常言语，实质上缺乏可理解的语言或运用特殊的离奇语言。	4分
十二、非语言交流	
与年龄相当：与年龄相符的非语言性交流。	1分
轻度异常：非语言交流迟钝，交往仅为简单的或含糊的反应，如指出或去取他想要的东西。	2分
中度异常：缺乏非语言交往，儿童不会利用或对非语言的交往作出反应。	3分
严重异常：特别古怪的和不可理解的非语言的交往。	4分
十三、活动很大	
与年龄相当：正常活动水平，不多动亦不少动。	1分
轻度异常：轻度不安静或有轻度活动缓慢，但一般可控制。	2分

续表

中度异常：活动相当多，并且控制其活动量有困难，或者相当不活动或运动缓慢，检查者很频繁地控制或以极大努力才能得到反应。	3分
严重异常：极不正常的活动水平，要么活动不停，要么不活动，很难得到儿童对任何事件的反应，差不多需要大人不断地控制。	4分
十四、智力功能	
与年龄相当：正常智力功能——无迟钝的证据。	1分
轻度异常：轻度智力低下——技能低下表现在各个领域。	2分
中度异常：中度智力低下——某些技能明显迟钝，其他的接近年龄水平。	3分
严重异常：智力功能严重障碍——某些技能表现迟钝，另外一些在年龄水平以上或不寻常。	4分
十五、总的印象	
与年龄相当：不是孤独症。	1分
轻度异常：轻微的或轻度孤独症。	2分
中度异常：孤独症的中度征象。	3分
严重异常：非常多的孤独症征象。	4分
结果评定：根据表现程度及频率分为"从不""偶尔""经常"，分别记为0分、1分、2分。总分大于等于14分初步怀疑为孤独症，总分大于等于14分且"从不"项目小于3分、"经常"项目大于等于7分可为诊断孤独症的依据。[①]	

四、孤独症诊断与康复流程

一般地，开展孤独症诊断与康复训练，需要遵循一定的流程（图12-1），社会工作者应结合怀疑儿童情况咨询当地残联，由当地残联指定医疗机构进行诊断，并按照相关政策标准，建议送指定机构或单位进行康复训练。

---

① 陶国泰，徐韬园，汪梅先. 作业治疗学[M]. 北京：人民卫生出版社，2012（7）.

儿童孤独症患儿诊断与康复流程

家长或专业人员发现儿童有：

4个月时不会看着别人的脸微笑；

6个月时没有明显的快乐情绪；

12个月时听力没有问题但喊其名字不理睬；

16个月不会说任何一个单词；

18个月时不会用手指指点东西；

18个月时目光不会跟随别人的指点看东西；

18个月时不会玩假扮游戏

家长可用相关量表进行初步评估，并由医生进行诊断

病史
精神检查
体格检查
问卷筛查
辅助检查

不符合诊断　→　常规发育评估

有异常

诊断性评估
临床诊断　→　其他诊断

可疑　　符合

病情评估
教育评估
共患病诊断

制订个体化的综合训练方案（可选择）

☆家长教育

☆康复训练

☆行为矫正

☆言语治疗

☆药物治疗

该部分由机构工作者同盟共同执行

根据案主症状选择部分方法：

☆应用行为分析

☆孤独症以及相关障碍患儿治疗教育课程

☆人际关系干预

☆地板时光

（该部分内容家长可学）

定期随访　监测疗效

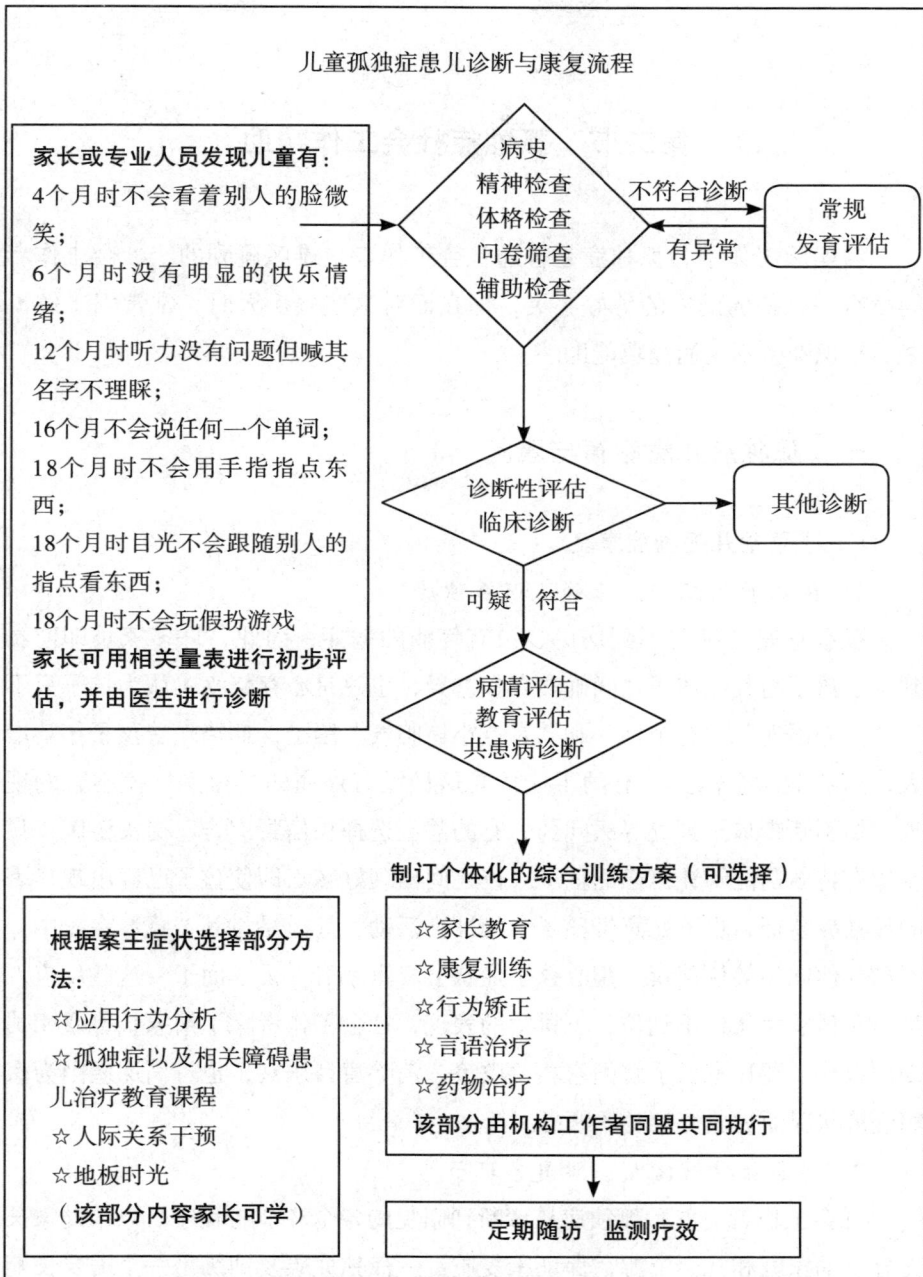

图12-1　儿童孤独症患儿诊断与康复流程

第二节　孤独症社会工作帮助

在实际工作中，孤独症是普通社会工作者很难触碰到的。社会工作者们虽有一颗扶弱助人的美好心灵，但在面对这些残疾人时，常常因了解不多、知识准备不足而爱莫能助。

一、孤独症儿童教育与康复

（一）婴幼儿孤独症康复

1. 做家长的工作，正确认识孤独症

孤独症是一种看不到伤口、没有疼痛的病症，因此，许多家长即使看到自己孩子与其他孩子之间确实存在差异，也总是心存侥幸，认为孩子只不过"贵人语迟""有个性"和"有点小坏脾气"罢了，期待随着孩子年龄增大，这些症状会消失。有的不能接受这种没有疼痛的看得见、摸不着的现象，便不断带孩子到处寻医问药，有的甚至选择相信野广告、街头游医，只希望有特效药能够让自己的孩子一夜之间出现好转。即使孩子已经出现显著的孤独症特征，也不愿意带孩子参加社会活动，甚至是将其"藏"在家中，不与其他同年龄伙伴玩，担心孩子症状会暴露家丑、丢了面子。这些反应，都是对孤独症认识不到位、不科学的表现，社会工作者除了给家长普及相关知识以外，要让家长了解国家相关政策，消除盲目乐观，也打消那些因为家庭经济状况而欲放弃康复的顾虑。

2. 熟悉孤独症诊断、康复各环节

社会工作者应熟悉孤独症从诊断到康复的各个环节与程序，以帮助家长充分调动家庭和社会资源，保证康复质量。孤独症康复训练是一个需要长期甚至是终身坚持的过程，与其他疾病的治疗、康复训练有显著不同，不能期待通过短时间或者数次训练，就能够完全康复。社会工作者需要向家长解释孤独症特点、训练、康复整个环节，让家长安排好时间，做好打持久战的思想准备；做好全家动员，在条件允许的情况下可以制订家庭康复训练计划，作为康复机构训练的补充与延续，既能够巩固专门机构、教师的训练成效，又能够结合家庭环境对康复训练效果进行实践。家庭成员尽可能学习训练的相关方法、康复基础知识，结合家庭生活开展日常生活的常规化训练，从一日三餐、从早晨起床开始，逐步培养孤独症的自理能力、语言表达能力和社会交往能力等，从无到有学习与建立良好的行为习惯。

（二）有针对性地开展社区工作

本研究针对残疾人对社区的需求开展调研，结果显示，精神残疾、智力残疾人需求具有较高的一致性，从高到低排列分别是寄宿托养（29.6%、8.80%）、居家服务（23.1%、31.0%）和日间照料（9.30%、8.80%）。在家庭需要的支持性服务方面，七类残疾人均表现出较高的需要，反映出家庭对残疾相关医疗与康复知识的匮乏，孤独症（精神残疾）家庭所获得的相应支持非常有限。因此，社会工作者可以结合残疾知识宣传，在社区组织相关知识讲座、制作宣传品，鼓励家长自学相关内容，多形式提高残疾人家庭关于残疾预防、康复训练与护理、心理健康等知识方面的水平，大力普及孤独症儿童教育康复训练知识。

在文化体育需求方面，调查同时发现，七类残疾人均认为社区缺少适合自己的活动项目，缺乏安全、适合的活动场所，更没有相关设备。这些工作的不足也为社会工作者提供了广泛的活动设计空间。目前，社区针对优生优育开展的健康教育较多，针对家庭教育、老年人问题开展的活动也比较多，而对残疾人社会服务缺乏专业指导，尤其是针对孤独症儿童家庭康复训练的指导几乎为零，这代表几乎没有为孤独症人士提供社会支持，开展的活动以慰问为主，针对性的社会服务、康复指导等不多，已经不能满足孤独症家庭的需要，同时也说明正是残疾人社会工作专业人员的缺乏，才导致社区在项目、活动和场所建设等方面出现空白。

调查还显示，大部分家庭不能坚持长期康复的主要原因是家庭缺乏相应资源支持。我国的孤独症抢救性康复救助仅持续到14岁，而许多孤独症家庭经过前期不遗余力地求医、康复训练等，经济状况都会受到严重的影响，普遍难以承担昂贵的康复训练费用。孤独症儿童的家长普遍具有自卑心理，不太愿意向其他无关人员提供孩子相关信息，也不太愿意参与相关活动，能够获取到的社会资源有限。加上前文所述，社区能够提供的公益项目往往并不适合于孤独症儿童。因而，社区开展宣传教育、招募更多志愿者、建设服务站或儿童之家等，为这些人提供社会服务，探索一条适合社区的康养之路迫在眉睫。

（三）孤独症教育安置难

目前，我国特殊教育学校的招收对象以视力残疾、听力残疾和智力残疾为主，还没有广泛建立起能够专门接收孤独症儿童的特殊教育学校。孤独症儿童主要在接收智力残疾儿童的特殊学校接受教育，也有一些在普通学校随班就读，虽然解决了孤独症儿童"有学上"的问题，但也只是简单解决了入学率的问题，孤独症儿童教育教学与训练水平都非常低，远远没有达到社会需求。

孤独症儿童主要进入培智学校，不论是培智学校的教育目标、课程设置，还是教学内容、教学方式方法，以及所开展的康复训练，都是针对智力残疾儿童的，缺乏针对孤独症儿童身心发展特点和教育教学目标、康复训练目标所开设的课程，教师的专业能力也存在较大差距；这些儿童在学校难以得到合适的教育。

随班就读工作质量堪忧。我国大量特殊儿童是在普通学校通过随班就读的方式接受义务教育，孤独症儿童也不例外。为大量提高义务教育入学率，我国自20世纪80年代起，就大力推行特殊儿童随班就读，即在普通学校普通班级接受教育。这一教育安置方式确实缓解了大量特殊教育机构不足的矛盾，但也确实存在师资专业能力不足、管理不善、缺乏科学评估手段等问题，教学质量一直难以得到保证，甚至很多特殊儿童事实上变成了"随班混读"与"随班就座"。孤独症儿童经常出现异常行为，会影响课堂的正常教学，会影响其他学生的正常学习，所以，很多家长坚决反对孩子所在班级招收孤独症儿童。孤独症儿童特殊的身心特点需要日常的教学训练以及助教协助，否则难以进行有效教学，而普通学校的教师资源原本就非常紧张，不论是在课堂教学中，还是在班级管理中，很多教师只能放任孤独症儿童，并未提供其需要的教育教学与训练。有的学校为缓解这一矛盾，只能要求家长陪读，部分家长因而被招募为影子教师，但家长陪读的经济成本高，并不适用所有孤独症儿童，难以推广。

现有模式下，学龄期孤独症儿童教育和康复、治疗分离，不能有机结合，导致中、低能力程度孤独症儿童大量滞留于家庭中，影响了这些儿童的正常发展，也给家庭带来沉重的心理和经济负担。

以下内容是在十三届全国人大五次会议上张家祥代表提出的第3171号《关于提高自闭症儿童就学率的建议》的部分内容：

一是增加孤独症儿童就学机会。《"十四五"特殊教育发展提升行动计划》把孤独症儿童纳入特殊教育范围予以统筹，对孤独症儿童教育提出更高要求。在实践中，中国残联与教育部建立数据共享机制，依托全国残疾人人口基础数据库和全国中小学生学籍信息管理系统，形成适龄未入学残疾儿童少年监测系统，指导、督导地方残联与教育部门加强合作，推动落实"一人一案、分类安置"的要求，通过轻度孤独症儿童到普通学校随班就读，中重度的在特教学校或孤独症儿童专门学校就读，极重度不能到校就读的通过送教上门方式就读，努力做好孤独症儿童的教育安置。目前全国有3所公办的独立设置的孤独症教育学校，在大部分培智学校设有孤独症儿童教育康复部，支持普通幼儿园和中小学积极创造条件接收孤独症儿童。

二是推进孤独症儿童教育教学研究。教育部组织开展了《普通学校中的自闭症儿童教学模式研究》《自闭症学生教育教学资源库框架研究》等课题，形成了一批应用成果；推动成立孤独症儿童教育指导中心等，促进孤独症教育研究和专业化发展；开发专门课程教育资源，征集优秀教学案例并宣传推广，努力丰富孤独症儿童教育的渠道、方式和载体，加强孤独症儿童教育的针对性。

三是加强教师队伍建设。推动师范类院校积极在特殊教育专业中探索设立孤独症儿童教育方向，开设孤独症相关课程，培养孤独症儿童教育专业教师。如南京特殊教育师范学院在特殊教育专业中设置孤独症儿童教育培养方向；北京师范大学、华东师范大学均在特殊教育专业开设孤独症儿童教育相关课程。除教育部委托高校举办孤独症教育骨干教师高级研修班外，中国残联也委托北京师范大学等高校开展中西部10个省份的培智学校教师、普通学校孤独症儿童随班就读教师（含资源教师）培训。[①]

下一步，中国残联将积极配合教育部、国家卫生健康委等相关部门，深入贯彻落实《"十四五"特殊教育发展提升行动计划》等相关规划计划，持续加强孤独症教育康复的政策保障及落地实施，着力扩大孤独症儿童教育资源，推动各地合理布局孤独症儿童特殊教育学校，鼓励省会城市、计划单列市及较大城市建设孤独症儿童特殊教育学校。推进孤独症儿童教育教学探索，研制孤独症儿童教育指南，促进医疗康复与特殊教育的融合，逐步推动建立助教陪读制度，为孤独症儿童更好地融入普通学校学习生活、接受教育和实现康复提供支持。继续推动有关部门夯实县、乡、村儿童保健服务网络，印发《0—6岁儿童孤独症筛查干预服务规范》，指导各地规范开展儿童孤独症筛查、诊断和干预服务。同时，我们将继续反映孤独症儿童及其家长呼声，利用全国助残日、世界孤独症等时间节点，采取多种形式开展孤独症相关知识的宣传教育活动，推动全社会更多了解和认识孤独症、关爱孤独症群体，努力创造有利于孤独症儿童融合发展的社会环境[②]。

二、应用行为分析法的运用

应用行为分析法（Applied Behavior Analysis，ABA），即运用心理学、教育学原理与方法对案主进行训练，以消除不良行为、建立期望行为的方法，也称行为矫正技术、行为改变技术。这是一种以分解目标、强化和辅助为原则，以教师或儿童家长组成干预小组的形式对案主进行干预训练的技术。

（一）不良行为的矫正

应用行为分析法可以用于建立新的良好行为，也可以用于减少不良行为。主要是激发良好行为的出现率。但我们不能保证案主没有情绪，由

① 中国法制出版社. 中华人民共和国民法典随身笔记[M]. 北京：中国法制出版社，2021：7.

② 国务院公报. "十四五"特殊教育发展提升行动计划[EB/OL]. 中国政府网. https：//www.gov.cn/gongbao/content/2022/content_5674303.htm

于本身生理心理特点，他们也容易出现不良行为。因此，在社会工作活动中，对案主的一些不良行为可以采用以下方法。

1. 评量问题行为获得方式

从行为获得的方式而言，有正强化、负强化和通过自我刺激获得。

（1）正强化误用导致的问题行为。如果行为是通过正强化而来的，即问题行为发生后紧跟着得到自己所需要的某些奖励（实物或关注等）。干预的方法就是切断两者之间的联系，再次发生问题行为后不再出现这些奖励，这样就会降低该问题行为的出现频率。

（2）负强化误用导致的问题行为。如果行为是通过负强化而来的，即问题行为发生后导致某些厌恶刺激或事件的中止（如具有惩罚性质或不太受欢迎的行为指令、任务等）。干预的方法就是问题行为再次发生后不再中止或移除这些具有惩罚性质或不太受欢迎的厌恶刺激与事件，也一样能够降低该问题行为的出现频率。

（3）通过自我强化导致的问题行为。对于通过内在刺激加强导致行为问题，也能够需要通过截断的方法进行干预。但因为这些刺激来自身体内部、心理内部，难以采用物理手段直接截断，所以干预起来会比较困难。

2. 减少不良行为的方法

（1）正确使用惩罚法。孤独症儿童在出现问题行为后，结合矫正前的行为功能评估，立即给予其相应的惩罚，从而降低该行为的出现频率。而所给予的厌恶刺激，一般不应对儿童身心发展造成不良影响，如罚站、批评等；也可以立刻除去其正在享用的积极刺激，从而降低该行为的发生概率，一般有暂时停止强化活动和暂时离开强化环境（隔离）两种方法。

（2）正确使用消退法。在了解案主不良行为获得渠道的基础上，如果行为是由负强化（如逃避任务）而形成的，行为消退就是使个体不能逃避和回避，必须完成要求的任务；如果行为是由自动强化（如感觉刺激）而形成的，行为消退就是使个体的感觉发生变化和转移。

因此，作为社会工作者，当孩子出现问题行为时，可能要考虑几个问题，如你已经识别出强化物了吗，你能消除它吗，应用消退法安全吗，会不会出现消退爆发，它的出现是不是可容许的，等等。进行消退的前提条件是能正确识别问题行为的强化物。问题行为的强化物不同，执行消退的程序也就不同。

消退爆发期间，问题行为的发生频率、持续时间和强度都会增加，并会出现新的异常行为和不良的情绪反应。在决定实施消退前，行为矫正的执行者必须预见消退爆发的出现并确定能容忍问题行为的升级，否则就不能使用消退法①。

可以容忍消退爆发时问题行为的升级——消退爆发期间，问题行为的发生频率、持续时间和强度都会增加，并会出现新的异常行为和不良的情绪反应。在决定实施消退前，行为矫正的执行者必须预见消退爆发的出现并确定能容忍问题行为的升级，否则就不能使用消退法。

周围环境的所有人员能一致地执行消退。正确地实施消退，必须保证彻底消除对问题行为的强化，也就是说，在问题行为发生后，周围环境中的所有相关人员必须态度一致，始终一贯地执行消退程序。如果环境中的绝大多数人对问题行为不予强化，但是其中的一两个人却无意中对问题行为实施了强化，那么其实质就是间歇强化，消退就会失败。和强化、惩罚一样，消退的一致性对于保证消退的效果至关重要②。

（3）正确使用"忽略"技巧

恰当和正确使用"忽略"技巧，对儿童的某些行为"视而不见"，也是对消退法的应用之一，有时甚至效果会更好，对儿童的教育意义更大，不仅可以消退不良行为，还能够起到激发儿童自我反思的能力。一般地，要和其他的干预方法同时使用，"忽略"孩子的"不要"做什么，要教孩子"要"做什么，并且一定要伴随正强化的使用，以加强矫正效果。

首先，我们需要先告诉孩子，我们期待的良好行为是什么，将要矫正的不良行为是什么及其导致的结果是什么。对于有语言能力的孩子，通过直接告诉孩子行为的结果，也可以加强"忽略"干预的效果。其次，所有成员的态度要一致。尤其是所有的家庭成员都应该采用一样的方式来对待问题行为，也就是说，当"忽略"孩子某种行为的时候，全家的成员都

---

①②伍新春，胡佩诚. 行为矫正[M]. 北京：高等教育出版社，2005.

要一致采用这种方式。如果儿童在父母那里不能得到反馈，却能够在祖父母、外祖父母处得到，不仅不能矫正其不良行为，反而会引导其出现更加严重的问题行为。

3．问题行为干预中可能遇到的困难

（1）干预初期的行为增加

在使用应用行为分析法进行行为矫正的初始阶段，需要对问题行为"视而不见"，不要再像程序开始之前那样去关注、回应或给予其强化物，但这样做需要预先采取一些保护措施，以免问题行为产生更多、更大的伤害。同时，对问题行为进行"忽视"的时候，儿童问题行为往往不会减少，而会出现数量的增加或程度的加剧。出现这一现象恰恰证明矫正程序有效，已经影响到其强化物的出现，已经直接触及问题行为产生的根源，因为我们正确地截断了行为和加强物之间的联系，孩子才通过更多数量、更强程度的问题行为，试图重新获得加强物。当然，我们在使用忽略干预的时候，也要对行为的增强有所预期和准备，不论是心理上还是干预上，都要做好准备工作，在干预过程中出现这种反弹时才不会焦虑或手忙脚乱。

（2）自然恢复

通过"忽视"的方式，可以慢慢减少、减弱问题行为出现的数量或程度。但有的时候也会发现问题行为在消失一段时间后再次发生。通俗地说，这是儿童在进行再尝试，试探通过原有行为方式，是否能够继续达成原来的效果。这时，只要我们能坚持"忽视"原则，这种自然恢复只会是短期的，而且在程度上应该不会太剧烈。

（3）其他新行为的产生

当正在矫正的问题行为不能达到其目的的时候，儿童可能会出现新的不当行为。这时儿童正在试图通过其他方式来达到原来的行为目的。面对这种情况，我们不能简单、直接采取"忽视"的方式，而应在认真分析其行为功能的基础上，进行"忽视"，因为这些新行为没有被强化过，"忽视"会让儿童意识到这种方式不能获得自己期望的强化物，在短暂出现后会自行消失。这里需要注意的是不能因为新出现的问题行为造成的影响比正在干预的行为小，或容易接受就去强化，需要先进行功能评估。如果该行为被强化后，又要使用其他方法去干预、矫正，不仅是在走弯路，更是行为矫正的失败。

（二）运用任务分析塑造良好行为

1. 任务分析

任务分析是一种将复杂任务分解成若干小部分，按照一定顺序分别进行教学、训练，逐步完成复杂任务学习的教学方法。运用任务分析法分解目标时，根据案主现有的能力为基础，决定分解任务大小和强化步骤。根据起始目标，可以有多种方法。

2. 良好行为的塑造

（1）连续性强化

连续性强化是指连续、不间断强化按要求出现的行为，这是培养行为从无到有的方法。在完成任务中，一般将分解的任务按从简单到复杂的顺序一步一步完成，如果上一步任务还不能独立操作，就不能进行下一步；为了鼓励儿童克服困难，提高参与任务积极性，最好选择食物型强化物对行为进行强化。学习刚开始时，案主每一次听完指令并按要求去做都可以获得奖励；在做到能听指令以后，再开始要求案主去完成指定任务，只要正确，都给予相应奖励。当案主对分解的任务达到一定的完成率以后，要改变强化方法。

（2）间歇性强化

采用连续性强化法时，案主完成任务的主要目的可能只是为了获得强化物，为了防止这种任务完成目标是强化物而不再是任务本身的状况出现，社会工作者要改变任务目标的奖励方式、奖励时机，即可以使用间歇性强化法。间歇性强化是对出现的新行为不再每一次都进行强化，而是按照一定规律进行强化，以巩固出现的新行为。间歇性强化一般可以采取固定比例强化、可变比例强化等方式进行，顾名思义，固定比例强化是按照固定比例，在新行为达到一定次数、持续时间和任务强度后进行强化，而可变比例强化则是在新行为出现后，随机进行强化。前者可能会被儿童掌握强化出现的规律，影响行为形成，后者则不容易被掌握，更加有利于新行为的形成。

一般说来，在使用间歇性强化时，需要先进行固定比例强化，达到一定程度后需要将固定比例转化为可变比例，因为可变比例更能让案主对完成任务本身产生热爱，获得自信。固定比例强化开始之初，在使用上从每完成一步就可以奖励一次到二步奖励、三步奖励等，步子跨度逐渐加大但不能太大。在使用可变比例时，同样地也要围绕某个平均数有意识地让案主提高。

（3）连锁强化技术

连锁强化技术包括正向连锁、逆向连锁和完全任务呈现。根据目标分解，在正向连锁和逆向连锁方法中，案主每完成一步就获得一次奖励，而完全任务呈现一般是在完成所分解任务的所有步骤后才能获得奖励，因此，选用时需根据案主的能力、任务的难度等进行选择。

（4）渐隐强化技术

渐隐，顾名思义就是逐渐消失。在强化使用过程中，主要是社会工作者或家长对案主完成任务时，给予的帮助逐渐减少，逐渐实现案主自主、自助完成任务。如在注意力练习中，让案主自己照着一个圆形画，当他能认识到圆的特性以后，把几个没有连续成一笔的弧形呈现在他的面前，告诉案主："这是一个圆，可是由于老师的粗心，它成了现在的样子，你能帮助老师把它绘画成一个圆的样子吗？你能指出要怎样操作才可以完成任务吗？"在这个任务指令中，首先确保案主已经了解了圆的属性后再去做这一步。如果案主能用语言描述，就一定用语言，如果不能，就结合语言与手的动作将断开部分指出来。这一步是渐隐技术从量变到质变的飞跃，如果案主不能做到，社会工作者可以画一个只差一笔就可以封闭的圆形，直到案主明白为止。案主在思维、判断、语言、注意、感知等多种能力上都得到提高。在此基础上，一步一步增加难度，一步一步地从协助他一起完成到他自己独立完成，最终达到社会工作者只需要点一个圆心，案主就能按要求去完成任务的目标。提供的每一步奖励，都是在固定比例、可变比例的原则下进行，同时，社会工作者也要观察案主的持久性、情绪等反应，达到目的的同时，不激惹案主的异常行为。

关于行为矫正的方法，除上面介绍的以外，还有代币制、塑造、系统脱敏、厌恶疗法等多种方法。

三、应用行为分析的程序设计

在运用应用行为分析法进行行为矫正时，需要先进行观察，开展行为功能评估，获得行为功能、强化物、厌恶刺激等相关信息，然后结合实际进行矫正步骤与程序的设计，选择适当的矫正方法与强化物，还要与教师、家长等进行必要的沟通与约定，以获得理解与支持。下面简单列举四种行为矫正训练设计，社会工作者可根据需要在基本原理基础上设计不同变式。

（一）A–B–A–B倒返训练设计

A–B–A–B倒返训练设计原理是在特定条件下对行为进行重复测量，最少要求在三个不同的阶段对行为进行测量。如图12–2中，有两个基线期、两个训练期。基线期均不使用干预、训练策略，干预期则需要采用某一策略对案主目标行为进行训练。当训练实施一定时间、次数后，撤除策略以了解案主在无干预情况下目标行为的变化情况，或者是通过一段时间练习后获得的进步。在受到影响或外力帮助下行为得到改变，案主问题行为在每一个阶段都已经不会再回到以前的水平，因此，这四个阶段分别记作：最初的基线阶段（无干预）记为A1，第一次行为干预阶段（有干预）记为B1，第二个基线阶段（无干预）记为A2，第二次行为干预阶段（有干预）记为B2，研究者根据每一个阶段案主在某技能方面数据记录情况，来探测干预目标和干预策略的影响关系。

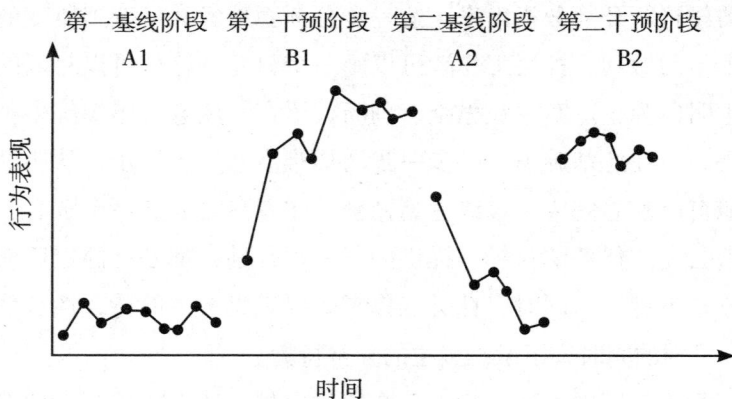

图12–2　A–B–A–B倒返训练设计

（二）逐变标准设计

逐变标准设计是指在实验处理阶段，采取逐步实现目标行为的方式，将整个处理阶段，划分为若干小阶段，并预先确定每一小阶段的要求标准，依序提升，逐步达到目标行为的方法（图12-3）。在逐变标准设计中，目标行为从容易到难被分成多个小阶段，这使得个体更容易达到终极目标，并获得强化物。因此更有利于激发个体的积极性。但是也相应地需要更长的时间，有时也会给结果的解释带来一些麻烦。在此设计中，必须逐步递升各阶段的标准，因而要达成终点目标的期限比较长，对一些期待短期见效的个案不太适合。

认定各小阶段的标准达成与否，更多的是依靠主观上的判断，因此若遇到有时达到、有时达不到阶段标准的个案，就很难推断实验处理与目标行为之间的相互关系。况且有时候个案在每一小阶段目标行为的变化，并不受训练者的控制，或者并不完全是训练的结果，但有时可能会发生较大幅度的改变，也可能根本没有变化，在这种情况下，很难推论自变量与因变量的确切因果关系[1]。

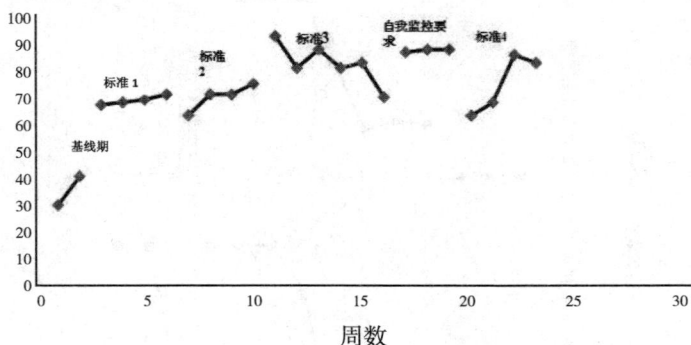

图12-3　逐变标准训练设计

（三）交替训练策略设计

交替训练策略设计是指在干预过程中，快速交替使用两种或多种干预措施，并测量干预措施对目标行为产生的效果（图12-4）。交替形式可以根据需要有不同的选择：按照日常生活时间交替，一日一种干预措施；在

---

① 王辉. 行为改变技术[M]. 南京：南京大学出版社，2006.

同一天不同时间段实施；在同一段时间内先后实施每一个策略，等等。不过干预措施在快速交替中的出现顺序，研究者应该在实验中进行平衡①。

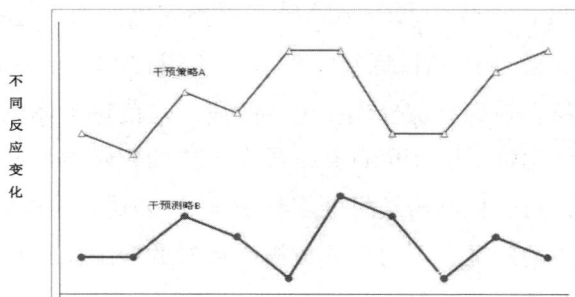

图12-4　交替训练策略设计

（四）多基线训练设计

多基线训练设计是指采用倒返实验设计的方法，对两个或者多个实验处理情况与基线水平进行比较，有跨情境比较、跨行为比较和跨被试比较三种，三者绘制原理一致，本书仅列举跨被试方法。

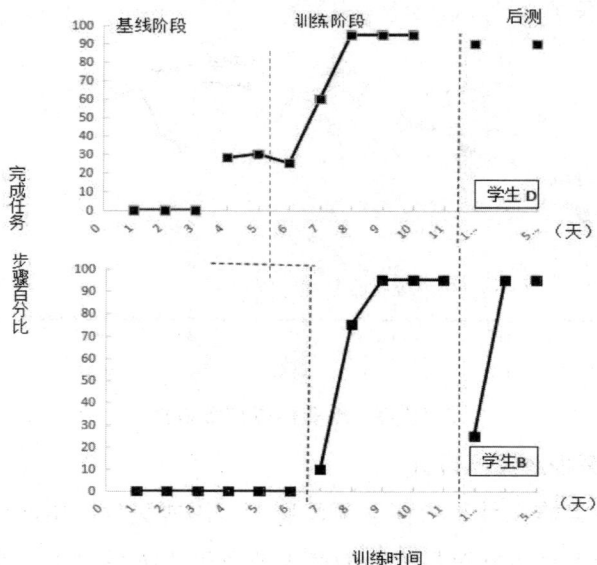

图12-5　跨被试多基线训练设计

①昝飞. 行为矫正技术[M]. 北京：中国轻工业出版社，2012.

跨被试多重基线设计基本原理是在具有相同行为、相同实验条件的前提下，针对不同受训练者同一目标行为进行测量与训练（图12-5）。当同一情境中个体的行为改变稳定之后，再引入下一个被试。这种设计适合于小组工作中，用来研究学生的学业行为，实验结果的推论比较可靠，可以对不同学生进行横向比较。但该处理方法也有不足之处，如该设计实现必须选出若干受训练者，而这些对象应具有相同的学习背景以及相同水平的目标行为，所以往往很难找到，尤其是孤独症儿童或其他残疾儿童，找到符合上述条件的两个以上儿童，是相当困难的；同时，该训练设计必须同时持续地观察和记录几个对象的目标行为，对初学者来说操作难度比较大。同时对几个案主进行训练处理，容易发生个案之间的相互影响，导致训练结果解释困难。

跨情境多重基线训练设计是指对案主某一行为在两个或者两个以上情境中进行测量（如在不同时间或地点）。原理是在基线阶段个体的行为反应稳定之后，先在某个情境仍旧保持基线阶段的情况。当这一情境个体的行为改变稳定之后，再引入下一个情境，以此类推。该设计具有可以考察不同情境下目标行为处理的效果，能有效控制有关变量，具有验证干预训练策略与行为处理效果之间的因果关系的优点①。但这种设计也具有一定的局限性，如必须在选定几种不同情境的前提下，方可对某种特定的目标行为进行处理，可能会存在困难；目标行为必须在不同的情境中进行观察、记录和测量，工作量过大，操作起来比较麻烦；基线期如果拖延太长，容易受到其他变量的影响，使实验结果难以解释②。

四、孤独症训练常用方法与模式

（一）结构化教学法

结构化教学法（Structuared Teaching）也称系统教学法，是根据儿童的学习特点，有组织、有系统地安排学习环境、学习材料及学习程序，让儿

---

① ② 昝飞. 行为矫正技术[M]. 北京：中国轻工业出版社，2012.

童按照设计好的结构进行学习的一种教学方法。由美国北卡罗来纳州大学精神科学系的一个专门研究、支援和推行孤独症儿童教育的部门在"自闭症与沟通障碍儿童的治疗与教育计划"（Treatment and Education of Autistic and related Communication handicapped CHildren，TEACCH）中提出来。结构化教学法的基本思想是把教学空间、教学设备、时间安排、交往方式、教学手段等作系统安排，形成一种模式，使教学的各种因素有机地形成一体，全方位帮助孤独症儿童进行学习。

结构化教学法考虑到孤独症儿童在学习上的优势：视觉辨别与记忆优于听觉辨别与记忆。也就是说，孤独症儿童对看到的东西比听到的内容更容易理解、更容易记住。同时，结构化教学法又考虑到孤独症儿童在学习上的诸多困难，如由于言语障碍听不懂、记不住较为复杂的内容，理解不了教师及家长的需求，他们还由于对非口语信息（面部表情、手势等）接收方面存在困难，不太可能通过面部表情及手势等能够帮助理解的线索中得到什么信息，多数儿童在学习字词方面也有特殊困难等。结构化教学法充分利用了孤独症儿童的视觉优势，运用实物、图片、数字、文字等可视性强的媒介标明学习内容与步骤，帮助他们克服困难，从中学习，充分体现了以儿童为本的思想和扬长避短的原则。

结构化教学法由视觉结构、环境结构、常规、程序时间表、个人工作系统5个部分组成。

1. 视觉结构

视觉结构就是把学习环境、学习材料、工作程序作适当安排，使儿童无需语言，只用视觉辨别，便可以明白和理解学习要求。视觉结构又包括视觉清晰显示、视觉组织和视觉指示三个部分。

（1）视觉清晰显示。视觉清晰显示就是把学习中重要资料或物件部分清晰显示出来，便于儿童辨认。

（2）视觉组织。视觉组织就是物件和空间的组织安排方法，有序组织安排物件和空间，帮助儿童了解自己的工作范围和涉及的地点、材料、步骤等。例如，要儿童完成剪断4条5厘米宽的纸条的目标，就可以把所需的学习材料作有序安排。

（3）视觉指示。视觉指示就是利用文字、图片把要完成的工作安排成为一个模式，说明工作的内容及步骤，以便儿童按照指示去完成。

2．环境结构

环境结构就是用清晰的界限，为儿童划定在教室、家庭或其他空间中的活动和学习空间，以便儿童了解活动／学习与环境的关系，掌握环境对他们的要求。

3．常规

常规就是日常生活和学习的习惯及规律。常规的建立主要从以下几个方面着手进行：

（1）建立做事先后顺序常规；

（2）建立完成工作的常规；

（3）建立由左到右、从上到下的工作步骤常规；

（4）学会看个人时间表。

4．程序时间表

程序时间表就是对儿童的每日或某段时间中所进行的活动，以及这些活动的先后顺序安排，也可以说成课表或活动表。常见的程序时间表有两种，一种是全日流程时间表，即每日每项活动的时间表；一种是个人工作使用的工作程序表。这是针对孤独症儿童的特殊需要，按照个别教育计划制订的程序表。程序时间表的设计要注意以下几个问题：

（1）程序时间表由两个部分组成，即总表和程序卡。把每一个程序做成一张卡，便于儿童安排去抽取。例如，小浩的上课程序表有4部分内容，除了总表外，还要把每一部分内容做成一张卡，共有4张程序卡。

（2）程序卡要一式两份，一张贴在（插在）总时间表或程序表上，另一张则要贴在期望儿童进行的活动项目或地点。

（3）时间程序卡可用实物、照片、图片或文字来显示，用什么形式要根据儿童的能力及兴趣设计。

（4）教会儿童使用时间表及程序卡。

（5）训练初期，时间表及程序卡的活动项目不宜太多，可安排2—3个项目，待儿童掌握以后再逐渐增加项目。

（6）程序时间表不仅在学校可以使用，在家庭中也照样适用①。

5．个人工作系统

个人工作系统是为儿童需要而建立的一个独立的工作系统。

（二）人际关系发展干预（RDI）

人际关系发展干预（Relationship Development Intervention，简称RDI）是20世纪90年代由美国临床心理学家、博士史提芬·葛斯汀（Steven Gutstein）针对孤独症儿童的核心缺陷——社会性功能障碍提出的训练方法②。RDI训练适用范围广泛，包括患有孤独症、阿斯伯格综合征等广泛性发育障碍以及注意缺陷多动障碍、非言语性学习困难等有人际发展问题的儿童（2岁以上）及青少年，也同样适用于正常儿童。

人际关系发展所必需的六个方面：

（1）情感参照：运用情感反馈系统，来理解他人主观体验的能力。

（2）社会性调适能力：能够观察和调整人的行为，以便能够参与自发的，包含合作、情感交流的社交活动。

（3）陈述性的语言：能够用语言或非语言的手段，表达好奇，邀请他人进行交互、分享体验和情感，并且能够融入交际行为中去。

（4）灵活的思维方式：随着环境的改变，能够及时调适，改变策略和计划。

（5）社交信息处理：从更加宽泛的情境中获取信息，能够应对不是"绝对是非"的问题。

（6）有预见和事后总结的能力：能够回顾经验，预测未来可能的事态发展。③

虽然自闭症谱系的患者有不同表现，但上述六项缺陷是共同的，而且不能随着年龄的增长，甚至不能在某些强化干预下得到改善。

RDI在社交与非社交的问题解决领域都具有适应性和灵活性，训练重点

---

① 王梅，张俊芝. 孤独症儿童的教育与康复训练[M]. 北京：华夏出版社，2007.

② 陈瑾香. 基于融合教育理念的孤独症学生社会交往干预个案研究[J]. 科教导刊，2016（36）.

③ 杜亚松. 儿童心理障碍诊疗学[M]. 北京：人民卫生出版社，2013.

在于人际交往技能的培养，通常接案后可按照以下步骤开展训练：

仔细评估→列出适宜的发展目标→培训家长或其他成人→准备训练环境→规划训练时间→最大程度地减少经验分享的障碍→建构简单适宜的活动→逐渐将治疗指导权由治疗师转向家长→逐渐把控制互动的责任由成人转向同伴→帮儿童选择适当的同伴→逐渐在活动中加入更多的元素使其更加符合自然生活环境[①]。感兴趣的社会工作者可以阅读相关著作，如史提芬·葛斯汀著，何修瑜、欧阳佩婷翻译的《解开人际关系之谜》，香港协康会编写的《人际关系发展介入法简介》，王梅、张俊芝编写的《自闭症儿童的教育与康复训练》等著作和研究，对人际关系发展干预作全面的了解。

（三）地板时光

地板时光（Floor time）由美国精神病学家斯坦利·格林斯潘所创，可以说是一种游戏训练法，通过成人与孩子之间的游戏来增加互动。根据孤独症儿童的特点，依据不同的发展阶段，地板时光设定了一个由六个里程碑组成的能力发展阶梯，而这个阶梯是孩子进一步学习高级技能的基础。孤独症儿童可能在这个阶梯发展过程中出现某些问题，如感知觉异常、处理信息困难和自我控制力差[②]。

地板时光以孩子作为核心，成人只是引导者。在游戏的过程中成人鼓励孩子进行更多的互动。它并没有刻意地进行语言和动作的训练，而是强调孩子的情绪情感的发展。

地板时光是一种非常受欢迎的体育锻炼方法，主要是在地板上以简单的动作和姿势来锻炼肌肉并强化肌肉力量。它涉及所有类型的体育设备（大多数是垫子或毯子），以强健肌肉和提高全身协调性。这种锻炼方法还可以改善人体的灵活性，增强肌肉的抗力和提升肌肉的耐力。

地板时光训练者可以利用几种简单的动作或姿势来让自己得到最佳训练效果。最简单的方式就是均匀地来回跳动，类似跳绳的动作，这样可以帮助肌肉放松，这也是地板时光训练的基础步骤。另一种做法是在地面上

---

① 陈艳妮. 孤独症谱系障碍康复案例解析[M]. 西安：第四军医大学出版社，2015.

② 刘艳虹. 扶残助学　送教上门——志愿者培训指南[M]. 北京：北京师范大学出版社，2012.

进行小步晃动，像慢跑一样，这使肌肉在运动过程中更加放松，也可以改善肌肉的灵活性和抗力。

五、孤独症言语障碍及原因分析

一个人的语言产生与发展，是外在因素和内在因素相结合的产物。外在因素包括社会环境、家庭环境与周围的人的互动等，为言语产生提供了刺激条件；内在因素包括孤独症案主自身的生理基础、心理发展水平与特点等。孤独症是广泛性发育障碍中的一种，大多是胼胝体发育不良导致的。人类胼胝体估计含有100万根神经纤维，胼胝体连接左右大脑横行神经纤维束，是大脑半球中最大的连合纤维，当胼胝体发育不良时，不能将一侧皮层活动向另一侧转送，使得该类信息中断，这就可以解释为什么不同的孤独症虽然具有语言、沟通和行为等相似特征，但存在较多的个性特点，在孤独症候群里，确实很难找到一样或相似的孤独症。以下将从孤独症的感官、认知、动作、社会行为等方面来探讨孤独症的语言障碍。

（一）影响孤独症言语学习的因素

1. 感官

任何孩子的成长，都需要在感官刺激下，吸收外界丰富的信息。孤独症儿童在日常生活中，利用视、听、嗅、味、触等感觉器官获得外部信息的能力较差，某些感觉信息被忽视，或因某方面的感觉信息会让他们觉得痛苦，因此主观上会对接收到的信息出现抵触情绪。因而，在语言学习过程中，似乎某些信息没有获得，尤其是与声音、视觉等相关的信息。在语言学习中，拟声词与实物的配对是逐步形成的，如"嘟——嘟——嘟——车来了"，在这种声音的不断刺激下，在日积月累中逐渐理解了"车"的声音属性以后，再学习"汽车"这个词，概念中就会与生活中各类车的实物产生正迁移，形成更多更丰富的内涵。如果缺乏感官的参与，他们收到的信息是贫乏的、没有联系的，就会出现语言理解片面、出现无意义的独白语言较多，而理解性对话语言较难发展。

2．认知能力

前面的内容介绍了孤独症智力发展情况。思维是智力活动的核心，由于孤独症儿童的智力存在不同程度的障碍，因此，他们的注意力、观察力、思维能力、记忆力等水平受到影响，动作思维、形象思维等优于语言发展，所以他们在日常生活中不愿意开口说话，喜欢用动作表示想法，当动作表达也能够达到目的时，他们更不愿开口说话了。

3．社会行为

语言的发展是在社会活动互动中产生的，由于孤独症儿童社会性技巧较差、主动性不足，因此在与他人互动中表现出不知所措，喜欢沉溺于自我的世界，错失很多能够在互动中学习动词、名词、规则的机会，语音、词汇、语法的学习与运用受到影响。

（二）孤独症言语练习一般步骤

1．培训家长利用粗大动作优势

粗大动作是孤独症儿童的优势能力，社会工作者可以培训家长利用案主在日常生活中的跑、跳等粗大动作，加以简短的动词，在和孩子互动中增强对拟声词的理解与运用。让案主在学习听到、听清、理解到偶然会发出一些声音过程中，不断强化开口次数，达到能用拟声词表达动作、活动；在表达过程中，以鼓励为主，在"啊、呀、呼、呜"等拟声词中建立发音技巧，从短音到长音，从一个音到多音组合。社会工作者要告诉家长，不能急于求成让孩子学会词、句等表达，不能才会发一个音就希望马上进行迁移，要让案主在理解与领会中学习。也不能急于求成，一开始就直接教动词、名词，甚至是形容词、副词等，要循序渐进地进行，在拟声词、叹词、动词的学习中，基本上能将相关词汇自如地运用以后，再将名词和动词进行组合，大约达到最少50个词的运用量以后，才可以着手学习其他词汇，然后再开始学习词组和简单的主谓句、动宾句等。

2．运用资源或自制工具玩发音游戏

大部分家长会觉得自己无法胜任语言教学的任务，尤其是当案主在口腔、气流等方面表现不当时，家长往往会将这一任务交给机构教师。机构教师虽然能将案主某些习惯与不足进行纠正，但与案主朝夕相处的还是

家长，因此，社会工作者一定要做通家长工作，让家长参与到训练中。同时，结合案主发音情况，社会工作者可以联系相关资源，教会家长在日常生活中让孩子练习发音的方法。在没有条件的情况下，也可灵活使用生活中的器具进行，如笔者曾指导训练一位孤独症儿童，当时该儿童七岁，因双唇无力闭合不好，发不出双唇音。由于口腔训练器较为昂贵，作者便启发家长利用筷子、雪糕棒、儿童喜欢吃的饼干等作为工具。开始训练时让儿童双唇吸住，要求不滑落且不能用牙齿咬；等孩子能自然地将双唇碰到一起后，增加所含物品重量以训练其唇部力量，达到一定的力度才可以抽出；然后用日常生活中的爆破音，做出夸张的口型和案主互动，家长也在不知不觉中养成和孩子互动的习惯。

3. 增加口腔自主动作能力

结合案主喜好，创造情境，利用强化物的动力，激发案主仿说音、语词、片语、短句等，在循序渐进中，激励案主主动说、问、答等。

六、训练孤独症顺利解读社会情境

孤独症儿童常因社会情境解读能力不佳，而跟不上团体的节奏，中低功能者对于一般活动所涉及的人、事、时、地、物等，常茫然不知所措，需要进行行为管理与组织训练，他们才能成为团体的成员。以下是训练重点及策略：

1. 空间

孤独症儿童学习与生活的空间，要尽量结构化，不要过于复杂，不同空间的区隔要明显。例如使用隔间板、书架、柜子、地毯等来区别不同的学习空间。另外，也要准备置物柜放置儿童个人用品及教学材料，每一个空间或置物柜都可以使用图片、颜色、文字等标示其用途，以协助孤独症儿童在活动中进行定位，活动后物归原位。

2. 时间

应该明确地让孤独症儿童了解活动开始时间、持续时间和结束时间，以及活动与活动之间等待的时间等。训练诀窍在于将所有活动以事件的先后顺序，使用图标或文字标示出来，活动事件也可以事先编号或者命名，以协助儿童了解活动的顺序。

3．事物的选择

训练孤独症儿童在团体活动中选择玩具或活动，可以强化他们参与活动的动机。训练中可以先让儿童从喜欢与不喜欢的玩具中进行选择，以后再训练他们从两个都喜欢或者两个都不喜欢的对象中选择，最后将选择范围扩大到多个玩具或活动。

4．活动规范

要清清楚楚地告诉儿童有关活动的各种规范。活动指令简化、工作流程可视化、活动内容故事化、常见活动例行化等，都是协助孤独症儿童了解活动规范的几个重要诀窍。

5．活动转衔

由于部分孤独症儿童固执性强而理解能力差，活动转衔的训练就变得很重要。一开始，可以将孤独症儿童感兴趣的活动安排在其不感兴趣的活动之后，以强化其转衔动机。此外，时间的结构化有助于孤独症儿童进行活动转衔。训练之始，以固定活动转衔为主，以后再逐渐训练儿童适应突发事件转衔。

6．所有物与所有权

部分孤独症儿童对所有物与所有权的概念不清楚，常常会去拿别人的东西。社会工作者可以将儿童的所有物品都写上姓名或者贴上照片，并将他人物品也同样贴上姓名或照片；也可以用颜色、小动物、卡通等来区别所有物，每一个人的物品都有固定标识，共有物品另外使用特定方式进行标识，如此可以协助孤独症儿童确认所有权。

7．情绪的控制

影响孤独症儿童情绪的因素众多，社会工作者应尽量减少可能影响其情绪变化的因素，例如减少视听感官的干扰源，调整学习活动的难易度，调查儿童兴趣、嗜好、强化物等，以备不时之需。教导孤独症儿童学会求助技巧，可以设置一个情绪角，让儿童在必要时可以独处，训练儿童在出现情绪波动前自己主动到情绪角，以帮助儿童学习控制情绪。

七、重视同伴游戏交往

相当一部分孤独症儿童不会对其他人产生正常兴趣，有些儿童也会表现出对人的兴趣，但如果仔细观察就会发现，这种兴趣（或是感兴趣的原因和感情传递的方式）是带有孤独症特征且非正常的。所以对孤独症儿童人际交往的训练，突破点不是单纯地通过让儿童对人感兴趣来实现，而是通过让他理解人与人之间的功用关系来实现，即儿童可能永远都不会对他人发生兴趣，但是生存需要使他可以学会与人交往，因为孤独症儿童与人的交往不是情感的需要，而是功用的需要。

合作是孤独症儿童学习交往的突破点。这些儿童不和小朋友交往、玩游戏，第一是他不愿，第二是他不会。如果没有他认为的快乐体验，我们可以谅解他的不愿，但这样不可能从根本上解决问题。我们能够有所作为的是解决他不会的问题，即在儿童不愿的情况下，设置需要交流的情境，训练表达个人意愿，逐步学习交流与合作。这里有一个需要注意的问题，当孤独症儿童认识到合作是生存必需的时候，当他们交际能力相对提高的时候，其交往兴趣自然会提高。所以"合作是解决困难的需要，合作是寻求帮助的需要，合作是生存的需要"，这是孤独症儿童学习交往的突破点，家长要反复向孩子强调，并在现实生活中反复验证，反复帮助建立两者之间的因果关系[1]，当然理解"需要"要有一定的认知基础。另外，家长要不断主动创设、利用认知环境，反复强化，如指导两个孩子互相推球或接抛球，共同搬一张桌子，一起分享一块蛋糕等。

---

① 甄岳来. 孤独症儿童社会性教育指南[M]. 北京：中国妇女出版社，2008.